Heinrich von Wlislocki

Volksglaube und religiöser Brauch der Magyaren

Heinrich von Wlislocki

Volksglaube und religiöser Brauch der Magyaren

ISBN/EAN: 9783743315884

Hergestellt in Europa, USA, Kanada, Australien, Japan

Cover: Foto ©Thomas Meinert / pixelio.de

Manufactured and distributed by brebook publishing software
(www.brebook.com)

Heinrich von Wlislocki

Volksglaube und religiöser Brauch der Magyaren

Darstellungen aus dem Gebiete der nichtchristlichen
Religionsgeschichte. (VIII Band.)

Volksglaube

und

religiöser Brauch der Magyaren.

Dargestellt

von

Dr. Heinrich von Wlislocki.

Münster i. W. 1893.

Druck und Verlag der Aschendorff'schen Buchhandlung.

Meiner

lieben Gattin,

Anna Fanny,

gewidmet.

Inhalts-Verzeichnis.

Vorwort.

Ein Buch über den Volksglauben und religiösen Brauch der Ungarn stand noch in keiner Sprache da. Das Werk des vor einigen Jahren verstorbenen Bischofs von Großwardein, Arnold Ipolyi (Magyar Mythologia, Pest 1854), unter dem Einfluß der Arbeiten der Gebrüder Grimm entstanden, ist eine Anhäufung kunterbunt durcheinandergewürfelten Materials, voll gewagter und haltloser Hypothesen, – um nur eine „magyarische Mythologie" als Pendant zur germanischen aufzubauen. Wenn auch der gelehrte Verfasser dieses großen Werkes zahlreiche und zuverlässige Sammlungen von Volksgebräuchen für kommende Forscher zusammengetragen hat, so kann bei ihm doch von einer Übersicht und einer objektiven Durchdringung des Stoffes nicht die Rede sein. Sein Werk ist der erste Anlauf zu einer Darstellung des ungarischen Volksglaubens: Seine wenigen Nachfolger sind aus der magyarischen linguistischen Richtung hervorgegangen und schließen aus dem Volksglauben finnischer, mongolischer u. s. w. Völker auf einen verschwundenen oder noch existierenden religiösen Brauch der stammverwandten Magyaren, ohne dabei zu bedenken, daß zwischen Volksreligionen die Verwandtschaft eine viel geringere ist, als zwischen den Sprachen stammverwandter Völker. Mit Tendenzschriftstellerei mag die Wissenschaft vom Volksglauben und religiösen Brauch nichts zu schaffen haben. Die Religionswissenschaft ist ihrem innersten

Wesen nach realistisch, sagt E. Hardy in seiner für Forscher auf diesem Gebiete zu beherzigenden Schrift: „Die allgemeine vergleichende Religionswissenschaft im akademischen Studium unserer Zeit" (Freiburg 1887).

Erst in jüngster Zeit, als durch die Bemühungen meines Freundes Prof. Anton Herrmann's die ungarische ethnologische Gesellschaft in Budapest 1890 ins Leben gerufen ward, befaßt man sich ohne gelehrte und dichterische Phantasie und ohne nationalen Eigendünkel, mit magyarischem Volksglauben und Volksbrauch, um Bausteine für die Volkskunde und die Religionswissenschaft zu liefern und ist bedacht, das zerstreute Material für künftige Forscher zusammenzutragen

Die bunte Mannigfaltigkeit des ungarischen Volksglaubens und religiösen Brauches wird durch eine überraschende Gleichheit in den Grundanschauungen und Hauptgebräuchen anderer Völker beherrscht. Aber es zeigen sich uns auch Besonderheiten, die der Aufmerksamkeit um so werter sind, wenn wir bedenken, daß die Magyaren derjenige Volksstamm Mitteleuropa's sind, der zuletzt zum Christentum bekehrt worden ist und daher — was Volksglauben und religiösen Brauch anbelangt — seiner alten, heidnischen Religion näher steht, als seine Nachbarvölker. Ich war daher bestrebt, in diese Darstellung nicht nur solche Vorstellungen aus dem magyarischen Volksglauben und religiösen Brauch aufzunehmen, die sich im Glauben und Brauch anderer Völker vorfinden, sondern auch solche, zu denen sich nur wenige oder vielleicht — wenigstens bislang — keine Parallelen nachweisen lassen.

Ich habe mich absichtlich in keine Erläuterungen und ausführliche Erörterungen eingelassen, um den unseren „Darstellungen" gesetzten Umfang nicht zu überschreiten und vom Stoffe, vom rohen Materiale so viel als nur möglich zu geben. Aus dem reichhaltigen Materiale war ich bestrebt, das einschlägig Beste und vor allem Neues, weniger Bekanntes mitzuteilen, um auf diese Weise vom ungarischen Volksglauben und religiösen Brauch den Forschern auf dem Gebiete der Volkskunde und Religionsgeschichte eine im Großen und Ganzen, wenn auch knappe, so doch übersichtliche Darstellung zu geben. Künftige Forscher können dann aus derselben gar leicht ihre Vergleiche und Schlußfolgerungen ziehen. Man wird mir vielleicht zum Vorwurf machen, daß ich hin und wieder auch manches Unbedeutende oder weniger Bedeutende aufgenommen habe, was bei dem ungeheueren Material, das mir in meinen Sammlungen und in den Werken, die ich bei der Ausarbeitung dieses Buches benützt habe, nicht anders der Fall sein konnte. Dabei aber mag man auch bedenken, daß ja jeder Glaube, wenn er auch noch so naiv oder gar abgeschmackt erscheinen mag, in sich doch ein religiöses Element faßt, das für eine wissenschaftliche Untersuchung des religiösen Lebens des betreffenden Volkes früher oder später einen Anhaltspunkt, in welcher Beziehung immer, bildet.

Zum Schlusse will ich diejenigen Schriften mitteilen, welchen ich die Belege für das vorliegende Buch entnommen habe:

Aigner L., Ungarische Volksdichtungen. Pest 1873.

Andree Rich., Ethnographische Parallelen und Vergleiche. Stuttgart 1878.

Arany László, Eredeti népmesék. Pest 1862.

— — és Gyulai Pál, Magyar népköltési gyüjtemény I—III. Pest 1872—1882.

Ballagi, Magyar példabeszédek. Szarvas, 1850.

Barna Ferd., A Mordvaiak pogány istenei és ünnepi szertartásai. Budapest (Akademie) 1879.

— — Nehány ősmüveltségi tárgy neve a magyarban. Budapest (Akademie) 1878.

— — A Finn költészetröl tekintettel a magyar ösköltészetre. Budapest (Akademie) 1872.

— — A Votjákok pogány vallásáról. Budapest (Akademie) 1885.

— — Ös vallásunk föistenei. Ebenda.

— — Ös vallásunk kisebb isteni lényei és áldozat szertartásai. Ebenda.

Bastian Adolf, Geographische und ethnologische Bilder. Jena, 1873.

Csaplovics A., Gemälde von Ungarn. Pest 1829.

— — Ungarns Vorzeit und Gegenwart. Preßburg 1839.

Dugonics A., Példabeszédek. Szeged. 1820.

XII Vorwort.

Erdélyi J., Magyar közmondások. Pest 1851.
— — Népdalok és mondák. Pest 1846—48.
Ethnographia. Jahrgang I. II. Budapest 1890—91.
— — Ethnologische Mitteilungen aus Ungarn. Herausg. von
A. Herrmann und L. Katona. I. II. Budapest 1886—1892.
Gaal G., Märchen der Magyaren. Wien 1822.
— — Magyar népmese-gyüjtemény. Pest 1860.
Hunfalvy P., Die Magyaren. Wien und Teschen 1881.
— — Magyarország ethnográphiája. Pest 1876.
Ipolyi Arnold, Magyar Mythologia, Pest 1854.
Jankó, J., Kalotaszeg népe. Budapest 1892.
Kálmány L., Mythologiai nyomok a magyar nép nyelvében és szokásaiban. Budapest (Akademie) 1887.
— — Szeged népe. Arad und Szeged 1891.
Katona L., Zur Litt. und Charakteristik des magyar. Folklore (in Max Koch's „Zeitschr. f. vergl. Litt." II. Bd. S. 1 ff).
Kiss Aron, Magyar gyermekjáték-Gyüjtemény. Budapest 1891.
Kővari L., Erdély régiségei. Pest 1852.
— — Száz történelmi regék. 1854.
Kozma F., Mithologiai elemek a székely népköltészet- és népéletben. Budapest (Akademie) 1882.
Krauss F. S., Volksglauben und religiöser Brauch der Südslaven. Münster 1890.
Kriza J., Vadrózsák. Székely népköltési gyüjtemény. Kolozsvár 1863.
Magyar Nyelvőr. I—XX. Budapest, 1872—1891.
Mailath Joh. Graf v., Magyarische Sagen und Märchen. Stuttgart und Tübingen 1837.
Merényi Loizló, Eredeti népmesék. Pest 1861.
— — Sajóvölgyi eredeti népmesék. Pest 1862.
— — Dunamelléki eredeti népmesék. Pest 1863.
Pap Gyula, Palócz népköltémények. Sárospatak 1865.
Réső Ensel Sándor, Magyarországi népszokások. Pest 1867.
Stier A., Ungarische Märchen und Sagen. Berlin 1850.
Tompa M., Népregék és népmondák. Pest 1846.
Ungarische Revue 1881—1889.
Ur-Quell (Am). Monatsschrift für Volkskunde. Herausg. von F. S. Krauss. I—III. Bd.

Vámbéry Armin, A Csuvasokról. Budapest (Akademie) 1883.

-- — Hunnok és Avarok nemzetisége. Ebenda 1881.

Varga János, A babonák könyve. Arad 1877.

Wlislocki H. v., Die Szekler und Ungarn und Siebenbürgen. Hamburg 1891.

Schließlich spreche ich meinen Freunden Anton Herrmann, Johann Jankó und Ludw. Katona in Budapest für so manchen Wink und Ratschlag, den sie mir bei der Ausarbeitung dieses Buches gaben, meinen innigsten Dank aus.

Möge auch diese meine Arbeit als ein bescheidener Beitrag zur nichtchristlichen Religionsgeschichte eine nachsichtige Aufnahme im Kreise der Fachgenossen sowohl, als auch der Laien finden.

Wildbad Jegenye (Siebenbürgen) im Februar 1893.

Dr. Heinrich v. Wlislocki.

Der Lautwert der magyarischen Buchstaben.

Cs entspricht dem deutschen t sch, z. B. csikó sprich: Tschiko.

gy = dj z. B. gyik = djik.

ly = lj, z. B. gólya = golja.

ny = uj (spanisch ñ), z. B. legény = legénj.

s = sch, z. B. sok = schok.

sz = ss, z. B. szép = ssép.

ty = tj, z. B. tyúk = tjúk.

z = gelindes s.

á, é, í, ó, ú werden gedehnt gesprochen.

Volksglaube und religiöser Brauch der Magyaren.

I.

Dämonen.

Volksglaube und religiöser Brauch der einzelnen Völkerschaften hängt der Natur der Sache gemäß in gar vieler Beziehung von den Eigentümlichkeiten ihres Wohnortes und ihrer Le-
bensverhältnisse ab. Oft nimmt ein und dasselbe Bild und Cha-
rakteristikon bei verschiedenen Völkern je nach ihren klimatischen
Verhältnissen und Lebenseinrichtungen eine verschiedene Gestalt
an. Im Hochlande, wo die Nebel dichter sind, dort ist auch
dichter der Volksglaube, als unten auf der sonnigen Ebene.
Kuhn hat eine ausführliche Studie über die Klassification der
Mythen nach der Auffassung der Jäger-, Hirten- und Ackerbau-
Völker zusammengestellt; Steinthal die Verschiedenheit der se-
mitischen und indogermanischen Gottheiten geradezu aus der
Verschiedenheit der klimatischen Verhältnisse der betreffenden
Völkerschaften erklärt; Max Müller aber in der Mythologie der
verschiedenen Völker den Einfluß des Bildungsgrades und Tem-
peramentes, des nationalen Charakters nachzuweisen versucht.
Trat nun ein heidnisches Volk, wie z. B. die Magyaren, in die
Mitte mehr oder weniger kultivierter, christlicher Völker, so ließ
es sich selbstverständlich nicht vermeiden, „daß auch auf
dem Gebiete des Volksglaubens und religiösen Brauches Fort-
schritte gemacht wurden, daß man durch eigenes Nachdenken
oder unter fremdem Einflusse neue Anschauungen gewann, aber
wenn man sich diesen auch nicht verschließen konnte, so hat
man doch bei ihrer Übernahme die alten, liebgewordenen Vorstellungen nicht verworfen, man hat sie bewahrt und sie neben
den neuen Gedankengängen als gleichberechtigt bestehen lassen"

(A. Wiedemann, Rel. d. alt. Ägypter S. 1). Deshalb finden wir auch im Volksglauben und religiösen Brauch der Magyaren neben alten, dem Volke ureigenen Vorstellungen viele solcher Elemente, die der Religion und Mythologie, dem Volksglauben und religiösem Kult benachbarter Völkerschaften entlehnt worden und nun beide Gruppen so bunt durch einander gewürfelt sind, daß daraus eine „urmagyarische Mythologie" wohl niemand wagen wird herauszuschälen. Durchlesen wir die folgenden Blätter, so müssen wir unwillkürlich ähnlicher Ansicht, wie F. S. Krauss, (Volksgl. u. rel. Brauch d. Südslaven S. X) sein: „Immer mehr gewinnt der Gedanke in mir Festigkeit, daß die Zeit nicht ferne ist, wo eine fortgeschrittenere Religionswissenschaft, weniger eine urslavische oder urgermanische oder urfinnische Mythologie als eine europäisch-asiatische Urreligion als Endziel der Forschung hinstellen und von der linguistisch-historischen Methode einen viel untergeordneteren Gebrauch machen wird, als dies jetzt unsere Billigung erfahren würde." Selbst die folgenden Zeilen über die Dämonen des magyarischen Volksglaubens werden uns in dieser Hoffnung bestärken.

*   *   *

Fee heißt im Ungarischen tündér, welches Wort der Wurzel tün entstammt, die sich in folgenden Wörtern vorfindet: tünik = verschwinden, erscheinen (comparet, apparet), tünés (comparatio, apparitio), tündöklik es glänzt, strahlt (splendet, fulget, radiat, effulget, nitet). Das Wort tünder ist mit Rücksicht auf seine Abstammung der Bedeutung nach = tünés (comparitio apparitio) und drückt gleichsam das erscheinende und wieder verschwindende Wesen der Feen aus." So wie der Volksglaube die Feen sich darstellt und zurecht legt, so bilden sie gleichsam den Übergang, die Brücke zwischen der irdischen Welt und Gott. In alten Überlieferungen standen sie unter einer Göttin, deren Namen Furuzsina lautete. Im Háromszéker Comitat in der Nähe der altorjaer Schwefelhöhle liegt am Bache Furus das Dorf Ikafalva. Ein Held soll das Volk hergeführt haben, der seine Krieger im Namen der Göttin Furuzsina (F. istennö) zur Fahrt nach dieser Wildnis ermutigte. Der Held fiel und seinem entströmenden Blute entsprang eine Quelle, in deren Nähe die Krieger ein Dorf erbauten, den Bach aber nach der Göttin benannten. Das Wasser dieses Baches heißt auch heutigen Tages

„Bluttwasser" (vérviz) und verleiht — dem Volksglauben nach —
den Bewohnern von Ikafalva eine so große Körperkraft, daß
sie weit und breit berühmt und berüchtigt sind, und spricht man
von ihrer Stärke, so heißt es stets: „Ja, es ist kein Wunder, er
ist am Furus-Wasser groß gezogen worden!" (Nem csoda, mert
Furus vizén nőtt fel.") Der Name der Göttin selbst lebt im
Volksglauben dieser Gegend noch heutigen Tages fort. Ein auf-
geblasenes, überkluges Frauenzimmer wird spöttisch Furuzsina
genannt.

Das Reich der Feen (tündérország), das „Land goldener
Glückseligkeit" (arany boldoghon) liegt in weiter Ferne, jenseits
des Meeres, weit jenseits des Operencziás-Meeres. Nahezu allen ungarischen Märchen ist diese Formel als Eingang gemein: Még
az óperencziás tengeren is túl voll = selbst jenseits des
O.-Meeres war es. Für óperencziás wird aöch óprencziás
und ópereczijas, einmal sogar auferencziás und ópirinczipia gebraucht. Eine richtige Erklärung dieser Ausdrücke zu geben, war man bislang vergeblich bestrebt. Gewöhnlich
heißt es, daß darunter das Land Ob- und Unter-Enns gemeint
ist, indem man im Volksglauben den österreichischen Fluß Enns
nicht nur als Grenze zwischen Österreich und Ungarn, sondern
zugleich als Grenze der Welt ansah. „Wenn man annehmen
dürfte," sagt L. Katona, der berufenste Kenner ungarischer
Folklore, „dass dieses ópirinczipia = ungar. ó (alt), latein.
principia und operencziás hieraus verdorben, auferencziás
aber nur Spaltung des ó und Verschiebung des p zeigt, — dann
wäre man allerdings zu folgern berechtigt, daß mit diesem dunklen
Worte eigentlich das „alte Reich, die alte Heimat" bezeichnet
wurde und könnte darin ebenso gut einen vom Herrentisch unter
das Gesinde gefallenen lateinischen Brocken vermuten, wie ein
solcher in der Zeitbestimmung: még az antivilágban = noch
in der Anti-Welt (Vorwelt) offenbar vorliegt. Wie wäre aber mit
dieser — schon an und für sich äußerst gewagten — Deutung
die unbequeme Tatsache in Einklang zu bringen, daß operencziás beinahe ausnahmslos mit tenger (Meer) verbunden ist und
auch außerhalb dieser Verbindung — wie z. B. a hideg ópe-
rencziákon ist túnnan (jenseits selbst der kalten ó.) — nur
auf ein Meer oder eigentlich das Meer, und zwar auf den Okeanos
der homerischen Geographie hindeutet? . . Ich fühle mich wenig

1 *

dazu berufen, dies Rätsel zu lösen und will nur bemerken, daß
Ballagi's Erklärung (Példabeszédek, Elöszó: Ob der Enns)
mich keineswegs befriedigt, da die Magyaren gleich nach ihrer
Einwanderung mit Ober- und Unter Enns in viel zu enge Be-
ziehungen traten, um den österreichischen Fluß als die Grenze
der Welt ansehen zu können. Ein Volk, das im X. Jahrhundert
seinen Namen von Bremen bis tief in Italien hinein und von
Konstantinopel bis zum Atlantischen Ocean bekannt gemacht und
in ganz Europa den Glauben an eine Rückkehr der Hunnen erweckt hatte, wird wohl gewußt haben, daß die Welt bei der
Enns nicht mit Brettern verschlagen ist? — Auch Ipolyi (Magyar Mythologia S. 63) konnte sich mit der Ballagischen Erklärung nicht befreunden, und meinte auf das Dialektwort oprányi,
ofrányi = ofrálni verweisen zu müssen, ohne selbst großes
Vertrauen in die Richtigkeit seiner Etymologie zu setzen, da er
sich unmittelbar darauf im Mangel positiver Anhaltspunkte, seiner
löblichen Gepflogenheit gemäß, in phantasiereichen Ahnungen er-
geht. „Ist das Wort blos erdichtet, so dürfen wir darin vielleicht eine verblaßte Reminiscenz einer am Seegestade gelegenen
Provinz der Urheimat des magyarischen Volkes erblicken" — so
lautet seine erbauliche Alternative, die er aufstellt, ohne näher
anzudeuten, was er eigentlich unter jenem erdichtet verstehe, —
oder welcher von den vielen hypothetischen Ursitzen der Ungarn
ihm für die zweite Annahme vorgeschwebt habe? — So viel ist
einmal gewiß, daß unser Wort aus dem Magyarischen nicht erklärt werden kann; denn sollte es auch irgendwas mit jenem —
auf sehr enge Grenzen beschränkten — Dialektwort: oprányi
oder ofrányi (herumlungern, herumstreifen, vagabondieren) zu
tun haben, was ich sehr bezweifle, — so wäre es darum dem
Magyarischen nicht um eines Haares Breite näher gebracht, da
oprányi oder oprá-l-ni (ofrányi — ofrá-l-ni), das Ver-
balsuffix und die Infinitiv-Endung abgerechnet, magyarischem
Ohre ebenso fremd wie operencziás klingt und wahrscheinlich slavischer Herkunft ist, womit ich aber leider – wegen
mangelhafter Kenntnis der slavischen Sprachen, eine bloße Vermutung ausgesprochen habe, die ich mit keinem Hinweise auf
ein im Lautbestand und in der Bedeutung naheliegendes Wort
des bezeichneten Sprachgebietes stützen kann. Sollte es aber auch
gelingen, auf das von Ipolyi beigebrachte Dialektwort mehr

Licht zu werfen, so würde dieses zur Aufhellung des Dunkels,
das über dem Operenzien-Meere brütet, nur dann beitragen, wenn
überhaupt irgend ein Zusammenhang zwischen jenem — in der
Bedeutung von „vagieren" nur auf eine bestimmte Gegend be-
grenzten, den meisten Ungarn jedoch ganz unbekannten Worte —
und dem allgemein verbreiteten „ultima Thule" ungarischer Märchen sich nachweisen ließe. — Lautlich und der Bedeutung nach
ziemlich nahestehend wäre das griechische ἀπέραντος, das nicht
nur auf den Kontinent (im Gegensatz zur engumschriebenen Insel),
sondern auf das „endlose", „unendliche", „unbegrenzte" Meer
bezogen werden könnte. (ἀπέραντος ist in der Tat dem Euri-
pides — Med. 215 — der Ἑλλήσποντος.) Wie aber die weite
Kluft zwischen griechischem und ungarischem Sprachgebiet über-
brücken, wo slavische, rumänische und auch türkische Mittel-
glieder allem Anschein nach fehlen? . . . Ob das ruthenische
operantáti und das hiermit zweifellos zusammenhängende opa-
rantjúk etwas mit unserem Worte zu tun haben und mit demselben in auf- oder absteigender Linie verwandt seien: das mögen Andere, hierzu Berufenere entscheiden. Ich finde diese Lem-
mata bei Zelechowski Niedzielski (Ruthenisch-Deutsches
Wörterbuch, Lemberg 1866), — das erste mit „in jemand hinein-
fahren (vom Teufel), an jemand sich heften, jemand umgarnen",
— das zweite mit „Teufel" erklärt, und konnte bisher in keiner
anderen slavischen Sprache etwas Verwandtes finden. Bei magyarisch oprál, ofrál an slovakisch opramovat' zu denken,
erscheint mir doch zu gewagt. — Operencziás wird oft mit
„hideg = kalt und forró = heiß, zuweilen auch mit árabs =
arabisch in Verbindung gesetzt." . . .

Jenseits dieses Operenzien-Meeres also befindet sich das
eigentliche Land der Feen, wohin man über kupferne, silberne
und goldene Flüsse hinüber durch kupferne, silberne und goldene
Berge gelangt. Dort stehen auf endlosen Ebenen die Städte der
Feen mit ihren wunderbaren Gärten, in denen goldsprudelnde
Quellen rauschen, prächtige Blumen und Blüten duften, wo die
goldenen Äpfel der Feen wachsen. Aber nicht nur in diesen
glückseligen Gebieten wohnen die Feen, sondern sie bauen sich
auch hier auf Erden, auf wolkenhohen Gebirgsgipfeln Burgen, in
denen sie so lange hausen, bis sie von Menschen beleidigt oder
belästigt, ihre Bauwerke verlassen und in andere Gegenden zie-

hen. „Jenseits der sieben Berge, jenseits der sieben Meere
dort steht die Burg der Fee", heißt es in den meisten Märchen,
wobei gar oft Siebenbürgen, (das Land der sieben Burgen),
ungarisch Erdély (Waldland) als das irdische Heim der Feen
genannt wird. Solcher von Feen erbauten und dann verlassenen
Burgen giebt es in Siebenbürgen eine große Anzahl, z. B. die
·Leánykavár (Mädchenburg) bei Bodok, die Burg Venetúrné
vára bei Bereczk, der Burgberg bei Kis-Ajta, die Vasárka bei
Csikszent-Domokos, die Kadács-Burg und Burg der Frau Rapson (einer Fee) bei Parajd. Beim Bau der letzterwähnten Burg
trug das Baumaterial auf die hohen, steilabfallenden Felsengipfel
eine Zauberkatze und ein Zauberhahn herbei; den zur Burg hin-
aufführenden Weg aber hat der Teufel für einen Berg von Gold
und ein Tal voll Silber erbaut. Um diesen Preis aber betrog
ihn die schlaue Fee nach Vollendung des Werkes auf die Weise,
daß sie ihm auf ihren zusammengepreßten und emporgehaltenen
Fingerspitzen eine Goldmünze, in der Handfläche aber eine Sil-
bermünze überreichte, indem sie dabei sagte : „Hier hast du den
Goldberg und hier das mit Silber angefüllte Tal!" Der betrogene Teufel zerstörte nun den Weg, dessen Spuren man noch
weit bis nach den Görgenyer Gebirgen zu sehen kann und die
unter dem Namen Rapsonné ulja (Weg der Frau Rapson)
bekannt sind.

Im eigentlichen Ungarn gilt das sogenannte Csalóköz-er Gebiet für die Gegend, wo einst „der selige Garten, der Garten voll
goldener Bäume gestanden, wo in längstvergangenen Zeiten gold-
lockige Feen gewohnt haben." „Csalóközer Glück" heißt im Ungarischen ein unerwartetes, märchenhaftes Glück haben.

In das eigentliche Feenreich oder auch nur in die Wohnungen der Feen, die sich hier im Lande befinden, kann gewöhnlich nur der Liebling einer Fee, den sie eben zu sich locken will,
durch Zaubermittel und nach Vollbringung von schweren Arbeiten
gelangen. Gewöhnlich erscheint die Fee demjenigen, den sie zum
Geliebten sich erkoren hat, und dieser, geblendet durch ihre
Schönheit, macht sich nach ihrem Verschwinden auf den Weg,
um ins Feenreich oder in die Burg der Fee zu gelangen. Zaubertiere, einäugige Riesen, Tierkönige zeigen ihm den Weg oder er
besitzt eine Zaubergerte, Siebenmeilenstiefel, einen unsichtbar
machenden Mantel u. dgl. m., und gelangt mit Hilfe dieser Sachen

ins Feenreich oder vor die Burg der geliebten Fee, wo er drei, bisweilen auch sieben schwere Werke zu vollbringen hat; z. B. im Laufe eines Tages mit einem Glasbeile einen Wald zu fällen, aus Edelgestein einen Palast erbauen, einen Glasberg in einen Fingerhut hineinsetzen, einen viele Meilen langen Fluß austrinken, oder der Held muß einen Kampf mit einem Drachen oder einem Riesen bestehen. Bei der Vollbringung dieser Werke hilft ihm heimlich und indirekt die Fee selbst oder eine ihrer Schwestern. Gar oft liegt aber die Burg der betreffenden Fee „weit oben im Norden, im schwarzen Trauerlande (fekete gyászországban), in der Nähe der Stadt Johara, wohin der Held erst dann gelangt, wenn drei dreijährige Fühlen unter ihm vor Alter umstehen und er selbst ein Greis geworden ist." Dann nimmt ihn schließlich ein lahmer Specht auf den Rücken und führt ihn zu einer Höhle, durch welche hindurch er in die Stadt der Fee gelangt, die ihm das verjüngende Wasser oder das verjüngende Gras giebt, wodurch er seine Jugend wieder erlangt.

Das Hauptattribut der Feen ist eben ihre Zauberkraft, die nicht nur in ihrer ewigen Jugend, ihrer bestrickenden, sinnverwirrenden Schönheit, in ihren flüchtigen Reigen und Tänzen und ihren herzbestrickenden Liedern besteht, sondern auch in gewissen Bewegungen und gewissen Zaubermitteln. Stürzt die Fee kopfüber, macht sie einen Purzelbaum, so verwandelt sie sich in ein beliebiges Tier oder in einen beliebigen Gegenstand; Rückverwandlung geschieht auf dieselbe Weise. Geht sie einmal im Kreise um eine Person oder einen Gegenstand herum, so kann sie ebenfalls dieselben verwandeln. Zu den Zaubermitteln der Feen gehören: der Milchsee der Schönheit, das weiße Feengewand, Tränen und Speichel, ebenso Blut, wodurch sie jemanden bezaubern können; goldene und diamantene Ruten, kupferne und goldene Gerten, bei deren Knall Drachen und Teufel erscheinen; Zauberstäbe, Schlaftrank u. s. w. Zu den Tieren, welche im Dienste der Feen stehen, gehören die Zauberkatzen, Zauberhähne und Zauberrosse; letztere tátos genannt. Über diese, von den ungarischen Mythologen viel umworbene Gestalt des Zauberpferdes tátos, die fast in allen Feenmärchen der Ungarn vorkommt, müssen wir L. Katona's Auseinandersetzungen hier mitteilen, welche die bisherigen Forschungen betreffs dieses Zaubertieres ins gehörige Licht stellen. Er sagt: „Vielumstritten sind die tátos-Pferde, welche edle Rasse von keiner geringeren Herkunft ist, als der griechische Pegasos oder die germanischen Sleipnir und Grani. Nicht so der Name selbst, in dem sich ein Überlebsel des angestammten Volksglaubens birgt. Das Wort, welches neben tátos auch in der Form táltos bekannt ist und früher gewiß taltos (mit kurzem Stammvokal) gelautet hat, kommt zuerst in den Fragmenten der ältesten ungarischen Bibelübersetzung (aus der ersten Hälfte des XV. Jahrhunderts) vor und entspricht daselbst jener Babylonischen Priesterkaste, welche in der Vulgata mit magi übersetzt ist[1]). Ipolyi (a. a. O. S. 447) hält dasselbe mit Recht zur Stelle des Theophylaktos (7, 8), die der ἱερεῖς κεκτημένοι gedenkt, so den Vorfahren der Magyaren, den Türken (τοῦρκοι), wie der griechische Gewährsmann sie nennt, — καὶ τὰ τῶν μελλόντων αὐτοῖς ἐκτί-θεσθαι προαγηρεύουσιν. Bei dieser Zusammenstellung läßt es aber der begeisterte Schüler Creuzer's leider nicht bewenden, sondern sucht das magyarische Wort mit sanskritisch tat, ägyptisch Toth und phtah, germanisch Tuisco und Tuisto, keltisch Theutates etc. in mehr oder weniger enge Verwandtschaft zu bringen. — P. Hunfalvy (Ethnographie von Ungarn S. 165) läßt das Rätsel des übrigens seiner Bedeutung nach genügend erhellten Wortes ungelöst. Anders Vámbéry, der schwerlich fehlzugehen glaubt, wenn er tátos (táltos oder taltos läßt er ganz außer Acht) mit mittelariatisch-türkisch jajči und kirgisisch žajši zusammenstellt (Urspr. der Magy. S. 363), welche Zauberer, Wahrsager, Regen-, Wind- und Sturmmacher bedeuten. Ich bin der unmaßgeblichen Ansicht, daß die Bedeutung eines Wahrsagers, Zauberers, speziell eines Schamanen nicht erst aus weiter Ferne zu holen ist; dieselbe scheint mir vielmehr schon im magyarischen Worte für sich gegeben zu sein, da der mit dem Faktitivsuffix versehene Stamm (tát = tál-t oder tal-t), wie aus

---

[1]) Daniel 2, 2: parančola kedleg kiral hóg egbe hivattatnanac az oltaron nezöc, a taltosoc, a gonozteuöc — hog kiralnac megjelentenec ö almait = praecepit autem rex, ut convocarentur arioli et magi, et malefici, ut indicarent regi somnia sua (Vulgata). Vgl. auch Dan. 4, 4. Die herangezogene Bibelübersetzung ist zu einem Teil in einer Handschrift der Wiener Hofbibliothek, zum anderen in einer etwas jüngeren der königl. Bibliothek zu München erhalten und wurde zuerst von Döbrentei in den „Regi magyar nyelvemlékek" (1. 1838) herausgegeben.

tát-a-ni = aperire, patefacere, aufsperren (z. B. das Maul), tátott = hians, patens, patulus (z. B. tátott seb = vulnus hians, offene Wunde) ersichtlich — so viel wie offen bedeutet, die Wurzel tal also einen Begriff in sich schließt, der mit der Vorstellung von einem Schamanen ganz gut kongruiert, indem ein solcher nicht nur die Zukunft aufdecken oder überhaupt das Verborgene enthüllen, das Verschlossene öffnen, das Geheime bloslegen, unter anderem den Verbleib gestohlener Sachen anzeigen, den Dieb eruieren u. s. w., — sondern auch die verschlossenen Schleusen des Himmels und Schläuche des Windes nach Belieben auf- und zumachen, sowie die Eingeweide von Menschen und Tieren zu qualvollen Krankheiten verschlingen und zur Genesung entwirren, mit einem Worte Alles und Jegliches binden und lösen, schließen und öffnen kann. (Daß Krankheiten, besonders Krämpfe, durch eingeschlagene Knoten auf das Geheiß böswilliger Hexen und Zauberer entstehen, ist zwar ein uralter, allgemein-menschlicher Aberglaube — vgl. die diesbezüglichen Bemerkungen Reinh. Köhler's zu Gonzenbach's Sicilianische Märchen Nr. 12, 13, 14 —, doch vielleicht nirgends so vielseitig entwickelt und unausrottbar eingenistet wie beim ungarischen Volk, dem Zauberei überhaupt = kötés d. h. Binden, Krampf = görcs d: h. Knoten ist.)

Das Zauberpferd selbst aber ist — wie schon angedeutet — mit allen Eigenschaften der analogen Gestalten slavischer, rumänischer und deutscher, oder auch italienischer und orientalischer Märchen ausgestattet. Es ist gewöhnlich eine elende Schindmähre mit Beulen und Wunden und allen möglichen Gebrechen reichlich bedacht; wird vom echten Märchenhelden — der betreffs der jämmerlichen Hülle und des prächtigen Gehaltes seinem Pferde nicht unähnlich — aus der Reihe tadelloser Gefährten mittelst einer Kraftprobe herausgefunden; seine Nahrung ist in Milch gekochte Gerste oder auch Reis, daneben sehr oft Glut. Es fliegt so schnell, wie sein Reiter es wünscht, kennt keine Hindernisse und ist selbstverständlich der menschlichen Sprache kundig, so wie auch die Zukunft ihm nicht verborgen sein kann, was mit seinem Namen ganz gut in Einklang steht. Sein „lieber kleiner Herr" (kedves kis gazdám) findet stets den besten Ratgeber in ihm und verdankt den guten Ausgang so vieler dräuender Abenteuer vorzüglich dem trefflichen Beistande des zauber-

kundigen Tieres, das in den ungarischen Märchen, außer den erwähnten Hauptzügen, häufig mit dem merkwürdigen Epitheton
széltöl-fogantatotl = vom Winde gezeugt — ausgestaltet erscheint. (Über die vom Winde geschwängerten lusitanischen Stu-
ten weiß schon Plinius H. N.VIII, 42 (67), über die kappado-
kischen Augustinus de Civ. Dei 21, 5 zu erzählen. Vgl. über
Schwängerung von Tieren durch Winde: Liebrecht. Gervasius
v. Tilb. 69, 2; über die von Winden geschwängerte Ilmatar und
Loviatar in der finnischen Mythologie s. Castrén, Vorl. über die
finnische Myth.) Merkwürdig haben wir jenes Epitheton nur
darum genannt, weil auch der „auf einem Stift sich bewegende"
Garundavogel, den im Pantschatantra (I. b) der Zimmermann
seinem Busenfreunde, dem liebeskranken Weber verfertigt, „aus
dem Holze eines windgezeuglen (Vàyudscha) Baumes geschnitzt
wird! Oder sollte vielleicht eben dieses Epitheton die Zahl der
Anknüpfungspunkte um einen mehren, deren es zwischen dem
indischen Garuda und dem Zauberrosse der Märchen (durch Ver-
mittlung des hölzernen Pferdes in der aus dem Don Quijote II,
c. 40 bekannten Fassung der Magelone) nicht ermangelt? [1])

Noch zu erwähnen wäre, daß der tátos zumeist ein Eisen-
schimmel = vasderes ist, woraus phantasiereiche Mythenjäger
sofort auf die eisengraue Wolke schließen könnten, wenn das
Zauberpferd nicht bereits mit dem Sonnenstrahl identificiert worden wäre. (Vgl. Aladár György, in der ungar. Revue 1881 u.
1885.) — Auch ist das Tier höchst sentimental und wird vom
Helden gar oft bis über die Kniee in Tränen gebadet angetroffen,
wenn diesem eine Gefahr droht. Manchmal hat es nur drei Füße;
muß gewöhnlich aus der Macht einer Hexe oder eines Drachen
erlöst, erkämpft oder gestohlen werden, — und wenn es gerade
kein verzauberter Prinz ist, so tritt es (und so am häufigsten) als
eine Stute auf, in der oft die Seele der abgeschiedenen Mutter
zum verwaisten Königskinde spricht, dasselbe gegen stiefmütterliche
Verfolgung mit Rat und Tat schützt, und kraft der Zaubermacht,
die einer solchen heraufbeschworenen Seele (vgl. die indischen
Vetàlas) innewohnt, unterstützt, — so daß auch diese — die wich-

---

*) Vgl. Pantschatantra I, 163 ; 50 Anm. 201; v. d. Hagen, Gesamtab. I,
S. CXXXVI; Dunlop-Liebrecht 478b, Anm. 219, Ersch und Grubers Encykl.
s. v. Huschenk; Loiseleur, Deslongchamps etc. 35, 2; Val. Schmidt zu s. Stra-
parola-Übersetzung 209.

ligste der hilfreichen Gestalten im magyarischen Märchen — mit
den anderen auf eine und dieselbe Quelle, auf den Glauben an
die übernatürliche Kraft der Revenants, so wie auf das Vertrauen
in die Dankbarkeit der versöhnten und die Furcht vor der Rache
der beleidigten Toten zurückzuführen sein wird; womit ich aber
keineswegs gesagt haben will, daß Hülle und Inhalt bei diesem
allgemein verbreiteten Märchenmotiv untrennbar vereint einher-
gehen und demnach überall, wo die Erste vorhanden, zugleich an
eine im Volksbewußtsein sich vollziehende Integration durch den
Zweiten zu denken sei. — Nicht selten eifern zwei solcher Zau-
berpferde auf dem Plane, von denen dann das eine dem Helden,
das andere (gewöhnlich die Mutterstute) der verfolgenden Hexe
oder dem beraubten Drachen gehört, der — wie hieraus ersichtlich — auch in den ungarischen Märchen ganz dasselbe zwitter-
hafte, wenn nicht geradezu dimorphe Wesen von einem unge-
heuerlichen Reptil und einem menschenähnlichen Riesen ist, als
welches derselbe in den slavischen, rumänischen und neu-
griechischen Märchen abgebildet wird.«

Dieses tátos-Pferd, das geflügelt ist und oft Feuer schnaubt,
gelangt mittelbar oder unmittelbar durch die betreffende Fee
selbst in den Besitz des von ihr bevorzugten Helden, der aber
auch die Zauberformeln kennen muß, durch welche er die erwähnten Zauberdinge richtig gebrauchen kann. Erkämpft er sich
die Fee, so bleibt er entweder bei ihr oder führt sie als Gattin
heim. Die Feen gebären wieder Feen.

Alle Feen stehen unter der Oberhoheit einer Königin, deren
Name bald Fee-Ilona (Tündér-Ilona), bald Frau Rapson (Rapsonné) oder Elisabeth (Erzsébet) lautet.

Den Glauben an schicksalbestimmende Feen finden wir auch
bei den Magyaren vor. Gewöhnlich erscheinen drei oder sieben
oder gar neun Feen bei der Wiege des Kindes und bestimmen
sein Schicksal. Dem Namen nach sind zwei solcher Schicksalsfeen bekannt: Firtos und Tartod; letztere ist die „böse" Fee,
welche überall nur Unheil anstiftet (s. Ipolyi, Magyar Mythologia S. 66 u. 89). Firtos leitet Ipolyi vom Dialektwort: firo-
gont = was man auf einmal zum Spinnen herausgiebt; Tartod
aber heißt: du hältst (etwa den Faden). Wir finden also auch
im magyarischen Volksglauben die drei spinnenden Schicksalsfeen vor. Im Volksglauben werden sie oft nur keresztanyák

(Taufmütter) oder komaasszonyok (Gevatterinnen, Muhmen) genannt und man glaubt, daß zwei von ihnen dem Kinde alles Gute, die dritte aber alles Üble verleiht. Als Spinnerinnen treten sie nur in einigen, wenigen Sagen und Märchen auf. Über die Zeit und den Ort, wann und wo diese Schicksalsfeen erscheinen, um das zukünftige Los des Kindes zu bestimmen, weiß der magyarische Volksglauben schon gar wenig zu berichten. Gewöhnlich heißt es, daß diese Feen in der Nacht nach dem Tauftage beim Kinde unsichtbar erscheinen und oft kann man am nächsten Tage ihre Fußspuren, die „Taubenkrallen" gleichen", in der Nähe der Wiege sehen.

Der Ort, an dem diese Wesen wohnen, liegt nach dem Volksglauben in der Nähe einer Quelle, eines Brunnens oder Baches. In einem Kinderliede der Siebenbürger Szekler heißt es in genauer Übersetzung:

Heida, heida, auf nach Kronstadt!	Und ganz nah in Angyalos
Haben unser Ross verloren,	Fließt ein klares Brünnlein, —
Wollen uns ein neues kaufen,	Sitzen dort drei Fräulein,
Und dazu auch gold'ne Sporen,	Hält das eine ein Kindchen,
Dann wird's rascher laufen!	Das andre schneidet Weiden
Heida, heida, auf nach Kronstadt!	Für den Hintern hopp, hopp, hopp!
Hei, da steht ein Schlößlein,	Und das dritte spinnet Seiden,
Und nicht weit in Sepsi-Szent-György	Spinnt für dich den neuen Rock!
Steht ein gold'nes Häuschen,	Hopp, hopp, hopp!

Diese drei Fräulein (kisasszony) glaube ich auch in folgender Sage der Siebenbürger Szekler wiederzufinden, die ich hier aus meiner inedierten Sammlung in genauer Übersetzung mitteilen will:

„Vor vielen, vielen Jahren lebte ein Ritter, der war gegen seine Untergebenen gar strenge und hartherzig. Seine eigene Gattin hatte er einmal in seinem Zorn zu Tode geprügelt, und seine drei wunderschönen Töchter behandelte er schlechter denn Hunde. Da traf es sich einmal, daß der böse Ritter in eine gar ferne Stadt zog, um sich von da eine Gattin zu holen. Bevor er abzog, sprach er zu seinen Töchtern: „Allen Hanf, der sich am Aufboden des Hauses befindet, müßt ihr bis zu meiner Rückkehr gesponnen haben, sonst lasse ich jede von euch an einen Baum binden und dann zersägen." Also sprach der Rittersmann und zog von dannen. Seine armen Töchter weinten nun

Tag und Nacht, denn sie wußten nicht, wie sie den vielen Hanf aufspinnen sollten. Da traf es sich einmal, daß die drei Fräulein spät in der Nacht noch spannen und weinten, als sich die Türe der Stube öffnete und ein riesiger schwarzer Stier hereintrabte. Mitten im Hanfstoß, der am Boden lag, blieb er stehen, nahm einen Bund nach dem andern auf seine gewaltigen Hörner, und während er seinen Hals von rechts nach links beständig bewegte, verwandelte sich der Hanf sofort in die schönste Leinwand. Das eine der drei Fräulein stieg nun schnell auf dem Aufboden hinauf und reichte ihrer Schwester, die auf der Leiter stand, einen Hanfbund nach dem anderen herab. Die mittlere Schwester reichte den Hanf der jüngsten, die unten in der Stube stand, und diese warf ihn vor den Stier, der mit seinen Hörnern so rasch spann, daß die Schwestern kaum Zeit hatten, einander den Hanf zu überreichen. Die eine rief stets der andern, diese wieder der dritten zu: „Nyujtod-e már?" (Reichst du ihn einmal her), um sich gegenseitig zur Eile anzufeuern. Als es aber dämmerte, spann der Stier noch immer. Aber er war auch schon sehr müde, denn so oft er den Hals von rechts nach links bog, da flog ihm stets der Speichel in langen Fäden zum offenen Fenster hinaus und schwebte als glänzender Faden in der Luft fort. Diese Fäden sieht man auch jetzt noch im Herbste in der Luft schweben, und wir nennen sie eben Ochsenspeichel (ökörnyál). Gegen Mittag war der gesamte Hanf aufgesponnen, und da stürmte der Stier auf die drei Jungfrauen los und warf sie in die Luft; die eine fiel oben auf dem Gebirge neben einer Quelle auf die Erde, die andere fiel auf einen Acker, und die dritte fiel auf einen hohen Baum. Jede sitzt nun seit vielen Jahren auf ihrer Stelle und spinnt den „Ochsenspeichel"; aus dem Gespinnst verfertigen sie dann Hemden, und wer ein solches findet und am Leibe trägt, der ist in Allem glücklich. An der Stätte, wo das Haus des Ritters gestanden, hörte man lange Jahre hindurch allnächtlich den Ruf erschallen: „Nyujtod-e nyujtod-e már?" Und als mit der Zeit sich daselbst Leute ansiedelten, nannten sie das Dorf „Nyujtod" (im Osten Siebenbürgens) . . .

Diese Sage erinnert uns an das Zauberhemde und Nothemde der deutschen Mythe, das Jungfrauen woben, um Kämpfer fest und unverwundbar zu machen.

Nyujtod mag ursprünglich der Name einer der drei Feen

gewesen sein, der aber jetzt dem Volksglauben entschwunden
ist und sich nur als Name einer Ortschaft erhalten hat. Nach
dem Gesagten würden also die Namen der drei schicksalbestim-
menden Feen des magyarischen Volksglaubens lauten: Firtos,
Nyujtod und Tartod. Aus der Bedeutung dieser Namen läßt
sich leicht auf die Rolle jeder der drei Feen schließen.

Den Gegensatz zu diesen drei Schicksalsfeen, die im Volksglauben trotz ihrer „bösen" dritten, beziehungsweise zweiten
Schwester, der Tartod, mehr Beglückerinnen als Schädigerinnen
sind, bildet die Gestalt der vasorrú bába (Frau Eisennase),
deren es unzählige giebt und die Tier und Mensch an Leib und
Seele wo möglich zu schädigen suchen. Diese Wesen haben
eine lange, eherne Nase, struppige, lange Haare, große grüne
Zähne, ein runzeliges Gesicht gleich einem Wespennest (Gaal 4).
Sie wohnen weit oben im Gebirge, ihre Hütten, bisweilen Paläste, sind oft aus Menschenschädeln errichtet (Majláth 267), an
den Umfriedigungen hängen Menschengedärme (Ipolyi S. 67).
Gewöhnlich wohnt eine solche vasorrú baba mit ihren drei,
bisweilen zwölf Töchtern zusammen. Wer sich zu ihnen verirrt, der muß bei ihnen in Dienste treten und schwere Werke
vollenden. sonst ist er ein Kind des Todes. Kann er die Arbeiten, so erhält er das, was er sich wünscht. Im Volksglauben
heißt es, diese Wesen sind bestrafte, verwunschene Feen, die als
solche einen argen Fehltritt begangen (besonders gewöhnlichen
oder unwürdigen Männern ihre Gunst geschenkt) haben und nun
als häßliche, alte Weiber überall nur Unheil anstiften müssen
(Ipolyi a. a. O. S. 68). Manche Mythenforscher erblicken in dieser vasorrà bába ein den Magyaren ureigenes mythisches Wesen, ohne dabei zu bedenken, daß dasselbe benachbarten Völkern
entliehen worden ist. Ludw. Katona schreibt (a. a. O. S. 30)
darüber folgendes:

„Eine andere, von magyarischen Mythoplasten viel umworbene Gestalt is die vasorrú bába oder ‚Frau Eisennase', wie
A. György (Ungarische Revue 1881 S. 587—602; vgl. auch desselben Aufsatz: ‚Der magyarische Olymp" in derselben Zeitschrift
vom Jahre 1885) sie nennt, über die ich fast alles wiederholen
müßte, was ich über die slavische yaga oder yega, jedza,
jadza, jedži, — jenži, jenzi, ježi-baba, jezinka, yazya
aus slovakischen, böhmischen, polnischen, serbo-kroatischen, slo-

venischen und russischen Märchen erfahren konnte. — Anders
denkt über den Gegenstand György, dem ich auf ein Gebiet
nicht folgen will, auf dem ich — wegen ungenügender Kenntnis
der slavischen Sprachen — mich wenig heimisch fühle. Er, dem
es in dieser Beziehung vielleicht nicht besser als mir geht, könnte
sich einstweilen aus Ralston 92—95, 139—158, 248—250 und
besonders 137 ff. einiges holen, was ihn über diese stehende Figur, das verkörperte böse Prinzip der ungarischen Märchen, eines
anderen belehren dürfte. Hier nur zwei Worte zur „mythologischen“ Seite der Frage. Vasorrú bába soll — wie György
aus dem großen Lexikon (Nagyszótar) citiert — „eine zauberkundige Frau“ sein, „die eine nadelspitzige Eisennase hat und beim
Sturmlauf gegen den Eisenwall von sieben Meilen weit auf denselben losspringt.“ Wo in aller Welt man diese Definition auf-
gestöbert, ist mir aus allen den 400—500 ungarischen Märchen,
die ich gewissenhaft durchgelesen, unerfindlich. Ipolyi, der
doch alles, was nur irgendwie mythologisch gedeutet werden
könnte, auch aus älteren und zum Teile noch unveröffentlichten
Quellen zusammengetragen, erwähnt unter den vielen Zügen dieser Gestalt (a. a. O. S. 67) jener wichtigen Eigenschaft mit keinem Worte. Und doch steht die ganze mythische Bedeutung der
„Frau Eisennase“ auf diesem „nadelspitzigen Gesichtsvorsprung“,
der den hervorzuckenden Blitz symbolisieren soll! Vas ist
nämlich allen verwandten Sprachen in der Bedeutung von „Kupf-
fer“ eigen (vgl. Budenz, Magyar-ugor összehasonlitó Szótár
Nr. 566, S. 567). Also nicht so sehr Frau Eisen- als vielmehr
Frau Kupfernase! Nun ist aber, wie ein ungenannter Bei-
stand des Herrn György in einem Nachtrage zur Arbeit des
letzteren bemerkt, die „ursprüngliche“ Form des charakteristischen
Epithetons nicht vas-orrú, sondern vas-fogú (Eisen-zahnig).
(Die Frage nach der Ursprünglichkeit der einen oder der anderen
Form bei Seite gelassen, kann ich einstweilen die ohne eine Be-
legstelle hingeworfene Behauptung der ergänzenden Bemerkung
aus Kriza (Vadrószák S. 475—476) bestätigen. Allerdings ist
bisher diese die einzige Stelle, welche ich genau anzugeben ver-
mag.) Wenn aber so, folgert weiter der begeisterte Sekundant
des Herrn György, dann muß es doch einem Jeden einleuchten,
daß dieser „eherne Zahn“ sich viel besser zu einer mythologischen Methapher für den Blitz eignet, als eine noch so nadel-

spitzige Nase. Folglich — ist die vasorrú bába die Personifikation der Gewitterwolke und nebenbei der Nacht, aber auch des Winters. — Wieso das russische Märchenwesen, welches unserer vasorrú baba entspricht, d. h. die Yaga Baba, zu ihrem eisernen Zahn (oder Zähnen) kommt, das ist u. a. auch aus Ralston S. 166 zu ersehen, wo allerdings nach der Überschrift des (aus Afanasjew I, Nr. 4 a) mitgeteilten Märchens von einer Vyed'ma die Rede, die aber mit allen Eigenschaften einer Yaga Baba ausgestattet und in russischen Märchen überhaupt oft für die letztere mit dem Charakter derselben steht (Ralston S. 163). Auch die famose Burg, so sich auf einem Hahnenfuß dreht und ein Kupferdach trägt, in der György seiner Theorie entsprechend wieder nur die in den Winden sich „drehende", sonnnenbeschienene Wolke sieht, — muß, wenn sie schon eine Wolke ist, für eine russische oder gemein-slavische und keine ugro-finnische Wolke erklärt werden. — Zum Schlusse noch einen Zug, der die nahe Verwandtschaft der vasorrú baba mit der slavischen Baba Yaga, wenn solche noch eines Beweises bedürftig wäre — über jeden Zweifel erhebt und zugleich ebenso entschieden gegen die Annahme eines unmittelbaren Zusammenhanges der ersteren mit der finnischen Lonhi spricht, wie deutlich derselbe andererseits auf den gemeinsamen slavischen Ursprung der magyarischen und finnischen Gestalt hinweist und aus diesem die einzig stichhaltige Erklärung der ähnlichen Merkmale beider gewärtigen läßt. Ich meine den Mörser, der zur stereotypen Ausrüstung der russischen Baba Yaga gehört (vgl. Afanasjeff Nr. 36 = Ralston S. 141) und dessen sich in einem magyarischen Märchen (Nyelvőr XIV, 91 ff.) die verfolgende Hexe — zum selben Zwecke wie im russischen — bedient. Gerade so wie vorher der „eiserne Zahn", ist auch dieser Mörser im magyarischen Märchen nur durch Zuhilfenahme der russischen Parallelstellen erklärlich und zeugt zugleich für die skrupellose Oberflächlichkeit, womit ein Volk vom anderen die Märchen übernimmt und in denselben gar oft manch unrichtig oder auch gar nicht verstandenes Detail, so wie es eben aufgefaßt wurde, stehen läßt, ohne sich weiter um die Bedeutung desselben zu kümmern oder an ein inigeres Verweben des neuen Einschlags mit dem älteren Aufzug zu denken. Unwillkürlich muß ich hiebei der Worte gedenken, die Lönnrot im Jahre 1855 an Schiefner schrieb: „Als ich einen Finnen fragte, — so

lauten dieselben — woher er so viele Märchen wisse, antwortete
er mir: „Ich habe mehrere Jahre nach einander bald bei russischen, bald bei norwegischen Fischern am Eismeer Dienste getan, und so oft der Sturm uns vom Fischfang abhielt, vertrieben wir uns die Zeit mit Märchen und Erzählungen. Dann und
wann war mir ein Wort oder eine Stelle unverständlich, doch
erriet ich den allgemeinen Inhalt aller Märchen, die ich nachmals
mit selbsterfundenen Zusätzen daheim wiedererzählte" (Erman's
Archiv f. wissensch. Kunde v. Russl. XXII, 614); Worte, die nur
zu deutlich gegen Annahmen sprechen, deren Unzulässigkeit wir
im Obigen wiederholt darzutun bemüht waren, — weshalb man
es uns nicht verdenken wird, wenn wir nicht umhin konnten, die
wertvolle Zeugenschaft dieses naiven Ausspruches anzurufen."

Unter mohamedanischem Einfluß mag der magyarische Volksglaube an mädchenraubende Feen (leányrabló tündérek)
entstanden sein. (Kozma S. 27). Gewöhnlich sind dies Feen, die
aus der Schar der „glücklichen" (boldog) Feen verstoßen worden, weil sie nicht Feen, sondern sterbliche Knaben zur Welt
gebracht, ihre Gunst gewöhnlichen Männern geschenkt haben.
Eine solche Fee war die auf der „Vároldal" (= Burgseite) bei Gyer-
gyó-Szent-Miklós wohnende Hiripné. Diese pflegte auf der
Burgzinne mit Kränzen ihre beiden Söhne zu erwarten, die unten
im Felde die Liebsten der von ihnen geraubten Jungfrauen nie-
dermetzelten. Endlich wurden sie doch von zwei Helden getötet; ihre Mutter welkte mit dem Kranze in der Hand dahin und
ward Staub. Auch im sogenannten Bükkös-Wald im Uz-Tale
hauste eine Jungfrauen raubende Fee, die jedes Jahr eine schöne
Maid vom schwarzen Meere raubte. Einmal hatte sie die Geliebte
des Königs der Wasserfeen geraubt, der sie mit Sturm und
Wirbelwind verfolgt und an einen Felsen des sogenannten Kökert
(Steingarten) schleuderte, wo sie starb. Aus ihrem Blute entstand eine Heilquelle, der sog. „büdös-szik" (Stinkender Sprudel).

Dies führt uns zu den Luft- und Wasserfeen hinüber.

Auch im magyarischen Volksglauben werden den Feen Flügel verliehen, wodurch sie windschnell von einem Orte zum andern gelangen können. Es giebt aber nur eine einzige, eigentliche
Luftfee; das ist die Délibáb, die Fata Morgana der ungarischen
Tiefebene, des Alföld. Ipolyi (S. 90) meint ganz richtig, daß
báb oder baba ursprünglich Fee bedeute (vgl. vasorrú bába;

die Hebamme heißt = bábaasszony, weil ihr in alten Zeiten
Zauberkraft u. s. w. beigemessen wird); déli; deli dagegen
heißt glänzend, strahlend ($\delta\bar{\iota}\lambda o\varsigma$), aber auch mittaglich.
Demnach wäre Délibáb = Mittagsfee. Das Jahr, in welchem man oft die
Délibab sehen kann, ist dem Volksglauben gemäß, sehr fruchtbar. In einer Sage (bei Ipolyi S. 91) wird erzählt: Puszta
(die ungarische Haide) hatte zwei Kinder: Tenger (das Meer)
und Délibab. Ersterer war gar hochmütig und verdrängte die
Délibáb, welche vom Wind geliebt wurde. Letzterer vertrieb den
Tenger und nur Délibáb blieb also bei ihrem Vater Puszta zurück. Délibáb aber liebt nicht den Wind, sondern Sonne heißt
ihr Geliebter. Deshalb sucht sie sich zur Sonne zu erheben, aber
da kommt stets der Wind heran, vor dem sich dann die Délibáb
zum Puszta flüchtet. — Eine andere Sage (a. a. O. S. 91) erzählt:
Vor vielen tausend Jahren war dort, wo die Theiß sich windet,
schon (die) Puszta vorhanden, aber Meer bedeckte sie, welches
die zornige, tobende Gattin des guten, alten Puszta war, die,
nachdem sie den Leib des Puszta zerfetzt hat und den ihr zuge-
messenen Raum für zu enge fand, sich auf den Sturmwind setzte,
den Blitz als Schwert in die Hand nahm, sich aus schwarzen
Wolken eine Fahne machte und also bewaffnet die Bergreihen
durchbrach und Puszta verließ. Als Puszta aus der Ohnmacht
erwachte, welche ihm das Toben der Gattin verursacht hatte,
sah er voll Freude, daß ihn sein Weib verlassen habe und seine
Tochter Délibáb bei ihm zurückgeblieben sei. Sonne war in die
goldhaarige Délibáb verliebt; aber so lange die wilde Mutter
sich bei ihr befand, konnte sich ihr der Sonnenjüngling (napúrfi)
nicht nähern. Nun aber gestand er ihr seine Liebe und ward
auch von ihr geliebt. Dies mißgönnte ihm Wolke (Felleg) der
auch die Délibáb liebte und befehdete sich mit ihm. Der Sonnenjüngling besiegte ihn und da verursachte Wolke eine große
Überschwemmung. Der Sonnenjüngling aber ließ den Regenbogen herab und führte so die geliebte Délibáb zu sich hinauf.
Als die Überschwemmung vorbei war, trug er sie zu Puszta,
ihrem Vater zurück, wo er sie zu besuchen pflegt. —
      Daß Feen oft die Gestalt von Schwänen, Gänsen, Enten und
Tauben annehmen und so durch die Luft fliegen, ist auch dem
magyarischen Volksglauben bekannt, der daneben auch von
Wasserfeen (vizi tünder) zu erzählen weiß. Über die Wasser-

feen und Wassermenschen der Theiß berichtet schon der alte Reisende Pokorny (1763; patr. Tagebl. 1803, S. 1173), daß, wenn sie bei Túr, Tisza-Füred und Szolnok gesehen werden, Sturm und allgemeines Unglück zu erwarten sei. Die Felsenhöhlen in den Ufern des Balaton (Platensee) nennt das Volk tündérlak (Feenwohnung) oder tündérvár (Feenburg), weil dort die Wasserfeen wohnen. Die Sage erzählt, daß im Fertö-See sieben untergesunkene Städte liegen, die nun von Wasserfeen bewohnt, deren Gesang man oft in stiller Nacht hören kann. Alle sieben Jahre ragen auch die Turmspitzen aus dem Wasser auf einige Augenblicke hervor und die Wassermenschen (vízi emberek) ergehen sich dann am Ufer (Ipolyi S. 96). Im Bette der Donau befinden sich auch zahlreiche Paläste und Burgen der Wasserfeen. In einem „Meerauge" (See) der Karpathen, im sogenannten Feketetó (Schwarzer See) lag einst die auf goldenen und diamantenen Säulen erbaute Burg des Wasserfeenkönigs, aber ewige Finsternis herrschte rings um dieselbe, bis nicht die im Zöldtó (grünen See) wohnende Geliebte des Königs denselben bewog, die Finsternis zu zerstreuen. Er ließ also auf den aus dem See hervorragenden Turm einen großen Karfunkelstein stecken, der sonnenhell die Gegend beleuchtete. Der Stein glänzte und leuchtete so lange, bis die Fee dem König treu war; als sie aber in Liebe zu einem sterblichen Prinzen entbrannte, verlor der Karfunkelstein sein Licht. Da zog der Feenkönig mit seinen Schätzen in die innersten Tiefen des See's hinab, die treulose Fee aber verfluchte er, welche nun einsam im Tannwald herumirrt und deren Klagerufe man oft vernimmt (Ipolyi S. 97). —

Neben diesen menschlich gestalteten, wunderschönen Wasserfeen giebt es aber auch Wassermenschen (vízi emberek) oder Wassergeister (vízi szellemek), die oft roßgestaltig, oft aber die Gestalt alter Männer haben. Eine Sage (bei Ipolyi S. 99) erzählt: Ein König kam müde nach der Schlacht zu einer Quelle und als er sich zu ihr hinabbog, um Wasser zu trinken, da packte ihn eine unsichtbare Hand fest an der Nase und ließ ihn so lange nicht los, bis er nicht seinen größten Schatz, den er daheim besitze, dem unsichtbaren Wesen versprach. Während seiner Abwesenheit hatte seine Gattin ihm ein Töchterchen geboren, das sich nun nach sieben Jahren der Wassergeist der

Quelle in Gestalt eines Rosses abholte. Über das Anpacken der
Nase s. Grimm 465. Wasserfeen und Wassermänner gehen oft Ehen mit sterblichen Menschen ein. Von den zahlreichen Sagen will ich nur
zwei (bei Ipolyi S. 100) mitteilen, die für die vergleichende
Sagenkunde etwas Bedeutung haben. Die eine erzählt: Am
Donauufer sang allabendlich der schöne Fischerjunge Javor lustige
Lieder, denn er war beim Fischfang stets gar glücklich. Da
kamen aber Tage, wo sich gar kein Fisch in seine Netze verirrte. Betrübt saß nun Javor abends am Ufer und sang gar
schwermütige Weisen. Da tauchte eine Wasserfee aus der Donau
hervor und gestand ihm, daß sie ihn liebe und seine Gattin werden wolle. Von nun an fing Javor täglich unzählige Fische.
Als aber die Wasserfee mit Erlaubnis ihrer Mutter, der Feenkönigin, ans Land zog und seine Gattin wurde, da benahm ihr
letztere die Zauberkraft und Javor konnte keine Fische mehr
fangen. Als er sich nun in der größten Not befand, da stürzte
sich die Fee mit ihm in die Donau. — Gewöhnlich ist eine solche
Ehe fluchbeladen. Die andere Sage erzählt: Eine Maid konnte
nicht unter die Haube kommen und in ihrer Schande setzte sie
sich einmal am Ufer eines Sumpfes nieder und weinte gar bitter-
lich, worauf ein Wassermann erscheint und sie zur Gattin haben
will. Sie willigt ein, der Wassermann steigt zu ihr ans Ufer her-
auf und sein Haupt in ihren Schoß legend, schläft er ein. Da
kam ein alter Soldat des Weges, dem die Maid ihr Leid klagte.
Nun schnarchte der Wassermann im Schlafe und öffnete seinen
Mund, worauf die beiden seine Fischzähne erblickten. Die
Maid wollte nun fliehen, aber der Wassermann erwachte und
trug sie gewaltsam mit sich hinab in den Sumpf (vgl. die esthni-
sche Sage bei Grimm 459, Schröter, finnische Run. 142). Im
Teiche Höviz bei Sajó-Vámos (Borsoder Comitat) erzählt das
Volk, wohne ein alter Mann, halb Roß, halb Mensch, der ans
Ufer Spielsachen, Kleider und dgl. hinlege, um Leute dahin zu
locken, die er dann ins Wasser hinabzieht. Der Volksglaube
meint, daß diese Wassergeister alljährlich ihr Opfer haben müssen
und wo sie hausen, dort müsse jedes Jahr ein Mensch im Wasser
ertrinken. Im Flusse Perecz bei Levá erzählt man, wohne ein
kleiner, grüngekleideter Wassermann, der oft in die Stadt
kam, um Einkäufe zu machen. Er war an seinen Fingern er-

kenntlich, von denen stets Wasser herabfloß (vgl. Grimm 459).
Einmal kränkte diesen Wassermann ein Fleischer, seither kommt
er nimmer in die Stadt. Den Fleischer, als dieser am Pereczufer
lustwandelte, zog er ins Wasser hinab und sperrte seine
Seele in einen Krug; den er an die Wand seiner Wohnung
hing, wo noch unzählige Krüge sich befinden. — Als in einer
Nacht eine Maid über den Perecz ging, sah sie auf dem Wasser
zwei Frauen sich herumtummeln, die viele ungestaltete Kinder
badeten. Sie riefen der Maid zu: „Herzu komm! herzu komm!"
(erre gyere, erre gyere), worauf die Maid erschreckt zu laufen
begann. Da wieherten wie Rosse die Weiber ihr nach und riefen
dazwischen: „O wie klug ist diese Maid!" Oft sieht man ein
kieferloses Roß dem Pereczfluß entsteigen, das jeden ins Wasser
stürzt, der ihm nicht entfliehen kann (s. Ipolyi S. 101). Daß
die Seelen im Wasser ertrunkener Menschen von den Wassergeistern in Töpfen eine gewisse Zeit (7—9 Jahre) lang gefangen
gehalten werden, ist ein auch in Ungarn allgemein verbreiteter
Volksglaube, ebenso daß gewisse Gewässer jedes Jahr ein Opfer
fordern und daß die Kleidung der Wassergeister gewöhnlich grün
ist. Auch in manchen Brunnen hausen Wassergeister, die oft die
Menschen zu sich hinabziehen. Um sie zu vertreiben, wirft man
eiserne Nägel oder ein Anhängschloß in den betreffenden Brunnen (Ipolyi S. 101). Oft nehmen diese im Brunnen lebenden
Wesen die Gestalt von Fröschen oder Schlangen an. —

Die Verehrung des Wassers mag bei den Magyaren von
altersher in Brauch gewesen sein (lateinische Belege s. bei Ipolyi
S. 200 ff.). An Gewässern wurden ihre Toten beerdigt. Besonders und sind es auch noch heutzutage (z. B. im Heveser, Nográder, Baranyaer Comitat) die sogenannten „heiligen Brunnen"
(szent kutak), in deren Nähe man gerne die Toten begräbt
(Ipolyi S. 101). Manche Quellen dienen zu Wahrsagereien, indem der darin wohnende Wassergeist z. B. durch trübes oder
klares Wasser das Orakel abgiebt. Schon Wernher erwähnt
(adm. aqu. hung. 865) von einer Quelle bei Léva: „Sin pura sit,
dum hauriatur, et pura permaneat donec offeratur aegrotis, qui
eam mirifice appetere solent, quod hoc certissimum ad salutem
signum sit: sin turbida reddatur, plane pro deplorato haberi
aegrotum, itaque eos qui potum tartum infirmis, non omen pe-
tunt, antequam hauriant aquam turbare solere." Vom Budiser

Säuerling im Turóczer Comitat berichtet schon der Chronist Bél
(not. 2, 302): „Accedit plebeia superstitio turbari suapte fontem,
si eius causa hauriatur, qui in Libitinae rationes concessurus
proximae est; limpidam contra perdurare, ubi salubritatis pris-
tinae spes, haut decollavit." Verschwindet eine Quelle und kommt
dann nach einer Zeit wieder zum Vorschein, so heißt es, der
Wassergeist sei böse geworden und habe sich samt dem Wasser
ins Innere der Erde zurückgezogen. Aus solchen Erscheinungen
schließt man auf kommendes, allgemeines Unglück. Vom Szö-
rényer heiligen Brunnen heißt es, daß sein Wasser stets blutigrot
werde, so oft ein ungarischer König stirbt (s. Engel, Mon. 14
Vorw.). Wer zur rechten Zeit, d. h. wenn der Wassergeist gut
aufgelegt ist, sich im Völgyer Brunnen oder in der Quelle bei
Ipoly-Födémes badet, dem wachsen die fehlenden Glieder nach;
als Gabe für den Wassergeist läßt man dort Kleidungsstücke und
Haupthaare auf Bäumen, die neben der Quelle stehen, zurück
(Ipolyi S. 203). Aus einigen Quellen, welche nach Tierspuren
benannt worden sind, weil sie ihre Entstehung denselben verdanken, (z. B. Medve nyom = Bärenspur, farkasnyom = Wolfs-
spur), — ist es nicht gut zu trinken, denn man kann in das betreffende Tier verwandelt werden.

Daß die Wasseropfer und Lustrationen mit dem Glauben an
Wasserfeen, Wassergeister zusammenhängen, ist wohl einleuch-
tend. Schon auf der Synode zu Szabolcs gab man ein Dekret
heraus (decr. s. Ladisl. 1. 22): „De ritu gentelismi. Quicunque
ritu gentelismi iuxta puteos sacrificaverit, vel ad arbores et ad
fontes et lapides oblationes obtulerit, reatum suum bove luat."
Steine in Gewässer zu werfen, ist nicht gut, denn dadurch entsteht Dürre ; Blumen aber soll man während den Johannisfeuern
(s. Abschitt II) in fließendes Wasser werfen, damit es „den Saaten
nicht an Regen fehle." Wer zum ersten Mal in Ortschaften kam,
die am Körös (Kreischflusse) liegen, der ward in früherer Zeit
von den Einwohnern im Wasser des Flusses getauft, den sie
deshalb auch Jordan nennen. Krekvitz schreibt in seinem mit
lateinischem Titel versehenen, aber deutschen Werke „Descriptio
hung." (S. 158) also: „dann ein gar altes Herkommen ist, daß
wer zuvor daselbst nie gewesen, von ihnen gehänselt wird, also
daß von einem ein viertheil, oder halben, auch woll einen ganzen
thaler bekommen. es hat auch Stephan Bathori erstlich fürst

dieses landes, hernach könig von Pohlen, sich nicht geweigert, mit seinen eigenen Exempel, solch ihr altes herkommen zu bestättigen. Welcher sich aber von ihnen nicht gutwillig ablöset, der wird, in das obgedachte wasser Kreisch, so sie den Jordan nennen, gesetzt." In früheren Zeiten wurde am helllichten Tage die Braut beim Einzug in ihr neues Heim mit Fackeln zum Brunnen begleitet, in den sie Feldfrüchte werfen mußte (vgl. Ipolyi S. 206). Baron Mednyánszky erwähnt in seinem Manuskript: „Sammlung abergläubischer Meinungen und Gebräuche des gemeinen Volkes in den Thälern des Rokos 1823" (S. 12), daß bei dieser Gelegenheit von böswilligen Weibern heimlich Anhängschlösser in den Brunnen geworfen wurden, damit die junge Frau kinderlos bleibe. Bei der Brautschau (háztüznézés = Hausfeuerschau) verlangte man in früheren Zeiten neben Feuer auch Wasser von der betreffenden Maid (Ipolyi S. 206). Bartholomaeides (Pot. com. Gömör. Leutschoviae 1808, S. 449) schreibt: „Sponsus in foribus domus occurit, atque intranti potum prius a se delibatum propinat, quem illa postquam ebibit, vas retrorsum supra caput abiicit." Die vom Felde heimkehrenden Schnitter werden mit Wasser begossen, damit die Ernte reichlich werde. Der erste Käse, den man von einer Kuh erlangt, wird in Gemeinschaft mit den Nachbarn verzehrt, wobei dieselben mit Wasser begossen werden, damit die Kuh viel Milch gebe. Damit der Brunnen stets frisches und klares Wasser habe, so wirft man am Christabend die Abfälle des Weihnachtstisches in den Brunnen. Das Wasser, in dem man das dem Backofen entnommene, frischgebackene Brot anzufeuchten pflegt, wird auf den Fußboden gegossen, damit Hexen und Geister das Haus nicht besuchen. Ist ein Mensch oder Vieh „beschrieen" (megigézve), so wirft man glühende Kohlen in einen Napf voll Wasser, befeuchtet damit den Kopf des Betreffenden und gießt den Rest des Wassers in einen Bach. Dem Volksglauben gemäß wäscht und reinigt (lemossa, letisztitja) das Wasser das Böse ab, es trägt dasselbe fort (elviszi); daher die Redensart: „Das Wasser hat es fortgetragen, der Bach hat es abgewaschen" (elvitte a víz, elmosta a patak). In einer alten Handschrift (bei Ipolyi S. 206) heißt es bei Georg Rákóczy I.: „De familia Racotiana notandum est, quod fuerant principes thesauro dediti, quia Georgius Rakotzi Transilvaniae pecunias, ferme omnia Palacinum condidit, quare Transilvani in

proverbio hungarico hoc solent dicere nempe: Patak vitte el
a mi pénzüket (= Der Bach hat unser Geld fortgetragen).
Aus der Fülle des diesbezüglichen magyarischen Volksglaubens erwähnen wir nur noch einiges. In der Christnacht, wenn
man zur Mitternachtsmesse läutet, wäscht sich die Maid, trocknet
sich aber nicht ab, sondern legt sich naß nieder. Im Traume
erblickt sie ihren zukünftigen Bräutigam. Zur selben Zeit stechen
die Maide ein Messer drei Mal in die Umfriedigung des Brunnens, worauf der Wassergeist ihnen ihr Schicksal zuruft (Ipolyi
207). Mednyánszky (a. a. O. 278) erzählt, daß am St. Ste-
fanstage um Mitternacht die Maide zum Brunnen der verfallenen
Abtei Pöstény gehen und sich Wasser holen, in welchem sie sich
morgens waschen und in die Kirche gehen. Der Bursche, den
die Maid am nächsten Morgen auf der Kirchenschwelle begegnet,
der wird ihr Gatte. Steigt die Maid am Charfreitag vor Sonnenaufgang auf einen am Bache stehenden Weidbaum, so erblickt
sie bei Sonnenaufgang im Wasser das Bild ihres zukünftigen
Gatten. An diesem Tage baden die Hirten das Vieh, damit es
gesund bleibe. Das Osterbegießen ist in Ungarn allgemein be-
kannter Brauch. Wenn man die Leiche eines im Wasser Er-
trunkenen nicht finden kann, so befestigt man brennende Kerzen
auf einem Brett und läßt dies auf dem betreffenden Wasser
schwimmen. Wo das Brett stecken bleibt, dort befindet sich die
Leiche (Ipolyi S. 208). In manchen Gegenden werden von Hügeln am Johannisabend brennende Räder in die Donau gerollt,
damit sie im Sommer nicht aus dem Bette trete; in Waizen legen
an diesem Tage die Müller Bretter aufs Wasser der Donau, auf
die sie brennende Kerzen stecken und dann den Strom hinab-
schwimmen lassen; dies alles gilt für ein den Wassergeistern
dargebrachtes Opfer (Jpolyi S. 207). Schiffer und Fischer in den
Donaugegenden besprengen bei ihrer ersten Flußfahrt im Jahre
ihren Körper mit Weihwasser und werfen Weihrauch oder wenigstens Kohlen aus dem Räuchergefäß der Kirche in das Wasser,
um die Wassergeister unschädlich zu machen. Ein Fischer versprach dem Wassermanne seinen größten Schatz daheim, wenn
er ihm zu einem reichen Fischfang verhelfe. Der Wassermann
tat es. Als der Fischer heimkehrte, hatte seine Frau einem
Knaben das Leben geschenkt. Der Fischer klagte sein Leid dem
Pfarrer, der den Knaben segnete, ihm ein Schutzmittel an den

Hals band und ihn vom Vater in einem Kahne hinaus auf den Fluß stoßen ließ. Der Wind erhob sich und der Wassermann rief diesem zu: er möge den Kahn umkippen, damit er den Knaben erfassen könne. Der Wind aber meinte, er könne dies nicht tun, denn der Knabe habe ein Schutzmittel (óvszer) am Halse (vgl. Gaal 128). Hiezu vergleiche man die Episode in der „Vita S. Galli" (Pertz, 2. 7) „Electus dei Gallus retia lymphae laxabat in silentio noctis, sed interea audivit daemonem de culmine montis pari suo clamantem, qui erat in abditis maris. Quo respondente „adsum", montanus e contra: surge, inquit, in adjutorium mihi ecce peregrini venerunt, qui me de templo eiecerunt (nam deos conterebant, quos incolae isti colebant, insuper et eos ad se convertebant), veni veni adiuva nos expellens eos de terris, Marinus demon respondit:

En unus eorum est in pelago,   cui nunquam nocere potero,
volui enim retia sua ledere,   sed me victum proba lugeri,
signo orationis est semper clausus,   nec unquam somno opressus

Als Gallus dies hörte, bekreuzte er sich, kehrte heim und erzählte den Vorfall dem Abt Columban und seinen Gefährten. Da hörten sie das Gebrüll der bösen Geister : vox fantasmatica, cum hejulatus atque ululatus dirae vocis audiebatur per culmina. In unserer Sage hält zwar nicht der montanus, der Berg- oder Waldgeist, wohl aber der Wind ein Zwiegespräch.

Berg- und Waldgeister kennt auch der magyarische Volksglauben. Nicht nur die verstoßenen Feen, sondern auch die Schicksalsfrauen wohnen gewöhnlich in endlosen Wäldern, hoch oben auf den Gebirgen (vgl. Gaal 444). In manchen Sagen sitzen die bösen Feen sogar auf Bäumen (Ipolyi 106) und hiebei fällt uns unwillkürlich ein, was F. S. Krauss (Volksg. und rel. Brauch der Südslaven S, 69) über die slavischen Feen, die Vilen sagt, daß dieselben „ausgereifte Baumseelen seien, die vorzugsweise außerhalb der Bäume handelnd auftreten. Sie verkörpern den Eindruck, den nicht sowohl der einzelne Baum als die Gesamtheit der Bäume mit ihren Lebensäußerungen auf die menschliche Seele ausübt. Die Vilen der Südslaven, die Lješije und Rusalken der Russen, die Lesny panny oder Divé ženy der Cechen, die Holz- und Moosleute in Mitteldeutschland, Franken und Baiern, die wilden Leute in der Eifel, in Hessen, Salzburg, Tirol, die Waldfrauen und Waldmänner in Böhmen, die Tiroler Fangen,

Fänken, Nörgel und selige Fräulein, die romanischen Orken, En-
guanc, Dialen, die dänischen Ellkoner, die schwedischen Skogsnu-
far — bilden eine einzige Sippe mythischer Gestalten", zu der
auch noch die Urmen und Keshalyi der Zigeuner (s. mein Werk:
Volksgl. und rel. Brauch d. Zig.), die Tündérek und erdei
szellemek (Waldgeister) der Magyaren zu rechnen sind.

Schreckgestalten, die oben im Gebirge hausen, werden als
alte, häßliche Weiber dargestellt, deren Augenbrauen „moosig"
(mohos) genannt werden. Sie sind der Schrecken der Holzfäller,
denen solche mohos asszonyok (moosige Frauen) oft erscheinen und ihnen das Holzfällen verleiden. Viel erzählt man sich
auch von Gestalten, die man gewöhnlich fanyvő (Baumentwurzler),
kőmorzsoló (Steinzerbröckler) nennt (Ipolyi 108), die sieben
Jahre lang an einem Schafe saugen und dann eine riesige Kraft
erlangen. In diesen Glauben aber spielen schon Züge aus dem
Riesen- und Teufelsglauben hinein.   Bél berichtet (not. 2. 330):
In montibus his petra exstat in altum porecta quam vulgo saxum
diaboli vocitant, quod adversum sit, hos, qui eam animi causa
adscendunt subito horrore corripi, sicuti fit ex spectrorum ob-
tutu: quam ego rem nolim cacodaemonis adflatui sicuti vulgus
facit adscribere, potest id cum loci asperitas tum imprimis con-
cepta de eius infamia, opinio efficere." Es würde zu weit führen,
wenn wir auch die schätzehütenden Geister und Spukgestalten
hier ausführlich behandeln wollten; wir erwähnen nur, daß
solche im Volksglauben der Magyaren auch vorkommen und alle
die Züge aufweisen, die ihresgleichen im Volksglauben anderer
Völker besitzen. Sie heißen im Magyarischen: kincsörök
(Schatzwächter) und banyaszellemek (Bergwerksgeister), von
denen es wieder gute, den Menschen freundlich gesinnte und böse,
Mensch und Tier verfolgende Geister giebt.

*   *   *

„Wo im Glauben eines Volkes auch Zwerge und Riesen
vorkommen, kann man ihren Ursprung zum großen Teil auf
Waldgeister zurückführen. Es sind wohl nur besondere Gestalten
der Waldgeister, eigenartige Ausdrucksformen, die erst durch
glückliche Verhältnisse Leben und Gehalt gewinnen, bei manchen,
Völkern aber fast gar nicht aufkommen können oder höchstens
in einigen Sagen ein lunsicheres Dasein kümmerlich behaupten,

ohne tieferen oder festeren Zusammenhang mit den übrigen volksreligiösen Vorstellungen. Es scheint fast, als ob selbst dort, wo
Zwerge und Riesen im Volksglauben heimisch sind, die bewußt
schaffende Kunstdichtung an der Ausbildung dieser Wesen gearbeitet und der Volksdichtung Vorschub geleistet habe." (F.
S. Krauss).

Im Magyarischen heißt Riese: óriás, welche Benennung
Ipolyi (a. a. O. S. 115) mit Hindu: rasha, Hebräisch: arah
und arje, Griech. Orion, Deutsch: Riese in Verbindung bringt,
während es Kozma von úr (Herr), úri und úrias (herrisch) ab-
leitet. Über den Ursprung, die Geburt der Riesen heißt es gewöhnlich, daß sie Kinder der Hexen seien (Kriza 420). Sie ent-
sprießen der geschlechtlichen Vereinigung des Teufels mit einer
Hexe. Gleich nach seiner Geburt läuft der Riese hinauf ins Gebirge, wo er bis zu seiner Mannbarkeit sich im Steinschleudern,
Baumentwurzeln u. s. w. übt. Mit Bezug auf ihren Körperbau
werden die Riesen „turmhoch" genannt. Manche von ihnen sind
so hoch, daß sie mit einem Fuße auf einem, mit dem anderen
aber auf einem anderen Berge stehen, während unter ihnen sich
Städte und Dörfer, Felder und Waldungen ausbreiten. Von der
Größe und Schnelligkeit ihrer Schritte erzählt die Sage, daß die
Riesen der Burg Kadiczavár sich gerade rasierten, als man zum
ersten Mal in Karlsburg zur Kirche läutete und beim zweiten Geläute waren sie schon in der Kirche. Ein Riese macht gewöhnlich aus einem so großen Holzstoß ein Feuer, daß die Flammen
bis zum Himmel hinaufzüngeln. Dann umzingelt er auf dem
Boden liegend, das Feuer, so daß sein Kopf dabei auf seinen
Füßen ruht. In Háromszék befindet sich in der Nähe der Gemeinde Szotyor der Oriáskö (Riesenstein), auf dessen Spitze eine
fünf Schuh breite Einsenkung bemerkbar ist, die einer Men-
schenferse ähnlich ist und vom Volke „Riesenferse" (óriás sarka)
genannt wird. Dergleichen „Riesenfersen" und „Riesenfäuste"
zeigt man an unzähligen Orten Siebenbürgens. Der Riese auf
der Felsenburg von Csik-Bálványos--vár stand oft mit dem einen
Fuße auf seinem Burgfelsen, mit dem anderen aber auf dem
gegenüberliegenden Berge und schöpfte mit einer riesigen Kanne
das Wasser aus dem zwischen seinen Beinen hinweggleitenden
Alt-Flusse. Er besaß ein so großes Pferd, das mit seinen Hinter-
füßen auf den Háromszéker Bodok-Gebirgen stand, während seine

Vorderfüße sich auf dem Décse-Stein bei Bikfalva befanden, sein
Kopf aber hinein nach Rumänien reichte, wo es die Hirsefelder
abfraß (Kozma S. 8). Gewöhnlich hat der Riese ein Tátos-
Pferd (s. S. 7). Kehrt er vom Kampfe heim, so schleudert er
von einer Entfernung von vierzig Meilen seinen 40 Zentner schweren Streitkolben in den Hof seiner Burg hinein, wodurch an der
Stelle, wohin der Streitkolben fällt, eine Quelle entsteht. Kozma
macht aufmerksam, daß die Riesen des magyarischen Volksglaubens stets mit Waffen (Schwertern, Lanzen, Streitkolben) kämpfen
und nicht gleich den germanischen und anderen Riesen beim
Kampfe Steinblöcke gebrauchen. Das Steinwerfen ist bei ihnen
nur Kraftübung. Seinen Feind wirft der Riese so gewaltig zu
Boden, daß derselbe bis zu den Achseln in die Erde hineinsinkt.
Menschenfressende Riesen kennt die magyarische Sage nicht.
Wo der Riese dem Menschen droht, daß er ihn auffresse, dort
will er ihn dadurch nur erschrecken. Wer sich ihm ergiebt, den
nimmt er in seinem Heim freundlich auf. Die Reisetasche des
Riesen ist aus neun Büffelhäuten zusammengenäht, in der sich
gewöhnlich zehn Brote, jedes aus einem Metzen Mehl gebacken,
und ein großes Faß voll Wein befinden. In seinem Benehmen
und in seiner Gestalt unterscheidet er sich durch nichts von den
Menschen, es sei denn durch seine übernatürliche Größe. Die
einäugigen Riesen sind durch die „Volksbücher" in den magyarischen Volksglauben erst in neuerer Zeit hineingeschmuggelt
worden (vgl. Ipolyi S. 121). In einer Sage bei Kozma (S. 8)
werden sechs Riesen dem Namen nach angeführt und zwar:
Jónézö (Gutseher), Jófutó (Gutlaufer), Jóhajitó (Gutschleuderer),
Nagyehetö (Großesser), Nagyiható (Großtrinker) und Nagyfázó (Großfrierer). Die charakteristische Bedeutung ihrer Namen
besteht darin, daß der Erste auf einem himmelhohen Berge
stehend, herumblickt und dabei fortwährend jammert: „Wohin
soll ich sehen? wohin soll ich blicken? ich sehe die ganze
Welt!" Der Zweite jammert auf einer endlosen Heide: „Wohin
soll ich laufen? wenn ich laufe, so erreiche ich gleich das Ende
der Welt?" Der Dritte klagt zwischen Felsblöcken: „Wohin soll
ich werfen? wohin soll ich schleudern? ich habe ja schon die
ganze Welt beworfen!" Der Vierte klagt vor einem gebratenen
Ochsen: „Wehe, ich hungere, was soll ich essen?" Der Fünfte
liegt jammernd am Meeresufer und ruft: „Wehe, ich bin durstig,

was soll ich trinken ?" Der Sechste zittert auf einem riesigen
brennenden Holzstoß und ruft: „Wehe ich friere, ich erfriere!"
Der Held giebt nun einem jeden eine Arbeit auf: der eine durch-
eilt binnen fünf Minuten das siebenmalsiebente Land, obwohl er
am Wege auch einschläft, nachdem ihm eine Hexe einen Schlaf-
trunk beigebracht hatte; aber Jólátó hat es bemerkt und der Jo-
hajitó hatte ihm den Pferdekopfpolster unter dem Haupte mit
einem Stein weggeschleudert, worauf der Schläfer erwachte und
seinen Weg fortsetzte, der Nagyehetö muß in der Zeit 366 Mast-
ochsen essen, der Nagyiható aber 366 hunderteimerige Fässer
voll Wein trinken. Der Nagyfázó kriecht in einen glühenden
Ofen hinein, den 24 Jahre lang 24 Zigeuner ununterbrochen ge-
heizt haben. Als gleich nach ihm seine Gefährten hineinkrochen,
da war der Ofen schon so kalt, daß sie sich in Decken hüllen
mußten, um nicht zu erfrieren.

Dem Namen nach ist auch einer ihrer Könige, der Bábolna,
bekannt, der auf der Csentetö bei Besenyö (Siebenbürgen) ge-
haust hat und mit großen goldenen Glocken seine Untertanen
zur Versammlung herbeizuläuten pflegte. Als er sich dem Tode
nahe fühlte, warf er die Glocken in den Brunnen der Burg, die
an Feiertagen oft ertönen, so daß der ganze Berg davon erbraust
(Kozma S. 11). Ein anderer König der Riesen wohnte auf der
Anhöhe Várbércz bei Kis-Borosnyó (Siebenbürgen).

Noch einen Riesen kennt die magyarische Sage dem Namen
nach. Es ist dies der Kutyafejü (Hundsköpfige), auf den die
ungarischen Mythenforscher gar viel halten. Ipolyi hat nämlich
den Nachweis zu liefern versucht, daß der Begriff „Riese" auch
bei den Magyaren zuerst auf irgend ein fremdes Volk angewendet
worden sei und erst später sich der Glaube an Riesen ausge-
bildet habe. Nachdem es nun in ungarischen Landen unzählige
Bergwege, Kluften, Schanzen u. dgl. giebt, die mit der Benennung tatár (Tatare) zusammengesetzt sind und nachdem die Tataren auch noch heutigen Tages „kutyafejü tatár" (hundsköpfige
T.) heißen, so meint man (besonders nachdem auch ein Riese
dem Namen nach Kutyafejü heißt) dies Volk in den Tataren
gefunden zu haben, auf die man den Begriff Riese im
Magyarischen ursprünglich angewandt hat (Ipolyi S. 128,
Kozma S. 11).

Die Wohnungen der Riesen werden gewöhnlich in die nörd-
lichen Gebirge des Landes verlegt, wo sie in Palästen, gewöhnlich aber in Felsenburgen ihr Heim haben. Solcher Felsenburgen
giebt es in Siebenbürgen mehr als dreißig (s. bei Kozma S. 9).
Ihr Leben brachten die Riesen mit der Verwaltung ihrer Län-
dereien und in Kämpfen mit Helden zu. Kutyafejü hatte im
Westen ungeheuere Ländereien, so daß selbst er sie nicht zu
Fuße, sondern auf seinem Tátos-Pferd zu bereisen pflegte.
Ihren Länderreichtum erlangen die Riesen gewöhnlich dadurch,
daß sie Könige besiegen und deren Länder erobern. In den mei-
sten Märchen sind es drei Königsbrüder, von denen die beiden
Ältesten vom Riesen besiegt werden, während dann später der
Riese im Kampfe mit dem Jüngsten zu Grunde geht. Kozma
(S. 12) bemerkt ganz richtig: Wie sehr sie auch Freude an blu-
tigen Kämpfen mit Königen und Helden haben, ebenso an der
Unterwerfung von Ländern, so ist dagegen ihr im Volksglauben
anderer Völkerschaften kaum hervortretender Zug von Güte und
Freundlichkeit, womit sie armen Menschen begegnen, um so auf-
fallender. Wer sie um Hülfe anspricht, dem weihen sie stets ihre
Dienste. Das europäische Wandermärchen von der Riesentochter,
welche einen Bauern samt Pflug und Rossen in ihrer Schürze
als Spielzeug hinauf auf die Burg ihres Vaters trägt, findet sich
auch im magyarischen Sagenschatze vor (Ipolyi S. 121; Kozma
S. 10). Der Vater spricht: „Trag' sie zurück, denn diese werden
die Herren der Erde sein!"

Auch über das Familienleben der Riesen berichtet uns der
Volksglauben. Sie führen daheim ein musterhaftes (példás) Eheleben. Die Frau des Riesen ist eine stille, fleißige Gattin, die
stets daheim sitzt und „von der die Welt gar wenig zu erzählen
hat." Desto mehr weiß man über die Töchter der Riesen zu
berichten, welche wunderschöne Feen und der größte Schatz
ihrer Väter sind. Prächtige Paläste erbaut jeder Riesenvater seiner Feentochter. Von der Bálványos-Burg bis zum Torjaer Bü-
dös (Siebenbürgen) hatte einst ein Riese für seine Feentochter
eine goldene Brücke gebaut, damit sie darauf lustwandele (Orban,
Székelyföld III. 138). Die Gattin des Riesen ist entweder eine
geraubte Königstochter oder eine Fee. Auf den Gipfel des Solyomkö
in der Nähe des Badeortes Tusnád (Siebenbürgen) haben einst
die Riesen eine prachtvolle Burg für eine Feenkönigin gebaut.

Riesen und Feen lebten stets in Freundschaft mit einander. Der Riese der Burg Csigavár hält oft mit der Fee des Veczeltelö ein Stelldichein auf der sogenannten „Liebesbank" (szerelem padja). Mit Knaben ist die Ehe der Riesen nie gesegnet; denn ihr Stamm mußte aussterben, so „war es vom Schicksal bestimmt." — Daß die Lebenszeit des Riesen auch sehr lange anhält, ist selbstverständlich. Als ein Prinz dem Riesen Kulyafejü den Streitkolben zurückwarf, da erkannte dieser in ihm den Prinzen, von dem er vor 600 Jahren geträumt habe, daß er mit ihm einmal kämpfen werde.

Eine besondere Beachtung verdient die übernatürliche geistige und körperliche Kraft des Riesen. Er weiß vorher, wenn jemand sein Gebiet betreten hat. Den verborgenen Märchenhelden erkennt er am „Adamsgeruch" Aus einer Entfernung von 40 Meilen sagt er: wer ihm seinen Streitkolben zurückgeworfen habe. Ereignisse, die erst nach 600 Jahren eintreffen, träumt er voraus. Er kennt die Zaubermittel der Feen und versteht die Sprache der Tiere. Durch seine physische Kraft ist er im Stande, ungeheuere Felsenburgen zu bauen und Schätze von unzählbarer Menge zusammenzuraffen. Außerdem stehen ihm auch noch Zaubertiere, wie goldhaarige Stiere, Tátos-Pferde und Zauberhähne, ja selbst der Teufel zu Diensten. Die Felsenwege Kakasborozda (Hahnfurche) und ördögborozda (Teufelsfurche), die von den Persáner Bergen über den Rika-Höhenzug bis zur Almáser Höhle (Siebenbürgen) reichen, haben Riesen mit Hilfe von Zauberhähnen und Teufeln gebaut; die Felsenwege bei Száraz-Ajta aber haben sie mit vor Pflüge gespannten goldhaarigen Ochsen ziehen lassen (Kozma S. 10). Manche von den Riesen besitzen auch ein Zauberschwert, das auf die Formel: „Schwert aus der Scheide" (kard a hüvelyböl), aus der Scheide fährt und durch die Luft auf den Gegner losfliegt. Der wichtigste Zug aber im ganzen Riesenglauben ist vielleicht der, daß jeder Riese im siebenten Keller seiner Wohnung ein Faß besitzt, welches seine Kraft enthält. „Starker Wein" wird der Inhalt des Fasses genannt, von dem jeder Riese etwas in einer silbernen Flasche bei sich führt, um darin seinen kleinen Finger einzutauchen und einige Tropfen davon zu trinken, sobald er im Kampfe von Kräften kommt. Nach einmaligem Eintauchen des Fingers oder Trinken erhält jeder Mensch die Kraft von fünf-

tausend Männern (Kozma S. 14). Von den Riesen der Görgényer
Burg erzählt man, daß sie „kugelfest" seien; nur eine solche
Kugel kann ihnen schaden, welche der siebente Sohn einer Mutter,
deren sechs andere Geschwister noch leben, bei zunehmendem
Monde bei einem aus Weizenstroh angefachten Feuer gießt
(Kozma S. 14).

In einer Sage besitzt der Held ein Anhängschloß, dem auf
Befehl zwei Riesen entspringen, dem Helden Burgen bauen, goldene Gewänder, kupferne Rosse, ein Flugpulver bringen, damit
er über das Meer fliege u. dgl.

Nachdem sich die Riesen in männlicher Linie nicht ver-
mehrt haben und ihre Reihen durch die fortwährenden Kämpfe
mit Helden arg gelichtet wurden, so haben die übriggebliebenen
ihre Burgen verlassen und sind fortgezogen. Wohin? das weiß
das Volk nicht zu sagen. Ihre ungeheueren Schätze aber haben
sie teils in die Brunnen der Burgen geworfen, teils in Kellerräume
und Höhlen versteckt. Von diesen verborgenen Schätzen weiß
das Volk gar viel zu erzählen. Im Brunnen des Várhegy bei
Száras-Ajta befindet sich der silberne Pflug und der goldene
Ochs, im Keller dieser Burg aber der silberne Trog mit lauterem
Gold. In den Höhlen der Burg Hereczvár liegen in schwarzen
Fässern die Schätze der Riesen, welche das Volk in jener Gegend „Mohren-Riesen", „Neger-Riesen" (szerecsen-óriás) nennt,
was ein „neuer Beleg" für die oben angeführte „Tataren-Theorie"
sein soll! Schwarze Zwerge bewachen diese Schätze. Im
Keller der Burg zu Kezdi-Szent-Lélek bewacht ein kupferner
Windspielhund den Schatz; die goldenen Glocken und übrigen
Schätze des erwähnten Riesenkönigs aber hüten zwei schwarze
Ziegen im Brunnen der Burg Várbércz. Bei Angyalos werden
die Schätze, die goldene Sonne und das goldene Lamm von zwei
schwarzen Windspielhunden und einem gesattelten weißen Hengst
bewacht; im Brunnen der Burg Csigavár bei Bikfalva liegt die
goldene Kette und der goldene Schöpfeimer begraben und im
Innern des Alsó-Rákoser Tepej blöcken die goldenen Schafe der
Riesen (Kozma S. 15). In jedem siebenten Jahre öffnen sich
diese Orte zu gewissen Zeiten (Johannis-, Pfingst-, Andreas-,
oder Christnacht) und Menschen können sich ihnen nähern.
Schon mancher war in diesen Orten und hat sich Schätze geholt,
aber von unersättlicher Gier getrieben, kehrte er dahin zurück,

um sich noch mehr zu holen, worauf der Ort sich vor ihm verschloß und seine vorher geholten Schätze sich in dürres Laub oder Kohlen verwandelten. Kozma (S. 15) erwähnt den siebenbürgischen Volksglauben, daß die Eingeborenen zu diesen verborgenen Schätzen nie gelangen können, während — wie das Volk sich erzählt — oft „Ungarländer" auf Rossen erscheinen, die mit verkehrten Hufeisen beschlagen sind, und von jenen Schätzen gar viele Stücke fortschleppen. Weil nun die Siebenbürger Magyaren die Ungarländer (Magyarországi) auch kivalók (Auswärtige) nennen, so ist es doch auffallend, daraus (wie Kozma es eben tut) schließen zu wollen, „daß unsere Altertümer (Funde) schon seit uralter Zeit die Ausländer verschleppen."

*   *   *

Die Zwerge (törpe = niedrig) des magyarischen Volksglaubens sind in erster Reihe schätzehütende Wesen. Zwerge, wie solche andere Völker besitzen, haben die Magyaren eigentlich nicht. In Märchen und Sagen kommen zwar „Däumlingsgestalten" unter den Namen: Babszem Jankó (Bohnen-Hans), Bors Jankó (Pfeffer-Hans), Kökény Matyi (Schlehen-Mathias), Szikra Jancsi (Funken-Hänschen), Hüvelyk Jancsi (Daumen-Hans), Hüvök (Däumling), Pilinko, Tilinko und Spintus (letztere ohne eigentliche Bedeutung) vor, aber außer mit der lächerlichen Zwerggestalt, die im Gegensatz zu den von ihnen vollbrachten großen Taten steht, bekleidet sie der magyarische Volksglauben nur mit einigen wenigen, verblaßten Zügen. Spintus oder auch Piritus ist der eigentliche Hauskobold. Eine Sage aus der Miskolczer Gegend (bei Ipolyi 111) erzählt: Ein Piritus hatte sich bei einer Frau einquartiert und trieb allerlei Allotria, wobei er stets rief: „Sonntag ist heute, Frau, nicht Montag." Da riet man der Frau, sie solle Werg spinnen und auch den P. zu Hilfe rufen, wobei sie spinnend zur Türe hinausgehen und dann den P. samt dem Werg draußen lassen, in die Stube eilen und die Türe absperren solle. Die Frau tat also und der P. kam nimmer zurück. Zur Benennung Piritus wäre die Stelle bei Lencquist (De superstitione veterum Fennorum, Aboae 1782) zu vergleichen: „Nescio, quis etiam spiritus familiaris recentiori aevo nostris innotuit (quod nomen nec recte enuntiare valent fenni, sed apellant eum Piritys) qui putatur offerre amicis suis divitias, pecuniam aliaque bona, quem possidere multos ex ditioribus, plebecula existimat." Mednyánszky (a. a. O. 89) berichtet über diesen Spintus oder Piritus: er sei kaum 3 Finger hoch und liebt besonders die Pferde, die er putzt und pflegt. Dem Roßknecht bringt er Geld, Wein u. dgl. Wer ihn besitzt, der darf nicht beten und nie in die Kirche gehen. Seinen dritten Besitzer führt er in die Hölle weg; denn man kann ihn auch einem anderen Menschen verkaufen. Lebt ihm sein dritter Besitzer gar zu lange, so stößt er ihn in Abgründe, ersäuft ihn im Wasser, läßt ihn durch die Rosse zertreten u. s. w., um nur seine Seele sobald wie möglich den Teufeln zuführen zu können. In Mittelungarn spielt der Szikra Jancsi (Funken-Hans) dieselbe Rolle. Von Fuhrleuten, die wohlgenährte Rosse haben, heißt es: sie besitzen den Szikra Jancsi, den man aber nicht (wie den Spintus) verkaufen kann. Ein Bauer nahm einen solchen Zwerg in sein Haus auf, und bemerkte erst später, daß dieser Pferdefüße habe. Trotzdem ihm der Zwerg jeden Wunsch erfüllte, so wollte er sich doch von ihm frei machen. Er verkaufte sein Heim und wollte heimlich auswandern, um den Szikra Jancsi zurückzulassen. Auf dem Wege kippte der Wagen beinahe um und da rief der Zwerg aus dem Grunde des Gefährtes: „Fürchtet euch nicht! ich bin ja bei euch!" Der Bauer konnte seiner auf keiner Weise los werden (vgl. Grimm, D. Sag. 72 und Ipolyi 111). Teuflische Attribute (Pferdefüße, feurigen Bart) mißt ihm der Volksglauben bei und läßt ihn oft mit dem Lidércz (s. Abschnitt V) im Verein auftreten.

Oft verwandeln sich auch Feen absichtlich in Zwerge oder werden zur Strafe in solche verwandelt. Ein armer Mann, der gar viele Kinder hatte, ging aus, um für sein letztgeborenes Kind einen Paten zu suchen und begegnete einem Zwerg mit ellenlangem Barte. Dies war aber eine Fee, die von ihrer Mutter zur Strafe in einen Zwerg auf so lange Zeit verwandelt worden war, bis sie nicht einen siebenjährigen, siebenmonatlichen, siebenwöchigen, siebentägigen Bräutigam findet (Benedek E., Székely tündérország: Die verwunschene Prinzessin). In den Märchen hat der Zwerg oft drei Füße, von denen zwei Elsternfüße sind (Majláth). Oft verwandelt sich auch der Feenkönig in einen Zwerg und reitet auf einem Hasen einher (Magyar Nyelvör VIII. 375).

Die Zwerge lieben das Familienleben und rauben irdische Weiber, die ihre Gattinnen werden müssen. Der Tánczi (etwa: Tänzelnder) genannte Zwerg hüpft im Walde auf den Bäumen herum und spinnt. Einer faulen Maid spinnt er, wenn sie ihm verspricht, seine Gattin zu werden (Kriza, Vadrózsák). Bisweilen sind sie den Menschen feindlich gesinnt. In Dees z. B. glaubt man, daß in der Umgegend unter der Erde Zwerge wohnen, deren Hüte die Größe eines Fingerhutes haben. Wer unter sie gerät, der erblickt nimmer das Tageslicht. In einer Sage treibt ein Zwerg eine Maid im Wald so lange herum, bis sie ermüdet in einem Sumpf untersinkt (Philip, Sag. a. d. Karpathenwelt 7). Oft erscheint der Teufel selbst als kleiner schwarzer Zwerg, der die ihm nachfolgenden Menschen in eine Höhle lockt, die den Eingang in die „andere Welt" (más vilàg) bildet; häufig aber führen die Zwerge den Märchenhelden ins Feenreich und stehen im Dienste der Feen. Auch als Diener, als Schätzehüter der Riesen erscheinen — wie wir gesehen haben (S. 32) -- die Zwerge. In den Keller der Burg Hereczvár (Háromszéker Comitat) verirrte sich einmal ein Hirtenjunge und ward von den Zwergen (hier auch: pulya = Winzige genannt) aus schwarzen Krügen mit Wein bewirtet. Als er die vielen Schätze erblickte, rief er: „Mein Gott, wohin bin ich geraten!" Als er den Namen „Gott" aussprach, warfen ihn die bis dahin freundlichen Zwerge aus dem Kellerraume so gewaltig hinaus, daß man ihn am Waldrand halbtot auflas (Orbán a. a. O. III. S. 57). Aber auch oft stehen die Riesen im Dienste der Zwerge. So in dem Märchen „Pengö", wo 12 Riesen dem Zwerge „Spannenlang" dienen. Der älteste Sohn desselben ist ein Adler mit zwei silbernen Federn, der jüngere Sohn ein Eber mit goldenen Hauern; seine Schwester eine baumdicke Schlange. Er hat auf der neunundneunzigsten Insel des Meeres einen Palast und hält sein Mittagsschläfchen auf der sechsundsechzigsten Insel. Er ist überaus stark. In einem Walde ist ein goldener Bach, aus dem, wenn der Zwerg schläft, ein goldener Hirsch trinkt, in welchem sich die Kraft des Zwerges befindet. Im Hirsche ist ein goldenes Lamm, in dem befindet sich eine goldene Ente und in dieser ein goldener Käfer, in in dem sich die Kraft des Zwerges befindet (Majláth, Magyar regék u. s. w.).

Mit den Hexen werden die Zwerge auch in Verbindung gebracht, indem erstere oft das neugeborene Kind rauben und an
seine Stelle ein Kind der Zwerge legen. Um dies zu verhüten,
wird in den „Siebendörfern" (bei Kronstadt) ein abgenützter Besen auf einen Bratspieß gezogen, in den Rauchfang des Hauses
gesteckt, in dem eine Wöchnerin liegt (Orbán a. a. O. VI. 145).
Die größten Feinde der Zwerge sind die Garaboncziás diák
(s. Abschnitt V), welche sie oft gefangen nehmen und in einer
Schachtel bei sich führen (Magy. Nyelvör XV. 88).

Dies wären die wenigen verschwommenen Züge, welche sich
im magyarischen Volksglauben bezüglich der Zwerge vorfinden
und auch diese sind meiner Ansicht nach fremden Völkern entlehnt worden. Selbst die Zwerggestalt bányarém (Bergwerks-
geist) scheint mit deutschen Bergleuten nach Ungarn gekommen
zu sein, wie dies Georg Versényi in einer trefflichen Abhandlung (in der Zeitschr. „Ethnographia" I, S. 335) vermutet, der
wir die folgende Zusammenstellung über diese Gestalt des magyarischen Volksglaubens entnehmen.

Der Berggeist heißt magyarisch bányarém (eigentl. Berg-
werksschrecken) oder auch bányapásztor (Bergwerkshirt). In
Torocko lautet eine Verwünschung: „Fresse dich der Birgej!"
(egyen meg a birgej). Birgej heißt in der dortigen Gegend auch
Friedhof und Versényi meint: birgej sei ursprünglich vielleicht
der Name eines Berggeistes gewesen, nachdem in der Gegend
einmal große Bergwerke waren. Bei den Deutschen Ungarns
heißt er: Berggeist, Bergmenal, Schatzmenal; bei den Rumänen
(z. B. in Bucsum) vîrva bái, bisweilen auch coponic; bei den
Slovaken Bergmonyik.

Was seine Gestalt und seinen Anzug betrifft, so erzählen
die Bergleute, daß er rote Hosen, roten Rock und roten Hut
habe und winzig klein sei. Einige wieder wollen ihn in roten
Hosen, weißem Rock und grüner Mütze, ein Lämpchen in der
Hand haltend, gesehen haben. In Szepes-Remete und Gölnicz
hat er auch goldene Stiefel an. Der Bányapásztor in der
Marmaroser Gegend ist ein kleines Männchen mit langem Schnur-
bart, das in weiten Pluderhosen und mit einer Bergmannsmütze
auf dem Haupte, herumgeht. In Rézbánya ist es ein alter Zwerg
mit bis zur Erde reichendem Bart. Nur der Bányarém
von Bucsum erscheint nicht immer in seiner eigenen Gestalt,

· sondern verwandelt sich oft in eine hohe Frau, in einen alten Mann, in eine Eule oder Fledermaus, oder in ein Roß oder in einen Hund; in Oláh-Láposbánya erscheint er oft auch als schwarzer Mann. Bisweilen hat er eine Salzkrone auf dem Haupte und ein Salzscepter in der Hand (Majláth). Oft erscheint er den Bergleuten auch nur als eine rote oder grüne Flamme (Tompa). Die Wohnungen dieser Berggeister befinden sich unter der Erde, in geräumigen Höhlen. Bisweilen haben sie auch auf der Erde (z. B. in der Nähe der Karpathenspitze Tátra) wundervolle Blumengärten. In der Rónaszéker Gegend wohnen sie in Salzpalästen, im Innern des Hollókö (Dohlenstein) aber besitzen sie diamantene Paläste (Tompa). Hier, in ihren Wohnungen führen sie ein patriarchalisches Familienleben. Westlich von Breznohánya liegt ein Tal, wo sich einst reiche Gold und Silbergewerke befanden. Heute ist dies Tal zum größten Teil ein Sumpf und heißt Braniszkó. Einst aber war es anders. Unzählige Bergleute arbeiteten dort und es war so viel Gold vorhanden, daß man darnach nicht einmal zu graben, sondern die aus der Erde hervorstehenden Goldzapfen einfach nur abzubrechen hatte. Damals trugen die Bergleute gewöhnlich für eine ganze Woche Speisevorräte mit sich zu dieser Stätte. Einmal bemerkten sie, daß ihre Speisen jemand stehle. Sie lauerten dem Diebe auf und fingen endlich ein halbnacktes Weib, daß sie in ihrem Zorn erschlugen. Dies Weib aber war die Gattin des Bányarém. Sie hatte so große Brüste, daß sie die rechte auf der rechten, die linke auf der linken Schulter trug. Ihre rothosigen, rotkappigen Kinderchen liefen ihr nach und sogen im Laufen hin und wieder an ihren Brüsten. Ihren weißbärtigen Gatten, der ein goldenes Beil bei sich führte, hatten die Bergleute auch schon oft gesehen. Sie begruben das Weib. Der Bányarém suchte lange seine Gattin. Nach drei Tagen nahm das Gold ab und verschwand schließlich für immer. Da erhob sich gewaltiges Geräusch, das Bergwerk versank und mit ihm die Bergleute. Sümpfe bedecken den Ort, wo nächtlicher Weile Flammen herumtänzeln. Wer ihnen nacheilt, versinkt im Sumpfe für immer. Oft hört man den seine Gattin suchenden Bányarém rufen: „Runa, Runa! wo bist du? Deine Kinder weinen!" In Märchen und Sagen werden die Hochzeiten der Bányarém oft erwähnt. Bisweilen haben

sie auch Liebesverhältnisse mit irdischen Weibern, die sie in der
Nacht besuchen und ihnen Schätze zutragen (Merényi II. Die
alte Maid). Von ihren Königen und ihrem Staatswesen berichten
ebenfalls nur Märchen und Sagen; der Volksglaube weiß davon
nichts zu erzählen. Dagegen ist der Glaube allgemein verbreitet
daß man in Bergwerken nicht fluchen und pfeifen darf. Wer im
Bergwerke pfeift, den stürzt der Bányarém in den Abgrund; selbst
fremde Besucher werden von den Bergleuten aufmerksam gemacht, das Pfeifen zu unterlassen (Versényi S. 340). Gesang
aber hört der Berggeist gerne. Überhaupt soll man bei der Be-
schäftigung mit Metallen nicht pfeifen. Ein Bergmann trug in
Verespatak in einer Pfanne Gold, um es beim Bergamt einzu-
lösen. Auf dem Wege pfiff er, woruuf seinen Händen das Gold
entfiel und in die Erde verschwand (Versényi). Den Menschen
ist der Bányarém freundlich gesinnt und macht sie auf bevorstehende Unfälle aufmerksam. In Gölnicz sieht man oft bei der
Einfahrt in den Schacht ein kleines, bärtiges Männchen sitzen
Dies bedeutet dann Tod und Unglück. Hört man im Bergwerk
einen unerklärlichen Knall, so stirbt bald ein Bergmann. In
Deesakna vernimmt man lautes Seufzen, sobald Unglück bevor-
steht (Versényi S. 341). Im Volksglauben heißt es, daß der Berggeist die Guten belohnt und die Bösen bestraft. Oft giebt er ersteren
Zeichen, wo sie zu graben haben, um eine reiche Lese zu haben.
Zahlreiche Sagen berichten darüber. In Sylatina z. B. lebte ein
armer Bergmann, der gar fleißig arbeitete und es trotzdem zu
nichts bringen konnte. Einmal arbeitete er allein in der Zeit,
wo die anderen Rast hielten. Da erschien ihm der Bányapásztor
und half ihm die Salzblöcke aushauen. In kurzer Zeit war eine
Reihe Lese beisammen und der Berggeist dang sich die Hälfte
des Geldes aus, welches der Bergmann für dies Salz erhalten
werde. Als es zur Teilung kam, blieb noch ein halber Kreuzer
übrig. Wem soll der gehören? fragte der Berggeist. — Dir: versetzte der Mann, denn du hast mehr als ich gearbeitet! Da über-
ließ ihm der Berggeist alles Geld und machte ihn zu einem reichen Manne. — Als Nagy-Bánya noch ein Dorf war und den
Namen Asszonypatak (Frauenbach) hatte, da prügelte ein Mann
seine Frau, die nun weinend und jammernd hinaus auf den Hattert lief. Da erschien vor ihr ein rothosiges, langbärtiges Männ-
lien und führte sie in eine Höhle hinein, wo es plötzlich ver-

schwand. Die Frau konnte den Rückweg nicht finden. Als sie
der Gatte nach langem Suchen endlich antraf, da bemerkten sie
erst den Goldreichtum der Höhle. —

Dergleichen Lokalsagen über die Entdeckung und das Entstehen der einzelnen Bergwerke erzählt man sich bei jedem Berg-
bauorte. Im Volksglauben aber und ebenso in den betreffenden
Märchen und Sagen finden wir bezüglich dieser Berggeister nur
allbekannte Züge und können somit der Ansicht Versényi's
beipflichten, daß der diesbezügliche magyarische Volksglaube
seinen Keim von Deutschland aus erhalten hat, den eben deutsche
Bergleute nach Ungarn gebracht haben, wo er zwar mit magyarischem Pfropfreis versehen, seine deutsche Abkunft doch nicht
verleugnen kann; immerhin aber ist er im Walde des allgemeinen Volksglaubens ein nicht geradezu unbedeutender
Schößling.

II.

Himmelskörper. Wind und Wetter.

Als die magyarische Mythenforschung noch arg in den Kinderschuhen stak, war man im Übereifer bemüht, aus Volksdichtung und Volksglauben alles Mögliche heranzuziehen, um zu beweisen, daß die alten Ungarn vor ihrer Bekehrung zum Christentum einen Sonnen-, Mond- und Sternencult u. dgl. gehabt haben, der aus dem Volksbewußtsein selbst heutigen Tages noch nicht entschwunden sei. Es fragt sich nun, ob das, was uns die älteren ungarischen Mythenforscher über einen Sonnen-, Mond- und Sternencult der alten Magyaren verkünden, aus dem heutigen ungarischen Volksglauben zu erschließen ist oder nicht?

Besehen wir uns die vermeintlichen Zeugnisse dafür. Dabei gelten für uns, denen die freie Einsicht in die Glaubenswelt der Völker höher steht, wertvoller ist, als nationale Eigenliebe, die Worte F. S. Krauss' (Volksgl. u. rel. Brauch der Südslaven S. 2): „Wir tun dies um so lieber, als wir dadurch, daß wir ein hochtrabendes, mythologisches Wortgewimmel außer Währung setzen, die Wege zu einer klaren und durchsichtigen Auffassung des tatsächlichen Volksglaubens anbahnen."

Vor allem verfallen diese Mythologen in den argen Grundfehler, daß sie Sonnen- und Feuercultus untereinander vermengen und aus dem Volksglauben solche Belege für den Sonnencult herbeiziehen, der eher für einen Feuercult paßt. Besonders waren es die in Ungarn von Alters her heimischen Sonnwendfeuer, welche auf einen Sonnencult zu schließen die „Mythologen" verlockten. Schon Nicolaus von Telegdi erwähnt ihrer in seinen kirchlichen Reden und setzt ausdrücklich hinzu, „daß die bei diesem Anlaß sich zeigenden Vorurteile und abergläubischen Gebräuche nur aus ihrem heidnischen Ursprung zu erklären seien." Csaplovics, einer der besten älteren Ethnographen Ungarns (Gemälde 2, 225) sagt 1829: „Im Monat Juni pflegt die Jugend am Vorabend des Johannestages in der Abenddämmerung auf Gebirgen Feuer anzuzünden, und dies zu überspringen; mit brennenden Fackeln laufen sie auf und ab, und bringen da, singend und spielend, den größten Teil der Nacht zu; diese Sitte mag sich von heidnischen Zeiten herschreiben." Ähnlicher Nachrichten giebt es eine Menge. In manchen Gegenden ward und wird teilweise auch noch heutigen Tages das Feuer entfernt von der Ortschaft, zumeist auf einem Hügel bereitet; die Jugend des Dorfes, und zwar hauptsächlich die Mädchen, häufen Stroh und Reisholz; denn die Knaben bringen die zur Entzündung des Feuers nötigen Blumenkräuter mit; hierauf überspringen die Mädchen das Feuer, und je aus ihrem Sprunge folgert man, wann sie sich verheiraten werden. Während die Maide über das Feuer springen, wird seit Menschengedenken das Lied gesungen, dessen Originaltext Ipolyi (a. a. O. S. 193) mitteilt. Deutsch lautet dies Lied also:

Feuer zünden wir, an vier Ecken zünden wir,
An einer Ecke sitzen schöne alte Männer,
An der andern Ecke sitzen schöne alte Frauen,
An der dritten Ecke sitzen schöne junge Burschen,
An der vierten Ecke sitzen schöne junge Maide.
Brennen mag N's. (Männername) Steinhaus,
Löschen wir es, löschen wir es!
Weh', nicht lassen wir die Armen!
Brennen mag N.'s (Frauenname) Steinhaus,
Löschen wir es, löschen wir es!
Weh', nicht lassen wir die Armen!
Hohen Baumes Zweig verzweigt sich,
Über's Meer er neigt sich,
In N.'s Hof er neigt sich
Der goldhaarigen Ungar-Ilona zu [1].

Überm Haupte Perlenkranz,
Aus Perlen der andre Zweig
In N.'s Hof er neigt sich,
Der goldhaarigen Ungar-Ilona zu.
Überm Haupt Perlenkranz,
Wetteifern mit mir drei Blumen, —
Meine Blume mit dir geh' Ich,
Meine Blume, nicht bleib' ich von dir
Die eine Blume, Kornblume schön,
Wetteifre nicht mit mir, —
Du Rebenblüte schön,
Wahrlich mit mir
Lebt die weite Welt.
Du Blume mein, mit dir geh ich!
Sprechend das Wort sie sagt:
Rebenblüte ist schön,
Denn mit mir wahrlich
Dient man bei der hl. Messe.
Wetteifre nicht mit mir,
Veilchen ist eine schöne Blume:
Denn wahrlich mit mir
Maide sich brüsten.

---

[1] Wohl die Fee Ilona gemeint, s. Abschnitt I. S. 11.

Langsam klingelt meine Studentlein,
Damit die schlafende Maria nicht er-
        wache.
Wenn die Nuß gereift,
Fällt ihr Laub hinab.
Es knarrt die Nuß unterm Haselblatt,
Beuge, mein Röschen, beuge
Den Kirschenzweig,
Damit die schönsten ich pflücke,
Meinem Lieb die schönsten,
Mir die besten.

Wär' ich eine Ofner Adelsfrau,
Möcht' kehren ich den Ofner großen
        Marktplatze,
Möcht' begießen ihn mit Steinbrunnens
        Wasser,
Möcht' bestreuen ihn mit kleinen
        Pfingstrosen,
In Reihen sitzen die schönen Maide,
In Reihen blicken sie in den Spiegel,
Wenn der Spiegel nicht trügt,
Wer wäre wohl schöner als du!

An manchen Orten singt bei dieser Gelegenheit die übers
Feuer hinspringende Maid:

Ritka rendet vágtam,
Sürü bolglyát raktam,
Rózsám, gyere velem:

Ich habe eine selten Mahd geschnitten,
Ich habe eine dichte Klinge Heu gehäuft,
Röschen mein, komm' mit mir!

Hieraus Sonenstrahlen, Wolken u. dgl. heraustüfteln zu wollen,
dazu braucht man mehr als Phantasie!

In Böös, Baka und einigen Donau-Uferorten der Insel Schütt
herrscht ein Brauch, der lebhaft an den durch Grimm (D. Myth.
I. 514) von Nürnberg mitgeteilten erinnert. Die Dienstknechte
betteln am Johannisabend Stroh und Reisig zusammen; stellen
die daraus geformten Garben mit dem spitzen Ende nach oben
auf, zünden das Feuer an und umspringen es singend. In Kiliti
zünden sechs Hirten das Feuer an; die Hausfrauen begießen
mit dem an demselben gewärmten Wasser das Kraut, damit es
die Raupen nicht fressen. In Nógrád-Ludány gehen am Johannisabend die Bursche und Mädchen, jedes mit einer Strohschaube
in der Hand, auf eine Wiese an der Eipel, wo sie das Stroh gewöhnlich in sieben oder zwölf Haufen legen und anzünden. Hierauf umgehen sie das Feuer, singen und halten einen Buschen
Gliedkraut (tisztes fü) in den Rauch mit den Worten: „Keine
Beule werde an meinem Leibe, kein Bruch an meinem Fuß!"
(kelés ne legyen a testemen, törés ne legyen a lábamon!) Das
Fest dauert drei Tage lang, das Halten des Gliedkrautes über
das Feuer ist eine ebenso wichtige und notwendige Ceremonie,
als das Beschreiten des Feuers mit nacktem Fuße und das Aus-
stampfen desselben, denn — wie sie sagen — „nur dadurch wird
das Volk fröhlicher" (Ipolyi a. a. O. S. 194). Ganz abweichend
von den bisher erwähnten Gebräuchen ist die im Donau-Uferorte

Maros samt Umgebung (im Honter Comitat) bei der aus Deutschen und Ungarn gemischten Bevölkerung herrschende Sitte: Am Johannisabend geht die Jugend an das Donauufer, die Maide stehen am unteren, die Burschen am oberen Rande des Ufers. Nachdem Letztere Feuer gemacht haben, fügen sie an das Ende ihrer Stöcke ein Rad ein, welches sie in der Glut anzünden und rasch herumdrehen, worauf sie es in die Donau rollen, indem sie dabei das folgende Lied singen:

Ypsiláng, ypsiláng, ypsilángi rózsa,	Ypsilang, Y., Y.-Rose,
Karika volnék, fordulnék,	Wär' ich ein Rad, ich drehte mich,
Rózsa volnék, piros volnék,	Wär' eine Ros' ich, rot wär' ich,
Kire, kire, kire?	Nach wem, nach wem, nach wem?

Hier wird der Name der Geliebten genannt. Die Mädchen unten am Ufer lauschen mit gespannter Aufmerksamkeit: diejenigen, deren Namen oft genannt wird, fühlen sich sehr geschmeichelt; die Ungenannten aber schmollen (s. Ipolyi a. a. O. S. 195).

In einigen Gegenden begiebt sich die Jugend in der Frühe des Johannistages ins Freie und macht auf den nahen Hügeln aus Strohgarben ein Feuer, das Maide und Burschen überspringen. Das geschickte Überspringen des Feuers gilt als günstiges Vorzeichen für baldige Verheiratung. Es heißt, dies Fest sei so feierlich, daß die Sonne dabei aus Vergnügen dreimal stille stehe. Bisweilen winden die Mädchen bei diesem Feste einen Kranz aus roter Ochsenzunge (Anchusa) und werfen ihn auf die Äste eines Baumes; das Mädchen, dessen Kranz nach einmaligem Werfen am Baume hängen bleibt, das heiratet noch im selben Jahre (s. Lindner Gust., Das Feuer S. 131).

Im Honter Comitat gehen am Johannis- oder auch am Georgitage die Kinder in der Morgendämmerung von Haus zu Haus mit Stahl und Feuerstein und werfen den Stahl mit den Worten: „Stahl bringe ich und habe euch Feuer geschlagen!" (aczélt hoztam és tüzet ütöttem kegyelmeteknek) so auf die Erde, daß er sich eine Zeit lang dreht. Es heißt, daß dadurch das Haus vor Feuerschaden, die Saat vor Dürre beschützt werde. Bei anhaltender Dürre ist es gut, gegen Osten vor Sonnenaufgang zu blicken und solchen Stahl und Feuerstein ins Wasser zu werfen, indem man dabei die Worte spricht: „Sonnenkönig, ich habe Hitze; behalte deine Hitze, wenn ich friere, so kann ich mir Feuer machen!" (Naphirály, van melegem; tartsd meg melegedet;

ha fázom, tüzet rakhatok magamnak.) Oder es wird (namentlich in Oberungarn) eine nackte Maid in den Brunnen hinabgelassen, wo sie Stahl und Feuerstein ins Wasser werfend, dieselben Worte hersagt. In einigen Gegenden läßt der Landwirt am Johannismorgen ein entkleidetes Weib heimlich sich auf einige Augenblicke auf seinen Acker niederlegen und es die Worte der Sonne zurufen: „Junger Sonnenherr, tu mir und dem, was um mich ist, keinen Schaden!" (Napúrfi, rajtam és a mi körülettem van kárt ne tegy). Es heißt aber, daß solche Weiber bald am hitzigen Fieber sterben, weshalb sich hiezu gewöhnlich nur Zigeunerinnen hergeben.

Zu Johanni ist es auch üblich, daß die Schweinehirten in manchen Gegenden eine Stange nach Art einer Achse durch ein Rad ziehen, dessen Nabenöffnung mit Werg fest verstopft wird. Sie drehen nun das Rad so lange, bis es raucht und sich entzündet; durch den Rauch wird das Vieh getrieben, damit es vor Krankheit bewahrt werde. Denn es heißt, an diesem Tage fasse die Sonne den Entschluß, ob sie mehr nützliche oder schädliche Kräuter hervorbringe. Um sie gleichsam günstig zu stimmen, giebt man an diesem Tage in der Kalotaszeger Gegend dem Vieh bei Sonnenaufgang gesalzenes Brot zu essen und wirft eine Handvoll Salz der Sonne zu mit den Worten: „Gieb, was man braucht; nimm, was man nicht braucht!" (Adj, a mi kell; vedd, a mi nem kell.)

In der Christ- und Johanniswoche sollen sich Kranke von der Sonne bescheinen lassen, denn dadurch erlangen sie leichter ihre Gesundheit (könnyebben jutnak egészséghez). Wird ein Kind in dieser Zeit geboren, so steht ihm viel Glück im Leben bevor. „Am Johannistage schien zuerst die Sonne auf ihn!" (Szent János napkor sütött rá legelöször a nap), sagt man von einem Menschen, der ein auffallendes Glück in seinen Unternehmungen hat. Am Johannistage und in der Christwoche, heißt es in einigen Gegenden Oberungarns, soll keine Maid barhaupt in der Sonne stehen, denn sie verunglückt im Kindbett.

Die Sonne (nap, derselbe Ausdruck heißt auch: Tag) wird in den Märchen als König, als Prinz gedacht, der auf weißen Pferden, den Sonnenrossen (napló) einherfährt. Sein Gewand spinnen und weben ihm Stiere auf ihren Hörnern aus Blitzen. Von den zahlreichen, diesbezüglichen Märchen, die ich im Laufe

der Jahre gesammelt habe, teile ich hier nur eines mit, weil dasselbe sich auch einigermaßen auf die Herabkunft des Feuers
bezieht. Es lautet genau also: „Es war einmal dort, wo es nicht
war, wo man den Flöhen Hufeisen an die Füße schlug und die
Gelsen ins Joch spannte, da war eine arme alte Witwe, die einen
einzigen Sohn hatte. Als sie im Sterben lag, sprach sie also zu
ihrem Sohne Jancsi (Hans): „Liebes Kind, ich werde bald diese
Welt verlassen! Kein Erbe wirst du nach mir erhalten, denn
ich bin arm und seit unsere Kuh krepiert ist, haben wir nur
noch ein Stierkalb. Wenn ich nun gestorben bin, so behalte dies
Stierkalb und verkaufe es nicht, denn es wird dir Glück bringen.“
Und als die Witwe starb, da lebte der arme Jancsi Tag und
Nacht draußen im Freien mit seinem Stierkalb, denn seine Hütte
nahmen ihm die Gläubiger weg, und weil ihm niemand Obdach
geben wollte, so zog er mit seinem Stierkalb hinaus auf das
Feld, wo er den Sommer unter freiem Himmel zubrachte. Im
Winter baute er sich am Rande des Waldes eine kleine Hütte
und lebte nun Jahr aus Jahr ein als Taglöhner von seinem ge-
ringen Verdienste. Weil er das Stierkalb so sehr liebte, daß er
seinen letzten Bissen sogar mit ihm teilte und es überallhin mit-
nahm, wohin er eben ging, so nannten ihn die Leute den „Bika-
Jancsi“ (Stierhans). Ein Jahr verging nach dem anderen und
aus dem Stierkalb war inzwischen ein gewaltiger Stier geworden,
der seinem Herrn treu wie ein Hund überallhin nachfolgte. Da
saß einmal in der Nacht Jancsi draußen auf dem Felde, während
der Stier neben ihm lag. Jancsi dachte über sein Schicksal nach
und seufzte tief auf. Da begann sein Stier wie ein Mensch zu
reden und sprach: „Dein Herz ist voll Traurigkeit, o Herr! deshalb befolge meinen Rat und laß uns in die Welt ziehen, damit
wir dein Glück suchen! Komm' und setze dich auf meinen
Rücken; ich will dich schon zu deinem Glücke hinführen!“ Jancsi
schwang sich also auf den Rücken des Stieres und dieser flog
nun wie der Wind mit ihm davon. Als der Morgen zu dämmern
begann, gelangten sie auf eine endlos lange Wiese, wo die Gräser
wie lauteres Gold schimmerten. Jancsi fragte seinen Stier: „Wo
sind wir denn eigentlich?“ — „Herr,“ antwortete der Stier, „wir
sind schon siebentausend Meilen weit von unserer Heimat entfernt. Denn du sollst wissen, daß mein Vater der Windstier war,
und ich wie der Wind so schnell laufen kann! Jetzt sind wir

auf einer der goldenen Wiesen des Sonnenkönigs, wo eine wunderschöne Fee von einem Hexenmeister in Stein verwandelt liegt.
Wir wollen nun diese Fee erlösen, vorher aber müssen wir erfahren, wo sie sich eigentlich befindet. Deshalb gehe in jenes
Haus dort und verdinge dich beim Hexenmeister; ich aber gehe
zurück und wenn du mich benötigst, so pfeife mir drei Mal und
ich werde dir zu Hülfe eilen." Hierauf ging der Stier von dannen;
Bika-Jancsi aber schritt vorwärts und fand den Hexenmeister
gerade vor der Haustüre sitzen. Er rief den Burschen schon aus
der Ferne an: „Was suchst du hier?" — „Ich suche einen Dienst,"
versetzte Bika-Jancsi. „Nun gut," sagte hierauf der Hexenmeister,
„wenn es nur das ist, so sollst du bei mir einen dreitägigen
Dienst haben, aber wehe dir, wenn du die Arbeit nicht verrich-
ten kannst! Komm' also!" Und er führte Jancsi an einen See
und sprach: „Das Wasser dieses Sees sollst du bis morgen in
der Frühe ausgeschöpft und weggeführt haben!" Hierauf entfernte sich der Hexenmeister und ließ Bika-Jancsi beim großen
See zurück. Dieser legte sich nieder und schlief bis in die Nacht
hinein. Als er erwachte, da pfiff er dreimal und sein Stier erschien, dem er seine Arbeit mitteilte. Da sprach der Stier: „Nun
also frisch daran!" Und er stieg in den See, soff so viel Wasser,
daß sein Bauch wie ein tausend Eimer großes Faß aussah und
dann lief er davon. Nach kaum einer Minute kam er wieder zurück,
soff wieder und verschwand dann. Dies wiederholte er so oft,
bis kein Tropfen Wasser mehr im See war. Dann sprach der
Stier: „Wenn du mich abends benötigst, so pfeife mir und ich
werde erscheinen!" Hierauf verschwand er. — Als am nächsten
Tage der Hexenmeister kam und den leeren See sah, sprach er:
„Hm! das ist dir gelungen! Nun, bis morgen in der Frühe sollst
du jenen hohen Berg der Erde gleich machen!" Hierauf ging er
weg, Jancsi aber legte sich nieder und schlief bis in die Nacht
hinein. Als er erwachte, pfiff er drei Mal und als sein Stier erschien, da teilte er ihm die Arbeit mit. Der Stier sprach: „Stelle
dich hinter mich, denn sonst könntest du im Winde ums Leben
kommen!" Bika-Jancsi stellte sich also hinter den Stier und
dieser begann aus seinen Nasenlöchern so stark zu blasen, daß
der Berg als Sand und Staub in der Luft viele tausend Meilen
weit hinweg wirbelte. Als man keine Spur mehr vom hohen
Berge sah, sprach der Stier: „Wenn du mich des Abends benö-

tigst, so pfeife mir nur und ich werde dir zu Hülfe eilen!" Hierauf rannte er von dannen. — In der Frühe kam der Hexenmeister und als er den Berg nicht mehr vorfand, sprach er:
„Hm! auch diese Arbeit ist dir gelungen: nun also, heute in der
Nacht kommt die Riesenschlange, die das himmlische Feuer
(égi tüz) in ihrem Bauch bewahrt, her auf diese Wiese, um vom
goldenen Gras zu essen und sich dadurch zu verjüngen. Du
sollst mir von dieser Schlange ein Feuerbüschel (tüzes kalondya)
holen!" Der Hexenmeister ging nun von dannen, Bika-Jancsi
legte sich aber nieder und schlief bis in die Nacht hinein. Als
er erwachte, pfiff er seinem Stier und teilte ihm die Arbeit mit.
Der Stier schwieg lange und sprach dann endlich: „Ich benötige
auch Feuer aus dem Bauche der Schlange, denn ich muß dem
Sonnenkönig ein neues Gewand daraus weben; bald wird es Winter, und er muß dann ein dickes Gewand haben. Sieh da, es
kommt schon die Riesenschlange! Leg' dich auf die Erde nieder, damit dich kein Blitz treffe!" Jancsi legte sich nieder und
sah in seiner liegenden Stellung, wie der Stier mit seinen langen
Hörnern in die Weichen der Schlange rannte. Blitze und Flammen flogen wie Kehrbesen aus ihrem Bauche heraus und wurden
vom Stiere mit den Hörnern zu einem blendenden Gewande ge-
woben. Jancsi wollte sich dem Stiere nähern, aber dieser rief
ihm zu: „Bleib' stehen, sonst erschlägt dich ein Blitz!" Da kam
auch der Hexenmeister heran und sprach: „Auch die dritte Arbeit ist dir gelungen; jetzt gieb mir von den Hörnern des Stieres
ein Feuerbüschel und sage mir dann, was du für deine Dienst-
leistungen verlangst!" — „Die Fee, die du in einen Stein verwandelt hast!" versetzte Jancsi. „Dazu brauche ich eben das Feuerbüschel," meinte der Hexenmeister, „denn nur damit kann ich
den Stein dort in die Fee zurückverwandeln." Das hörte der
Stier und berührte mit seinen feurigen Hörnern den Stein. Da
krachte und donnerte es weit und breit, so daß Jancsi in Ohnmacht fiel. Als er zu sich kam, war sein Stier samt dem Hexenmeister verschwunden, er aber befand sich in einem Feenpalast
neben der schönsten Fee der Welt. Bald hielten sie Hochzeit
und ich war auch zugegen und wollte euch vom Mahl einen
Mückenschenkel mitbringen, aber er war mir zu schwer und so
geht ihr leer aus . . ."

Aus dem Gesagten läßt sich wohl nimmer ein Sonnenkult oder wenigstens die Erinnerung an einen solchen nachweisen. Die hier mitgeteilten Gebräuche, Anschauungen und Meinungen des ungarischen Volkes stehen mit volksreligiösen Zeugnissen anderer Völker im Einklang, sie sind Allerweltsglaubenssachen, denen daher für den specifisch magyarischen Volksglauben gar keine Beweiskraft zugemutet werden kann. —

Eine bedeutend größere Rolle als die Sonne spielt der Mond (hold) im ungarischen Volksglauben. Das Wort hold (Mond) bringt Ipolyi (a. a. O. S. 258) mit hódol (sich unterwerfen, jemandem ergeben sein, jemanden ehren) in Verbindung. Derselben Wurzel entspringt auch hónap (Monat, morgen), holdas = krank, siech. „Wie der Mensch innere, seelische Bande", sagt J. S. Krauss a. a. O. S. 13, „zwischen sich und seinem Leiden einerseits und einem Baume, Steine, einem Fluß andererseits herauszufinden und herauszuklügeln weiß, ist männiglich bekannt. Man nennt dies Animismus. Dieser Weg führt zum Fetischismus. Es ist eine der einfachsten Formen religiöser Vorstellungsweisen. Jedes Ding kann unter bestimmten Verhältnissen zu einem Fetisch werden. Der Mond wird einer infolge seiner Eigenschaft des Zu- und Abnehmens. Der Zunehmende, Wachsende bringt Glück und Gedeihen, der Abnehmende, Hinschwindende dagegen Verfall und Nachteil. Darin entdeckt der primitiv gläubige Mensch in der ganzen Welt eine Beziehung zwischen sich und dem Monde." So auch der Magyare, ohne dabei im Monde ein personifiziertes höheres Wesen zu erblicken, dem er Opfer darzubringen oder es gar anzubeten sich bewogen fühlte. Auch der Magyare ruft den Mond gegebenen Falles an, aber er betet ihn nicht an, und dies für den Nachhall eines ehemaligen Mondkultus anzunehmen, ist eine gewagte Sache, wie sehr man auch diese unhaltbare Annahme mit Belegen aus finnischem, votjakischem, tscheremissischem u. s. w. Volksglauben zu stützen und zu beweisen sucht. Dieser Glaube ist nichts weniger als specifisch magyarisch oder finno-ugrisch, „vielmehr gehört er zur volksreligiösen Scheidemünze, der Ethnograph darf es sagen, aller Völker dieses Erdballs."

Tierjunge soll man bei zunehmendem Monde von der Muttermilch abgewöhnen, dann wachsen und gedeihen dieselben, bei Kindern wird aber ein Unterschied gemacht; Knaben soll man bei abnehmendem Monde abspänen. Mädchen dagegen soll man bei zunehmendem Monde die Mutterbrust für immer entziehen, damit sie „einst auch wie der Mond voll und rund" d. h. schwanger werden (mint a hold tele és gömbölyük legyenek). Haare und Fingernägel soll man bei zunehmendem Monde schneiden, damit sie wachsen. Säuglingen schneidet man die Finger- und Fußnägel zum ersten Mal bei abnehmendem Monde ab, damit sie nicht Diebe und Herumstreifer, Vagabunden werden, die an keinem Orte längere Zeit sich aufhalten können. Wer den Vollmond erblickt, möge seine Geldbörse dem Monde zuschwenken, damit sein Geld sich vermehre. Bei Vollmond soll man mähen und Heilkräuter sammeln, bei abnehmendem Monde aber die Stuben reinigen, Ungeziefer ausrotten, damit Schmutz und Geziefer abnehme. Bei Neumond soll man solche Früchte säen, deren Garben man genießt; solche aber, deren Wurzelknollen verbraucht werden, soll man bei Vollmond säen.

Auch beim Liebeszauber spielt der Mond eine einflußreiche Rolle. Man fängt zwei Laubfrösche und sperrt sie in ein mit zahlreichen Bohrlöchern versehenes Gefäß. Dies gräbt man nun in einen Ameisenhaufen ein; nach neun Tagen nimmt man es heraus und findet darin nur die Knochen der von den Ameisen verzehrten Frösche. Will nun ein Bursche die Liebe einer Maid erwerben, so nestelt er das Rückgrat eines der Froschskelette heimlich an den Kittel der betreffenden Maid, den anderen Rückgratsknochen gräbt er bei Neumond in den Grabhügel des zuletzt verstorbenen Verwandten der Maid ein. — Wenn eine Maid die Liebe eines Burschen sich erwerben will, so eignet sie sich einige Haare von seinem Haupte an und spricht — die Haare gegen den Neumond werfend, also:

Uj hold nézlek, nézlek,	Neumond, ich seh', ich seh' dich an,
Adj (Jóskának) szerelmet;	Gieb (dem Joseph) Liebe;
Hogy szeressen engemet,	Damit er liebe mich,
El is vegyen, ha lehet!	Mich heirate, wenn es sein kann!

Sagt sie dies zur rechten Zeit, dann ist der „Erfolg sicher" (biztos a siker). Es herrscht nämlich der Glaube, daß der Neumond zu einer gewissen Zeit im Wachstum auf einige Augenblicke stehen bleibt, und wenn man ihn dann um etwas anfleht, so muß er das gewähren, sonst wächst er nimmer. Zu Neumond stehlen die Maide auch Kuchen, kochen dieselben mit ihren men-

ses und mischen einen Teil davon in die Speisen des betreffenden Burschen. Bei abnehmendem Mond sticht man eine spanische Fliege auf einen Schlehdornstrauch, bei Neumond nimmt
man die vertrocknete Fliege herab, stößt sie zu Pulver und mischt
dies in den Schnaps für die Person, deren Liebe man erwerben
will. Im Dorfe Kapus (Siebenbürgen) sagt man von einer Maid,
die einen Burschen „wahnsinnig" liebt: „Man hat ihr Werg (ihre
Haare) vergraben" (elásták a szöszét). Man glaubt nämlich, wenn
ein Bursche vom Haupte einer Maid zu Neumond Haare stichlt
und dieselben auf einen Kreuzweg vergräbt, so wird die Maid
verliebt in den Burschen, sobald die vergrabenen Haare vermo-
dern. Ein weitverbreiteter Liebeszauber ist: Das erste Ei einer
schwarzen Henne wird bei Neumond an beiden Enden behutsam
geöffnet und sein Inhalt herausgeblasen; die Eierschale legt man
auf den Herd, damit die innere Feuchtigkeit verdampfe; dann
steckt man in die Eierschale Haare, Nägelschnitzel und womöglich auch einige Tropfen Blut von derjenigen Person, deren Ge-
genliebe man begehrt; hierauf vergräbt man die Eierschale in
den Grabhügel eines ungetauften Kindes; findet sich nun nach
drei Tagen in der Eierschale Feuchtigkeit vor, so wird man seinen
Zweck erreichen. —
     Der Mond ist auch dem ungarischen Landmanne ein Wetter-
prophet. Scheint der Mond im März silberhell, so giebt es im
Sommer viel Hitze; ist er im Frühjahr rötlich, so giebt es im
Sommer viel Sturm und Regen. Hat er einen „Hof" (udvar) d. h.
ist er von einem Nebelring umgeben, so steht Regen bevor. Sind
die Flecken im Monde gut sichtbar, so giebt es anhaltend hei-
teres Wetter. Will man die Witterung des kommenden Sommers
oder Winters erfahren, so nehme man am Tage Mariä Lichtmeß
oder am Martinstage bei Vollmond das Brustbein einer kurz zuvor geschlachteten Gans und werfe es ins Feuer. Nach einer
Weile nehme man das Bein heraus und hänge es in den Mond-
schein. Hat es am nächsten Morgen viele schwarze Risse, so
wird es viel Regen, beziehungsweise viel Schnee geben, ist es
aber weiß, so ist für die betreffende Jahreszeit angenehmes, frucht-
bares (termékeny) Wetter zu erwarten.
     Wir kommen nun auf das Hauptbollwerk künstlich erzeug-
ter Mythologie, auf die Zauberformeln zu sprechen, die sich auf
den Mond beziehen, und wollen die wichtigsten derselben mit-

teilen, welche sich eben auf einen Mondkultus beziehen sollen.
Beim Anblick des Neumondes spreche man:

Uj hold: új király:	Neuer Mond: neuer König!
Adjál nekem	Gieb mir
Jó heteket,	Gute Wochen,
Jó hetekben,	In guten Wochen,
Jó napokat.	Gute Tage.
Jó napokban,	In guten Tagen,
Jó órákat,	Gute Stunden,
Jó órákban,	In guten Stunden
Jó szerencsét,	Gutes Glück,
Azután még	Dann auch noch
Jó egészség!	Gute Gesundheit!

Hat das Kind die hinfallende Krankheit, Epilepsie, so nehme es die Mutter auf den Arm und spreche, den Neumond anblickend, also:

Uj hold, új király!	Neumond, neuer König!
Az én gyermekemet	Mein Kind
A nehézség töri;	Hat die Fallsucht;
Te vagy a riadó,	Du bist der Geber,
Te vagy az elvevő;	Du bist der Nehmer;
Vedd el róla!	Nimm sie von ihm!

Gegen Zahnschmerzen spreche man drei Mal in knieender Stellung:

Uj hold, új király,	Neumond, neuer König,
Téged köszöntelek	Dich begrüß' ich
Eleven foggal,	Mit lebendigem Zahn,
Döglött féreggel!	Mit krepiertem Wurm!
Az én fogam	Mein Zahn
Akkor fájjon:	Soll dann schmerzen:
Mikor kigyót,	Wenn ich Schlangen,
Békát eszek!	Frösche esse:

Der Glaube an einen Zahnwurm, der eben den Zahnschmerz verursacht, ist auch im ungarischen Volksglauben nachweisbar. Gegen Zahnschmerzen spricht man auch die Formel:

Uj hold, uj király,	Neumond, neuer König,
Köszöntelek téged,	Ich begüße dich
Ezen üdvözlettel,	Mit diesem Gruße,
Hogy a fogfájást	Daß du den Zahnschmerz
Háricsd el tölem!	Wegnimmst von mir!

Nicht blos als König, sondern auch als Familienvater wird der Mond begrüßt. In einer Formel gegen das Fieber heißt es

4 *

Uj hold, uj király,	Neumond, neuer König,
Házasitja a fiját;	Verheiratet seinen Sohn:
Engem hinak	Mich rufen sie
Vendégségbe,	Zur Gasterei,
De én nem mehetek,	Aber ich kann nicht gehen,
Küldöm a hidegemet.	Ich schicke (hin) mein Fieber.

Ist die kranke Person ein Weib, so verheiratet der Mond seine Tochter, z. B. in einer Formel gegen Kopfgrind:

Uj hold, új király	Neumond, neuer König,
Férhez adta	Verheiratet
A lányát,	Seine Tochter,
Engem is hijjon	Auch mich ruft er
Lakadalomba!	Zur Hochzeit!
'En nem megyek el,	Ich gehe nicht hin,
Elküldöm a sebömet!	Ich schicke meine Wunden!

Gegen Warzen heißt es:

Uj hold, új király!	Neumond, neuer König!
Apró markácskájim vannak,	Kleine Rinder hab' ich,
Isten ugy segitsen,	Gott mir so helfe,
Eladom!	Ich verkaufe sie!

Unter „Rinder" sind hier die Warzen als Besitz, Gut gemeint.

Was die „Flecken" im Monde anbelangt, so erblickt darin auch dss ungarische Volk Menschengestalten. In Szöreg war man einmal so glücklich, den herabgefallenen Mond ganz aus der Nähe zu sehen und erblickte einen alten, kniefällig betenden Mann darin. Die Bewohner von Oláhfalu, eine Art ungarischer Abderiten, sahen ihn auch, als sie den in einen Teich gefallenen Mond mit Stangen herausheben wollten. Allgemeiner Verbreitung erfreut sich beim ungarischen Volk auf die Bewohner des Mondes bezüglich ein anderer Glaube, wonach die Flecken des fahlen Gestirns die Gestalten zweier Zigeunerknaben wären, die wahrscheinlich etwas Gestohlenes unter sich teilen wollen und daran herumzerren. Einer anderen Tradition zufolge sind die Mondbewohner zwei Geschwister, David und Cäcilia. Die Sage erzählt: „David und Cäcilia wurden von ihrer Mutter in die Kirche geschickt, sie gingen aber ins Wirtshaus. Da ging ihnen die Mutter nach und schalt sie tüchtig aus; die ungeratenen Kinder aber stießen die Mutter aus dem Wirtshause hinaus. Die Mutter fluchte ihnen zur Stunde, daß weder Himmel noch Hölle, noch die Erde oder eines der Sterne das böse Paar je aufnehmen

möge; doch vergaß sie dabei des Mondes — und darum hat Gott
den letzteren zum Wohnsitz der armen Sünder bestimmt." In
der Umgebung von Szeged lautet die Erklärung anders. Daran,
daß Cäcilie mit David in den Mond gekommen, ist nach dieser
Überlieferung ihr frevelhaftes Verlangen nach ewiger Jugend
Schuld. Cäcilie war zudem in das Tanzen vernarrt. Jetzt hat
sie, was sie sich gewünscht, denn mit jedem Neumond kehrt die
Jugend des Paares wieder und so wie David seine Geige zu spielen nicht müde wird, so kann Cäcilie des endlosen Tanzes nicht
überdrüssig werden. Man kann die Beiden recht gut sehen, doch
ist es nicht ratsam, nach ihnen zu spähen, denn sieht man von
Ungefähr gerade zur Zeit nach dem Monde, wenn dem Geiger
eben eine Saite springt, so verliert man das Augenlicht. — Eine
andere Überlieferung erzählt wieder also: „Im Mond ist der
heilige David und die Cäcilie zu sehen. Der heil. David musi-
ziert und die andere tanzt danach. Vor dem hl. David sieht man
sogar den Tisch stehen. Unser Herrgott hat nämlich eines Tages
die Cäcilie gefragt, was ihr am liebsten wäre; er wolle es ihr
gewähren. Da sprach die Cäcilie, daß sie am liebsten ewig tanzen und David ohne Ende musizieren möchte. Sie vergaß aber
dabei zugleich um ewige Jugend zu bitten und so konnte es
denn nicht ausbleiben, daß sie steinalt und spindeldünn geworden ist. Man hört ihre Knochen beim Tanzen ordentlich klap-
pern und krachen. Ihr Tanzboden ist der Turm zu Babel. Wie
sie schon vor Alter ganz blind geworden, geht sie einmal zum
lieben Herrgott hinauf und fragt ihn, wie groß heutzutage ein
Nußbaumblatt wäre? Eine Handfläche breit, — wird ihr zur
Antwort. Gottlob! sagt sie darauf, da kann es nicht mehr lange
dauern, denn zur Zeit als ich noch sehen konnte, war es so groß
wie ein Brotkorb; wenn es zur Größe eines Kirschbaumblattes
zusammengeschrumpft sein wird, dann wird die Welt ein Ende
nehmen. Und wie groß ist zur Zeit eine Rübe? Wenn das
Herz der Rübe verschwunden sein wird, dann geht der Mensch-
heit das Schamgefühl verloren. Und fürwahr, die Welt hat die
Scham schier verlernt; bald wird sie ganz vergessen sein!" In
einigen Varianten spielt der hl. David nicht der Cäcilie, sondern
der heiligen Anna zum Tanze auf. Mit Bezug auf diesen gei-
genden David heißt es in ungarischen sprichwörtlichen Redensarten: „Der hl. David hat ihm schon heimgegeigt" d. h. es ist

mit ihm aus (behegedült neki már szent D.); oder: „Das hat der
hl. David schon längst gespielt" d. h. das ist eine altbekannte
Geschichte (hegedült már arról szent D.) —

Mond- und Sonnenfinsternisse werden von einem Vogel:
Markaláb oder Morkoláb (wahrscheinlich eine Umbildung des
Slavischen Vrkolak; s. Krauss a. O. S. 10) verursacht, der ungefähr wie ein Papagei gebaut sein und die beiden Lichtspender
zeitweise auffressen, dann aber wieder von sich geben soll. Er
horstet am „Baume des Sonnenaufganges" (napkeletfájän). Es
wird nun von ungarischen Mythenforschern angenommen, daß
dieser Markaláb mit dem indischen Ráhu, dem siamesischen
Rhea, dem finnischen Rakhoi, in erster Reihe aber mit dem mongolischen Aracho oder Arachol nahe verwandt sei. In einigen
Gegenden herrscht der Glaube, daß ein Drache diese Gestirne
verzehre und dann wieder von sich gebe; sein dabei herabfal-
lender Urin vergiftet die Kräuter und Brunnen, wodurch Tier-
und Menschenseuchen entstehen. Deshalb werden die Tiere bei
solchen Gelegenheiten von der Weide heimgetrieben und die
Brunnen zugedeckt. In einigen Märchen und Sagen wieder sucht
der sogenannte „Bleibruder" (ólombarát) diese Gestirne zu fangen.
Wer dieser Bleibruder ist, das können wir nach den bislang er-
forschten spärlichen Quellen näher nicht bestimmen; wären wir
zu mythologischen Hypothesen geneigt, so könnten wir leicht den
Satz aufstellen: er ist die Abenddämmerung. Ein Märchen aber
aus L. Kálmány's Sammlung (Szeged népe III. S. 160) will ich
hier in genauer Übersetzung doch mitteilen; es lautet also:

„Hatte einmal ein König 3 Töchter; die älteste war die
Sonne, die mittlere der Mond, die jüngste der Stern. Drei
Drachen stahlen diese drei Töchter. Die Älteste stahl der elf-
köpfige, die Mittlere der neunköpfige und die Jüngste der sieben-
köpfige Drache. Daheim beim König fielen sie in große Trauer,
weil große Finsternis herrschte; nicht leuchtete weder Sonne,
noch Mond, noch Stern. Dieser König hatte auch drei Söhne;
den einen hieß man János (Johann), den mittleren Pista (Stefel,
Stefan), den jüngsten aber Illés (Elias); sie sagten, der Vater
möge das wildeste Gestüt herbeitreiben lassen, sie würden sich
dann schon Pferde auswählen und sich auf den Weg machen,
um ihre Schwestern zu suchen. Sie besichtigten das Gestüt so
lange, bis sie endlich sagten, daß sie darin kein passendes Pferd

für sich fänden, er möge ein anderes herbeitreiben lassen. Er
ließ ein anderes Gestüt herbeitreiben, darin fanden sie auch kein
passendes Roß. Dann ließ er das schlechteste Gestüt herbeitreiben, darin nur schlechte Pferde waren; darin fand der älteste,
János, ein räudiges Fohlen für sich; auch die beiden anderen
wählten sich je eins. War bei ihrem Vater ein alter Mann, gab
dieser dem János eine Rute und ein Taschentuch. Nun beluden
sie sich mit Brot und Schinken, und reisten von dannen.

Nachdem sie einen Tag lang gereist waren, erreichten sie
einen großen Wald; sie setzten sich nieder, um zu essen; der
jüngste aß zwei bis drei Bissen, und sprach dann: „Bleibet nur
hier; ich komme bald zurück!" Er ging von dannen und erblickte auf einmal eine kupferne Brücke. „Na," sprach er, „her
mußte ich kommen!" Dreimal schlug er mit der Rute auf die
Brücke, dann bückte er sich und wischte sich dreimal mit dem
Taschentuch. Da sprang unter der kupfernen Brücke der sieben-
köpfige Drache hervor; Flammen spie sein Maul, er sprach:
„Was suchst du hier, wo selbst ein Vogel keinen Platz hat?" Er
forderte ihn zum Kampfe auf; sie begannen zu kämpfen; Illés
schlug ihm gleich 4 Köpfe herab, worauf der Drache sprach:
„Laß uns ein wenig rasten!" Da bückte sich János nieder,
wischte sich dreimal mit dem Sacktuche; nun kämpften sie wieder und er schlug dem Drachen auch die 3 anderen Köpfe ab;
da wurden daheim die Sterne sichtbar.

Nachdem sie wieder einen Tag lang gereist waren, erreichten sie einen Wald und setzten sich zum Nachtmal nieder; der
mittlere, Pista, aß zwei, drei Bissen und machte sich dann auf
den Weg. Er erblickte eine silberne Brücke und sprach: „Her
mußte ich kommen!" Dreimal schlug er mit der Rute auf die
silberne Brücke und wischte sich dreimal mit dem Sacktuche ab;
da sprang der 9-köpfige Drache unter der Brücke hervor, Feuer
aus dem Maule speiend, sprach er: „Was suchst du hier, wo
selbst ein Vogel keinen Platz hat? ich ergreife dich und zer-
brösele dich zu Staub! Dann sollst du es erfahren, was du hier
zu suchen hast!" Der Drache forderte ihn zum Kampfe auf;
Pista schlug ihm auf einmal fünf Köpfe ab, worauf der Drache
sprach: „Laß uns ein wenig rasten!" Pista setzte sich nieder
und wischte sich 3 mal mit dem Sacktuche ab; dann kämpften
sie wieder und er schlug ihm auch die übrigen vier Köpfe herab;

da sah man daheim auch schon den Mond. Pista kehrte zu seinen Brüdern zurück und nachdem sie abermals einen Tag lang
gereist waren, erreichten sie wieder einen Wald und setzten sich
zum Mahle nieder. Der Älteste aß zwei, drei Bissen, machte sich
dann auf den Weg und erblickte eine goldene Brücke. „Na",
sprach er: „her mußte ich kommen!" Er schlug dreimal mit
seiner Rute auf die goldene Brücke, wischte sich dreimal mit
dem Sacktuche ab, worauf der 11-köpfige Drache hervorsprang:
„Was suchst du hier, wo selbst ein Vogel keinen Platz hat?"
Sie begannen zu kämpfen und János schlug ihm 6 Köpfe herab,
worauf der Drache sprach: „Laß uns ruhen!" János versetzte:
„Meinetwegen!" Er setzte sich beiseite und wischte sich wieder
dreimal mit dem Sacktuche ab. Sie kämpften wieder und da
hieb er ihm auch die anderen 5 Köpfe ab; da wurde daheim
auch die Sonne sichtbar. Er rief nun unter der Brücke seine
älteste Schwester hervor, die dort unter der Erde wohnte, und
er ging nun zu seinen Brüdern zurück, die er beim Mahle zurückgelassen hatte. Sie gingen nun heimwärts; die Sonne folgte
ihnen nach; sie kamen hin zum Monde, zu ihrer mittleren Schwester: auch die ging nun mit ihnen; hierauf gingen sie zur
Sternenmaid und auch diese folgte ihnen nach. Als sie weiter
gingen, sprach zu ihnen der älteste, János: „Geht nur weiter; ich
komme bald nach!" Er ging in eine Steinburg hinein und suchte
dort einen Schmied auf, bei dem er einen Topf voll Blei schmelzen ließ. Dort stand außerhalb der Steinmauer eine Hexe; János
aber befand sich innerhalb. Sprach zu ihm die Hexe: „Ich
möchte, daß du die Steine so weit wegräumst, daß ich dich bis
zum Halse sehe!" Er räumte die Steine weg. Nun sprach die
Hexe: „Ich möchte, daß du die Steine so weit wegräumst, daß
ich dich bis zum Gürtel sehe!" Nun räumte János bis zu seinem
Gürtel die Steine weg und hielt den Topf voll geschmolzenem
Blei in der Hand hinter sich versteckt. Sprach zu ihm die alte
Hexe: „Ich möchte gerne, daß du die Steine so weit wegräumst,
daß ich dich bis zur Sohle sehe!" Er räumte sie weg. Sprach
nun zu ihm die Hexe: „Jetzt verschlinge ich dich, weil du meine
Söhne getötet hast!" — „Nun also," versetzte János, „sperr' auf
dein Maul, damit ich hineinspringe!" Sie öffnete ihr Maul und
János warf ihr den Topf voll siedendem Blei in den Rachen. Die
alte Hexe verreckte.

Nun wanderte er weiter und gelangte in eine Schenke, wo er die Leute zum Kampfe aufforderte, diese aber sagten: „Geh' in die andere Stube!" Durch elf Zimmer ging er; überall wies man ihn in das folgende. Als er in das zwölfte Zimmer eintrat, rief er dort den Bleibruder zum Kampfe auf. Sprach der Bleibruder: „Eisen auf den János!" Und Eisen senkte sich auf den János, so daß er kein Glied bewegen konnte. Sagte ihm nun der Bleibruder, daß er ihn vom Eisen befreie, wenn er ihm die Fee, die schöne Ilona bringe. „Ich hole sie dir," versetzte János, „wenn du mir einen Wagen voll goldenem und silbernem Eßgeschirr mitgiebst!" János saß bald auf dem Wagen und fuhr zur Burg der Fee, der schönen Ilona. „Komm' heraus, du Fee, o schöne Ilona:" rief er, „wähle dir schönes Eßgeschirr!" Sie schickte eine ihrer Dienerinnen hinaus, welche aber János zurückschickte, damit sie selbst herauskomme. Sie sandte eine andere Dienerin hinaus, die aber János ebenfalls zurückschickte, damit die schöne Ilona selbst herauskomme. Sie hüllte ihr Haupt in ein altes seidenes Tuch und ging hinaus. „Komm', setz' dich auf den Wagen hinauf," rief ihr János zu, „und wähle dir das Schönste heraus; ich gebe es dir umsonst!" Sie setzte sich auf den Wagen hinauf und während sie unter den Sachen hin und herwühlte, führte sie János auf dem Wagen zum Bleibruder. Sie rief: „Wehe mein Süßer, mein schöner Liebster, hast du mich für dich hergebracht, oder für einen anderen?" Er versetzte: „Für mich! komm' nur!" Als sie in den Hof des Bleibruders fuhren, kam dieser ihnen entgegen und hob die Fee vom Wagen. Dann sprach er: „Eisen auf den János!" Die Fee, die schöne Ilona, hatte aber den János lieber, als den Bleibruder, und gab ihm heimlich zu essen. Der Bleibruder ging oft auf die Jagd. Einmal fragte ihn die Fee, die schöne Ilona, wo er seine große Kraft habe? „Was fragst du darnach?" sprach er, „dort unter der Schwelle des Vorhauses liegt sie verborgen!" Während der Bleibruder am anderen Tage draußen jagte, vergoldete die Fee die Schwelle. Als heimgekehrt er dies sah, sagte er: „Was hast du gedacht! warum hast du diese Schwelle vergoldet! meine Kraft befindet sich ja nicht hier, sondern dort im Schweinestall!" Als er wieder ausging, vergoldete die schöne Ilona den Schweinestall. Der Bleibruder sagte, als er heimkehrte und den vergoldeten Schweinestall sah: „Wenn du es also wissen willst, wo sich meine Kraft befindet, so höre : Draußen im Garten steht ein Baum, im Wipfel dieses Baumes ist ein Nest, in diesem Neste sitzt ein Rabe, in diesem Raben befindet sich ein Ei, in diesem Ei ist eine Stecknadel, in dieser befindet sich meine Kraft!" Als er wieder einmal auf die Jagd ging, ließ die Fee das Nest herabnehmen, und nahm aus dem Raben das Ei heraus. Dann sprach sie: „Eisen herab vom János!" Sogleich fiel das Eisen vom János herab, und sie rief nun: „Eisen auf den Bleibruder!" Das Eisen fiel auf ihn, so daß er nicht heimkehren konnte. Sie zerbrachen nun das Ei und warfen die Stecknadel weg und zogen nun heim zum Vater des Burschen und feierten ihre Hochzeit . . . ."

Mond und Sonne werden im Volksglauben als Prinzen gedacht, von denen ein jeder eine besondere Mutter hat. Auf einem hohen Silberberge steht der silberne Palast der Mondmutter, wohin allmorgens der müde Sohn, der Mond heimkehrt; in goldenem Palaste wohnt aber die Sonnenmutter, wo eine fürchterliche Hitze herrscht. Allabendlich kehrt der Sonnenprinz heim und wird von seiner Mutter mit Schneewasser getränkt. Oft wird der Sonnenprinz (nap királyfi) einfach nur „junger Sonnherr", „Sonnenjüngling" (nap urfi), der Mondprinz (hold királyfi) aber oft nur „junger Mondherr, Mondjüngling" (hold úrfi) genannt. In manchen Volksüberlieferungen sind Mond, Sonne und Sterne weibliche Geschwister oder auch Schwägerinnen, zu denen der Märchenheld einkehrt und von ihnen Zauberkünste erlernt und Zauberdinge erhält (s. Gaal S. 372, Majlath S. 258, 199), oft auch mit einem „Sonnenpferde" beschenkt wird. —

Bezüglich der Sterne gilt auch bei den Magyaren der Volksglaube: Jeder Mensch habe am Himmel einen Stern; erriete diesen jemand bei Betrachtung des gestirnten Himmels, so fiele er sogleich herab und der betreffende Mensch müsse sofort sterben. Csillagfutás heißen magyarisch die Sternschnuppen, und man glaubt in einigen Gegenden, daß die Sterne sich dadurch „reinigen, putzen". „Auch die Sterne haben eine Reinigung", (a csillagnak is van tisztulása), lautet eine ungarische Redensart. In Nordungarn sagt man beim Anblick einer Sternschnuppe: eine Maid habe ihre Jungfernschaft verloren. Einen eigenen Sternkult kennt der Magyare aber ebenso wenig wie der Südslave. „Der Völkerkundige weiß aber, daß dieser Glaube in verschiedener Form allen Völkern der Erde gemeinsam ist." Redensarten, wie: „Er ist unter einem glücklichen Stern geboren" (szerencsés csillag alatt született); „sein Stern ist aufgegangen, sein Stern ist hinabgesunken" (csillaga feljött, csillaga alászállt) finden sich auch im Magyarischen vor.

Dem Namen nach kennt das Volk nur wenige Sterne. Der große und kleine Bär heißt Gönczöl szekere = Gönczöl's Wagen. Der Volksglaube erzählt, daß Gönczöl ein gelehrter Zauberer gewesen sei, der u. a. auch den Wagen erfunden habe, wofür er samt demselben an den Himmel versetzt worden sei. Eine andere Version berichtet, daß der ungarische Fürst Lehel mit seinem Schlachthorn den deutschen Kaiser Gönczöl erschlagen habe, damit dieser ihm im Jenseits dienen solle. Gönczöls Wagen wurde dann unter die Sterne versetzt. Man war und ist nun bemüht, in diesem Gönczöl den deutschen Kaiser Konrad zu suchen. Dies Sternbild wird in manchen ungarischen Gegenden auch „Gotteswagen" (isten szekere) genannt.

Die Milchstraße heißt im Magyarischen geradeso wie im Deutschen. Milchstraße (tejes ut), nebenbei auch Himmelsweg (ég útja), weil auf diesem Wege die Verstorbenen ins Himmelreich einziehen, oder auch die Feen einherwandeln. Auch Landstraße, Heerstraße und Kriegerstraße (országút, hadak útja) wird sie von den Szeklern genannt, ohne daß man daraus eine bestimmte mythologische Vorstellung herausschälen könnte. Ist die Milchstraße gar weiß, so wird die Donau das Land bald überschwemmen; spaltet sie sich gabelförmig, so heißt es: Gott sei einem Menschen, der besoffen gestorben, dort aus dem Wege gegangen.

Das Sternbild Orion heißt im Magyarischen „die Mäher" (kaszások), ob dabei in volkstümlicher Vorstellung an drei Mäher gedacht wird, oder ob dies Gestirn seinen Namen daher hat, weil es zur Zeit der Heuernte sichtbar ist, bleibt unentschieden. Die ältesten ungarischen Bibelübersetzungen gebrauchen hiefür (Hiob 9, 9; 38, 31) den Ausdruck kasza-húgy. Húgy heißt im heutigen Ungarischen = Urin, im Alt-Magyarischen soll es auch die Bedeutung von Stern gehabt haben.

Das Siebengestirn heißt gleichwie im Deutschen fiastyúk (Gluckhenne). Darüber erzählt man sich: „Als Christus und Set. Petrus auf Erden wandelten, erblickte der Heilige eine Henne und

fragte Jesus: „Was ist das?" — „Eine Henne," antwortete der
Herr. „Sollen wir sie nicht mit in den Himmel nehmen?" —
„Nimm sie!" versetzte Jesus. Und Petrus nahm die Henne mit
sich in den Himmel und ließ sie brüten. Nun sieht man sie oft
am Himmel mit ihren Küchlein scharren." Ein alter Brauch zu
Kecskemét war es, daß die Landleute beim Lodern der Johannisfeuer die Plejaden beobachteten und aus ihrem Glanze auf den
kommenden Ernteertrag schlossen.

Der Regenbogen heißt im Magyarischen szivarvány von
színi, szívni = saugen. Im Volksglauben heißt es nämlich,
daß der Regenbogen das Wasser aus den Flüssen und Meeren
aufsauge und den Wolken zuführe oder daß mit Hilfe des Regen-
bogens die Feen das Himmelreich mit Wasser versehen. Regenbogen am Abend zeigt Regen für den Morgen an, und umgekehrt.
In einigen Gegenden Ungarns (bei den Palovzen) wird er auch
bábabukra genannt. Baba ist der Name einer Fee (s. Absch. I.
S. 8), bukra, bokra (bokor mit Personalsuffix) = Strauß,
Masche, auf ihm steigen die Feen in die himmlischen Gefilde
hinauf. Mit dem Finger ist es nicht gut auf den Regenbogen zu
zeigen, denn er könnte den Menschen emporziehen. Wo er die
Erde berührt, dort zieht er alles in die Höhe empor. War einmal ein Kind, das wies mit dem Finger nach dem Regenbogen
und ward emporgezogen. Nach sieben Jahren ward es als Hirte
herabgelassen und alles kam ihm wie ein Traum vor. Wer unter
einem Regenbogen zufällig hindurchzieht, der wird ein Zwitter.
Wenn im Frühling der Regenbogen mehr rot als grün gefärbt ist,
so wird im Jahr viel Wein sein; ist er mehr grün, so wird die
Getreideernte sehr reichlich ausfallen.

Der Komet (üstökös) gilt für das Vorzeichen kommenden
Jammers, Elends, Krieges und Hungersnot. Schwerkranke sollen
beim Anblick eines Kometen ausspeien und sagen: „Mein Elend
gebe ich dir, trag' es weiter." (Nyomorúságomat neked adom,
vidd tovább.) Neun glühende Eisenstäbe werfe man beim Anblick
eines Kometen in eine wassergefüllte Wanne und bade darin Irrsinnige; dieselben werden ihren „Verstand dadurch wieder zurück-
erhalten" (eszököt ismét visszanyerik); die Eisenstäbe aber muß
man nach genommenem Bade vom betreffenden Irrsinnigen tief
in die Erde vergraben lassen. —

Fassen wir das Ergebnis unserer Betrachtung in einige Worte zusammen.

Die Magyaren haben weder einen Sonnen- noch Mondkult gehabt, wie ihnen einen solchen Gelehrte im Übereifer haben schaffen wollen. Das, was sich im Volksglauben der Ungarn auf die Sonne und den Mond, überhaupt auf die Himmelserscheinungen Bezügliches vorfindet und von dem wir das Bedeutendste und wissenschaftlich Wichtigste mitgeteilt haben, das ist in verschiedener Form allen Völkern des Erdballs gemeinsam, es gehört eben zur volksreligiösen Scheidemünze, die jedes Volk kennt und gebraucht.

* * *

Wir gehen nun auf den Volksglauben der Ungarn über, welcher sich auf Wind und Wetter bezieht.

Wind heißt im Magyarischen: szél, Windhauch = szellö, verwandt damit ist szellem = Seele, Geist. Sturmwird entsteht, wenn sich jemand in der Gegend erhängt hat, oder der Teufel geärgert auf den nahen Bergen herumspringt, von einem Berggipfel auf den anderen hüpfend; oder wenn Hexen unsichtbar durch die Luft rauschen. Die Winde in den Märchen und Sagen szélúrfi (junger Herr Wind) oder szélsógór (Windschwager) genannt, sind die Söhne einer Luftfee (légtündér), der sogenannten szélanya (Windmutter), die oben im Gebirge vor einem blauen Hause in blauem Gewande sitzt und durch die unzähligen Tore des Hauses ihre zahlreichen Söhne, die Winde, ein- und ausziehen läßt (vgl. Gaal 159). In anderen Sagen sind die Winde einem Windkönig (szélkirály) untergeordnet (vgl. Majlath 265) oder sie gehorchen ihrem Vater, einem Riesen, den die ungarische Bevölkerung Siebenbürgens nach einem Berge Nemere nennt. In Ungarn heißt es, soll der Berggeist (hegyszellem) in eine Schlucht neben der Ortschaft Nédas, an der Grenze des Preßburger und Nyitraer Comitates, die Winde in Höhlen gefangen halten, woher er sie oft hinaus in die Welt sendet. Kommen sie zur Zeit nicht heim, so reitet der Berggeist auf dem Windrosse ihnen nach und bringt sie nach Hause. Auch die Mazarnaer Höhle im Turoczer Comitat gilt für eine Wohnung der Winde, ebenso der „Teufelshochzeit" genannte Berggrat zwi-

schen Zólyom und Liptó und der Lisztescher Berg im Nográder
Comitat (s. Ipolyi S. 217).

„Ein böser Wind hat ihn getroffen" (rosz szél érte), sagt
man von einem, den der Schlag getroffen. Szélütés (Wind-
schlag) aber auch guta-ütés (Guta-Schlag) nennt man den
Schlaganfall (Apoplexie), wobei Guta vielleicht einmal der Name
eines Kindes gewesen sein mag. Eine Wöchnerin darf vor dem
Kirchgange nicht ihren Hof verlassen, sonst stirbt ihr Kind der-
einst am Schlagfluß, noch darf sie zur Dachlucke hinausblicken,
denn wohin sie blickt, dort entsteht Hagel und Wind; sich selbst
aber lockt sie den „Guta", den Schlagfluß, herbei. Dies hängt
mit dem ungarischen Volksglauben an die „Wettermacher"
zusammen.

Wie im Volksglauben anderer Völker, so stehen auch bei
den Ungarn gewisse alte Männer und Weiber im Rufe, „Wetter
machen" zu können. Letztere sind eben auch als Hexen ver-
rufen. Läuft ein solcher Mensch zu einer bestimmten, nur ihm
bekannten Zeit nackt über ein fließendes Wasser, so
entsteht anhaltender Regen. Wirft ein solcher Mensch Fingernägel, Haare u. dgl. eines Toten in fließendes Wasser, so entsteht Wolkenbruch, Hagel, Überschwemmung; verbrennt er aber
solche Körperteile, so ruft er dadurch anhaltende Dürre hervor.
Stellt er sich bei anhaltendem Regen mit einem Sieb auf dem
Haupte ins Freie, so vertreibt er dadurch den Regen. Bläst ein
solches menschliches Wesen durch ein Holunderrohr Brotkügel-
chen auf ein Dach, so schlägt dahin demnächst der Blitz (villám)
ein. Wirft der „Wettermacher" (idöcsináló) zu gewissen Zeiten
aus Weidenruten geflochtene Knäule gen Himmel, so entsteht
„schweres Wetter" (nehéz idö), Sturm u. s. w. Hier müssen wir
einiges auf das Wetter bezügliche aus dem magyarischen Volksglauben mitteilen.

„Es knäuelt sich (ballt sich) das Wetter" (bokrosodik az idö),
sagt man beim Anblick der Wolken, die am Horizonte erscheinen. Damit der Blitz ins Haus nicht einschlage, ist es gut, wenn
man im Hause am Palmsonntag geweihte Palmen (Weidenkätz-
chen) aufbewahrt. Holundersträuche soll man nicht in der Nähe
von Gebäuden wachsen lassen, denn sie ziehen den „Gottespfeil"
(istennyila), den Blitz an. Der Teufel pflegt die von ihm geraubten Schätze unter diesen Strauch zu vergraben. In einer

Sage heißt es : „Als Gott die Welt erschuf, sah ihm der Teufel zu, wie er die einzelnen Tiere ins Leben rief. Als er einmal nach Hause lief und bald wieder zu Gott zurückkehrte, so sah er, daß die vorher unbeweglich, starr daliegenden Tiere, sich nun bewegten und herumgingen, aßen und tranken. „Wie hast du das angestellt?" fragte er Gott. „Ich habe in sie gehaucht," versetzte Gott und zeigte ihm ein Holzröhrchen. Der Teufel ging nun fort, machte sich aus Lehm ein Tier und suchte nun ein Holzröhrchen zustande zu bringen, aber er konnte kein einziges Holzstück durchbohren. Endlich nahm er einen Holunderzweig in die Hand und den durchbohrte er: Nun wollte er mit diesem Holunderröhrchen Leben in sein Tier hauchen. Als dies Gott sah, erzürnte er und zerstörte mit einem Blitz des Teufels Werk; den Holunderstrauch aber verfluchte er, damit dieser von nun an dem Teufel gehöre, weil er dem Teufel beim Bohren keinen Widerstand geleistet habe . . ."

Es ist nicht gut ein Brotlaib auf die angeschnittene Seite zu legen, denn die „Wettermacher" benutzen diesen Zeitpunkt, um Hagel zu machen; hat man es aber unversehens schon so gelegt, so versorge man dies Brotlaib, um es bei Gelegenheit eines Gewitters auf die Straße zu werfen. Schwarze Katzen und Hunde halte man beim Gewitter nicht in der Stube, denn die Hexen und Wettermacher können den Blitz am leichtesten nach diesen Tieren hinlenken. Beim Gewitter soll man die Hausgegenstände etwas von der Stelle wegrücken, damit der Blitz, wenn er einschlagen wollte, den Weg verfehle." Kranken giebt man in einigen Gegenden beim Gewitter etwas Erde in die Hand, die sie nach dem Gewitter in ein fließendes Wasser werfen. Es heißt, mit der Erde werfe man ‘auch einen Teil seiner Krankheit von sich. Kränkliche Kinder legt man beim Donnerrollen auf die kahle Erde, damit sie erstarken (megerösödjenek) und Augenleidende gehen beim Gewitter zu einer Brücke und sprechen daselbst:

Villám, villám köszöntelek!	Blitz, Blitz, ich begrüße dich!
Szememböl a fájdalmat,	Aus meinen Augen den Schmerz,
Szememböl a nyavalyát	Aus meinen Augen das Siechtum
Vidd a falu hidján át!	Trag' über des Dorfes Brücke hinüber!

Dann gehe er drei Tage lang nicht über diese Brücke und wasche seine Augen während dieser Zeit mit dem Wasser, über welches

hinweg diese Brücke führt. Gegen Ohrenleiden wasche man sich
den kranken Körperteil mit einem Wasser, in dem man Kräuter
gekocht hat, die in der Nähe eines blitzgetroffenen Ortes wachsen. Mit Splittern eines blitzzerspellten Baumes die Zähne zu
stochern, ist gut gegen Zahnweh. Solche Späne sollen schwangere Weiber bei sich führen, damit sie eine leichte Geburt haben,
und trächtige Tiere soll man aus eben dem Grunde aus solchen
Gefäßen tränken, in denen sich dergleichen Splitter befinden.
Schwangere Weiber sollen den Blitz nicht sehen, denn ihre Kinder verlassen sie bald und kehren nimmer zurück; sie werden
ruhlose, heimlose Pilger. Beim Blitzen soll man den Trauring
auf einen Augenblick in den Mund stecken, damit sich dadurch
die Liebe des Gemahls „vermehre" (szaparodjék). Mit Peitschen,
Seilen und Bändern soll man sich während des Gewitters nichts
zu schaffen machen, ebenso soll man nicht melken, denn man
zieht dadurch den Blitz an. Wettermacher vertreiben das Gewitter, indem sie ein Seil über einen Baum oder ein Hornvieh
hinweg schleudern.

Der gefährlichste Wettermacher ist nach der Volksüberlieferung der Magyaren der sogenannte Garabonczás diák (G.
Student). Das Volk erzählt sich, daß er mit Zähnen auf die Welt
komme, 13 Schulen absolviere und dann sich mit 13 (bisweilen
12) anderen Genossen in eine Höhle zurückziehe, ·wo er und seine
Kameraden vom Teufel in allen geheimen Künsten unterrichtet
werden. Dann setzen sich alle auf das Glücksrad hinauf und rollen
durch die Welt, wobei Einer unbedingt vom Rade herabstürzen
muß. Nach dieser Fahrt werden die anderen Garabonczás
diák. Als solche können sie nun zaubern, prophezeien, Wetter
machen, kurz, sie verstehen alle geheimen Künste. In einen
weiten schwarzen Mantel gehüllt, kehrt der Garabonczás diák beim
Landmann ein und verlangt vor allem Milch und Butter. Giebt
man ihm nicht das Verlangte, so rächt er sich. Er macht Hagel
und Sturm, bewirkt Beinbruch, melkt den Brunnenschwengel und
macht, daß die Melktiere blutige Milch von sich geben. Braust
der Sturmwind einher, so reitet er auf einem Drachen durch die
Luft und liest aus einem Buche, das er stets mit sich führt
und dessen Inhalt nur er versteht. Dies ist die Gestalt des
Garabonczás diák, wie ihn sich der ungarische Volksglauben
vorstellt. Als solcher ist er auch in die Litteratur über-

gegangen, und spielt in einigen Lustspielen des vorigen Jahrhunderts die Hauptrolle. Auch diese Gestalt ungarischen Volksglaubens, obgleich dieselbe sich auch bei anderen Völkern vorfindet (s. Arch. f. slav. Phil. II. 437; VII, 281; IV, 611), suchte man auf alte mythologische Gebilde zurückzuführen. Ipolyi (a. a. O. S. 454 ff.) meint, die G. diák seien im Volksglauben der letzte Überrest der Erinnerung an die heidnischen Priester des magyarischen Altertums, die zugleich Heil- und Zauberkünstler waren. Derselben Meinung ist auch Jókai (Österr.-ung. Monarch. in Wort und Bild I.) u. m. A. Ipolyi, der — was Wortetymologie anbelangt, nie in Verlegenheit kommt, leitet das Wort garabonczás von gara = alt, bonczás von bonczolni (schneiden, sezieren) ab; also: ein alter Augur, der aus Eingeweiden prophezeit.

Der Garabonczás diák hat mit den alten Auguren nichts zu schaffen. Er ist der „fahrende Schüler" des deutschen Mittelalters. Bekanntermaßen besuchten im Mittelalter und besonders nach der Reformation zahlreiche ungarische Studenten deutsche und italienische, selbst niederländische und englische Hochschulen, von denen die meisten auf ihrer Heimfahrt sich als „fahrende Schüler" durch's Land bettelten, dem unwissenden Bauern allerlei Hokus-Pokus vormachten und sich dadurch in den Ruf von Zauberern brachten.

Was die Benennung Garabonczás diák anbelangt, so hat B. Lázár (Ethnographia I, 283) und G. Szarvas (Nyelvör VI, 99) die einzig richtige Erklärung gegeben. Im Mittelalter durchzogen Ungarn zahlreiche italienische Taschenspieler, Gaukler, die man negromanzia oder auch nur gramanzia nannte. Aus diesem Worte hat sich der Ausdruck garabonczás, aus diaconus das Wort diák d. h. ein Student, ein Kandidat der Theologie, gebildet.

III.

Schicksalsglauben.

Der Glaube an ein vorherbestimmtes Schicksal der Menschen ist den Ungarn mit unzähligen Völkern gemeinsam. Das Schicksal des Menschen kann gut oder schlecht sein, je nachdem ihm dies die Schicksalsfeen (s. Abschn. I. S. 11) zugesprochen haben, oder je nachdem ihn Hexen und Zauberer mehr oder weniger verfolgen, oder je nachdem er unter guten oder bösen Vorzeichen das Licht der Welt erblickt hat.

Schicksal (fatum) heißt im Magyarischen végzet, von vég = Ende, Schluß. Daneben wird auch für Schicksal, Loos das Wort sors gebraucht, das dem Lateinischen entlehnt worden ist. In der altungarischen Sprache wird dafür nyil = Pfeil gebraucht. Nyilat vetni (Pfeil werfen), nyilazni = Pfeil schießen, d. h. loosen. Ist des Menschen Schicksal gut, so hat er „Glück" (szerencse); ist es aber schlecht, so hat er „Verdammnis" (kárhozat), ein „Fluch" (átok) ruht auf ihm. Bevor noch die Schicksalsfrauen dem Kinde sein zukünftiges Loos bestimmen, können Hexen und böse Menschen das Schicksal desselben zum Schlechten wenden, was jedoch von den Schicksalsfeen bisweilen abgeändert, d. h. minder schwer (kevésbé sulyos) gemacht werden kann. Es ist daher auch mit Bezug auf den ungarischen Volksglauben wohl richtig, daß das religiöse Bedürfnis der Annahme übernatürlicher Kräfte, welches mit so tausendfach verästelten Klammerwurzeln im Gemüte der Menscheit haftet, das Unheil zu beschwören und auf mystischem Wege das Möglichste zur Sicherung des Daseins zu tun weiß. Wo der Glaube an schicksalbestimmende Wesen bereits in den Hintergrund getreten ist, dort wird durch Wallfahrten, Gebete eine Änderung des „bösen" (rosz) Schicksals ver-

sucht. Selbst für „glückliche" (boldog) Menschen ist dgl. nicht
überflüssig, denn es heißt allgemein im Volksglauben, daß selbst
der glücklichste Mensch doch sieben Mal in seinem Leben Unglück haben muß. Wem z. B. die Kinder wegsterben, der nehme
ein Kleidungsstück seines zuletzt verstorbenen Kindes, fülle dasselbe mit Erde vom Grabe dieses Kindes an und vergrabe es
heimlich neben die Kirchenmauer, wobei er eine bestimmte Anzahl von „Mariengrüßen" zu beten hat. Dadurch bewirkt er, daß
er seine noch lebenden Kinder durch den Tod nicht verliert. „Er
hat die Kirchenmauer nicht angegraben" (nem ásta meg a tem-
plom falát), sagt man von einem, dem die Kinder rasch wegsterben. Wem das Haus oder die Stallung einige Mal abgebrannt
ist, der hole sich von einem Wallfahrtsorte Erde und vergrabe
dieselbe an dem Orte, wo er das neue Gebäude errichten will.

* * *

Nach ungarischem Volksglauben entscheidet für den Menschen die Geburtsstunde gar viel, ob er im Leben glücklich oder
unglücklich werde; daher die Redensart: „Er ist in schlechter Stunde geboren" (rosz órában született).
Es heißt nämlich: Viel Glück im Leben wird das Kind haben,
welches am Donnerstag oder Sonntag kurz vor Sonnenaufgang geboren wird. Es wird an Leib und Geist stark werden
(testben lélekben crős), ebenso auch reich und angesehen.
Unglücklich sein ganzes Leben lang aber wird dasjenige
Kind sein, das Mittwoch oder Freitag zur Welt kommt, besonders abends zwischen sieben und neun Uhr. Krank und elend,
verachtet und von jedermann gemieden wird es sein Leben fristen. Wenn ein zur erwähnten Zeit geborenes Kind auch noch
ein blaues Äderchen (in einigen Gegenden ördög árka = Teu-
felsgraben, genannt) über der Nase hat, dann kann man sicher
darauf rechnen, daß es auf eine „unmenschliche Weise" (ember-
telen módon), eines unnatürlichen Todes sterben, am Galgen oder
in der Schlacht u. s. w. aus dem Leben scheiden wird. Am
Montag geborene Kinder werden ihr Leben in schwerer, aber
erfolgreicher Arbeit zubringen; die am Dienstag zur Welt ge-
kommenen Kinder werden „großartige (geniale), aber nichtsnutzige"
(nagyszerü, de haszontalan) Menschen. Wer um Mitternacht, besonders am Samstag, geboren wird, der gelangt im Leben un-

verhofft zu großem Reichtum. Damit man das im Leben bevorstehende „Unglück" (balsors = linkes Loos, szerencsétlenség) des Neugeborenen wenigstens teilweise abändere, so pflegt
man im Kalotaszeger Bezirk kurz vor der Geburt in einen Fuß
des Bettes, worauf die Kreisende liegt, eine neue Nadel zu stechen
und dieselbe bis zum Tage nach der Taufe daselbst zu lassen;
dann untersucht man die Nadel und hält es für ein gutes Vorzeichen, wenn dieselbe rostig ist, denn dann ist ein Teil des dem
Kinde bevorstehenden Unglücks „als Rost auf die Nadel gefallen"
(a türe rozsdakép csapott); ist die Nadel aber rein und blank,
dann umgeht das Kind sein Loos nicht. Gut ist es, diese Nadel
von der Mutter in fließendes Wasser werfen zu lassen, dieselbe
aber vorher mit einem Teilchen der Nabelschnur des Kindes
zu umwickeln und die Worte zu sprechen: „Dann komm vor
meine Augen, wenn du zu einem Metallberg herangewachsen bist"
(akkor kerülj szemem elö, ha érczhegységgé nötted ki magad).
Eine solche Nadel legt man in manchen Ortschaften heimlich in
den Sarg eines Toten, indem man dabei glaubt, daß man damit
das Unglück des Kindes samt dem Verstorbenen begrabe. Oder
man läßt sie in der Kirche auf die Erde fallen und entfernt sich
rasch, damit man aus der Kirche früher hinaustrete, bevor jemand
die Nadel erblickt. Kann dies nicht so rasch geschehen und
wird die Nadel von jemandem erblickt, bevor man noch den
Ausgang der Kirche erreicht hat, so trifft das Kind noch mehr
Unglück. Bei unerwartetem Mißerfolg sagt man von der betreffenden Person: „Man hat seine Nadel gesehen" (meglátták tüjét).
In Südungarn pflegt in einigen Ortschaften der Vater und die
Hebamme gleich nach dem ersten Bade des Kindes ein Huhn zu
schlachten und dessen Gedärme so geschickt von einander zu
trennen, daß dieselben nicht ab- oder zerreißen, sondern eine
fortlaufende Schnur bilden. An wie viel Stellen dabei aber die
Gedärme zerreißen, d. h. eine Öffnung erhalten, durch welche
der Kot hervordringt, so viel schwere Unglücksfälle werden das
Kind treffen. Reißen die Gedärme entzwei, so lebt das Kind je
nach der Länge des in der Hand befindlichen, vom Cadaver los-
gerissenen Gedärmstückes, kurze oder lange Zeit. In Ortschaften,
wo sich noch die Sitte des Pflanzens eines Baumes bei Gelegenheit einer Familienvermehrung aufrecht erhalten hat, werden
diese Gedärme an die Stelle des anzupflanzenden Baumes ver

scharrt, das Huhn aber wird vom Vater und von der Hebamme verzehrt. Dies nennt man „Gedärmziehen" (bélhúzás). Von einem alten Menschen heißt es : „Man hat ihm ein langes Gedärm gezogen" (hosszu belet huztak neki). Wo noch diese Sitte vorherrscht, dort wirft man das Brustbein des Huhnes ins Feuer und prophezeit dann aus den schwarzen Punkten und Rissen desselben auf das Schicksal des Kindes. Je weniger schwarze Punkte und Risse, desto weniger Unglück trifft das Kind.

Kommt das Kind in der Embryonenhaut (burok) auf die Welt, so wird es außerordentlich viel Glück haben. „In einer Rosenhaut ward er geboren" (rósza burokban született), sagt man von einem überaus glücklichen Menschen. Diese Haut soll man versorgen, und wenn das Kind bereits nach Gegenständen zu haschen beginnt, so soll man einen Teil dieses Häutchens zu Pulver stoßen und des Kindes Hände damit bestreuen; wenn es zu gehen beginnt, bestreue man mit solchem Pulver seine Fußsohlen, und wenn es zu sprechen anfängt, seine Zunge, — dann wird es in allen Unternehmungen und überall auf der Welt glücklich sein. Daher die Redensart im Gömörer Comitat: „Er geht auf Glückspulver" (szerencse poron jár). Damit das Kind, wenn auch an unglücklichem Tage, so doch wenigstens zu einer glücklichen Stunde zur Welt komme, so setzt man in einigen Ortschaften (Magyar-Gorbó, Kis-Kapus, Nádas) eine brennende Kerze auf den Herd. Erlischt die Kerze unversehens, so wird das Kind ein kurzes und unglückseliges Leben haben. Damit dem an glücklichen Tage und zu glücklicher Stunde geborenen Kinde Hexen und „böse" Menschen das bevorstehende Glück nicht zerstören, so wird das erste Badwasser des Säuglings zur Hälfte auf einen Kreuzweg, zur Hälfte aber auf einen Weidenbaum gegossen. Am Kreuzweg nämlich rasten gerne um Mitternacht diese bösen Wesen und mit Weidenruten pflegen sie des Menschen gutes Loos zu binden (jó sorsát megbogozni). Hirse und Kürbiskerne streut man ins erste Bad, damit das Kind mehr Gutes als Schlechtes auf Erden erlebe. Bellt beim Taufgang ein Hund oder wiehert ein Roß, so gilt dieses für ein böses Vorzeichen; es heißt: „Der Teufel beneide des Kindes Glück" (a gyermek jólétét irigyli az ördög). In diesem Falle gebe man dem betreffenden Tiere ein Brotstück zu essen, das man vorher ins Badwasser des Kindes getaucht hat. Bei der Taufhandlung eines zu unglücklicher Zeit

geborenen Kindes sollen die Paten aufs Crucifix oder den Kelch
blicken; dadurch ändern sie wenigstens etwas am bösen Schicksal des Kindes ab.   Es heißt nämlich in einigen Teilen des Landes, daß dadurch der Teufel in Verwirrung gebracht werde, der
zu dieser Zeit „das Böse für das Kind bereite."
     Mit dem Glauben an die glückliche oder unglückliche Ge-
burtsstunde hängt auch die Tagwählerei zusammen. Am Dienstag und Freitag soll man keine neue Arbeit anfangen, denn
man hat Mißerfolg dabei: Kinder, an diesen Tagen erzeugt, gehören dem Teufel.   Am Sonntag soll man nicht nähen, spinnen
oder weben, denn man verrichtet diese Arbeiten für das Leichen-
kleid derjenigen Person, die man am meisten liebt.   Der dritte,
siebente und neunte Tag eines jeden Monates gilt für einen Un-
glückstag, an dem man nichts Bedeutendes unternehmen soll. Am
Weihnachtsabend, am Georgi- und Martinstage soll man nichts
verkaufen, denn man verkauft damit auch sein Glück.   Wer am
Johannnistage eine neue Arbeit beginnt, der „beginnt damit ein
neues Glück".   Zu Ostern und Pfingsten soll man begonnene Arbeiten beendigt haben, sonst wird man mit denselben kein Glück
haben.   Wer in der Charwoche einen Meineid schwört, dem
wächst die Zunge aus dem Grabe als Dornenstrauch hervor.   In
einigen Gegenden herrscht der Brauch, daß wenn der Namenstag
einer Person auf einen Freitag fällt, dieselbe etwas von ihrem
Blute und Speichel auf einen Lappen eines ihrer abgetragenen
Kleidungsstücke wischt und diesen Lappen dann verbrennt.   Es
heißt, daß die betreffende Person dadurch auch das ihr bis zu
dem Tage, wo ihr Namenstag wieder auf einen Freitag fällt, bevorstehende Unglück verbrenne.   Im Südosten Siebenbürgens
hängt man bei dieser Gelegenheit solche Lappen vor Sonnenaufgang an einen Baum.   Verschwindet der Lappen bis zum nächsten Sonnenaufgang vom Baume, so verschwindet auch das bevorstehende Unglück. —
     „Eine ganz ähnliche Bedeutung wie die Tagwählerei", sagt
Richard Andree (Ethnol. Parallelen 8), „hat der ‚Angang', der
nicht minder verbreitet ist.   Tier, Mensch, Sache, auf die man
früh morgens, wenn der Tag noch frisch ist, beim ersten Aus-
gange oder Unternehmen einer Reise stößt, bezeichnen Heil oder
Unheil und mahnen, das Begonnene fortzusetzen oder wieder auf-
zugeben."   Aus der Fülle des diesbezüglichen Volksglaubens will

ich nur einige Besonderheiten hervorheben; eine eingehende Be-
handlung dieses Stoffes würde für sich schon ein ganzes Buch
füllen. Ich will mich hier vorzüglich auf die Orakeltiere be-
schränken und das diesbezügliche, verstreute Material hier kurz
zusammenstellen, nachdem dasselbe uns am besten den Teil des
ungarischen Volksglaubens vorführt, der im Volksleben dazu berufen ist, um „die Causalität der Erscheinungen zu erforschen und
alles, was mit den Sinnen wahrnehmbar ist, nach dem etwaigen
Einfluß auf des Menschen eigenes Wohl und Wehe abzuwägen."
Der Glaube an Schicksals- und Angangstiere wurzelt tief im Volksglauben der Magyaren. Die ältesten Nachrichten über dies Volk
enthalten nicht gerade nur eine Stelle über diesen Glauben.

Aus den im Vorworte erwähnten Quellenschriften und meinen eigenen Sammlungen sind mir aus dem ungarischen Volksglauben folgende Angangs- oder Schicksalstiere bekannt:

Dem Fluge der Fledermaus soll eine schwangere Frau
nicht zusehen, denn ihr Kind wird „bösmäulig" (roszszáju) d. h.
es wird sein Leben lang Wunden am Munde haben. Fliegt die
Fledermaus um das Haus eines Kranken oder fliegt sie gar in die
Krankenstube herein, so stirbt der Sieche gar bald. Liebende
sollen beisammen nicht dem Fluge der Fledermäuse zusehen, „sie
hetzen sonst ihre Neider gegen ihr Verhältnis auf." Wenn Kalotaszeger Maide wissen wollen, ob sie dieser oder jener Bursche
liebt, so werfen sie ein Tuch hinauf in die Luft und denken dabei an einen bestimmten Burschen. Fliegt die Fledermaus dem
Tuche nach, so wird die Maid vom betreffenden Burschen geliebt. Kommen die Fledermäuse im Frühjahr zeitig aus ihren
Winterverstecken hervor, so wird der Sommer gar kurz sein.
Fliegen sie abends scharenweise herum, so ist anhaltend trockenes Wetter zu erwarten.

Katzenmiauen sollen Liebende nicht zuhören; ihre Neider
suchen ihr Liebesverhältnis zu zerstören. Begegnet man auf dem
Wege einer Katze, so wird man Mißerfolg haben. Kratzt die Katze
am Krankenlager, so stirbt der Kranke bald. In M.-Gorbó und
Umgebung glaubt man, daß wenn die Katze des Hauses plötzlich
verschwindet und nimmer zurückkehrt, ihren Besitzer das denkbar
größte Unglück trifft. Wäscht sich die Katze auf der Türschwelle,
so zeigt sie Gäste an. Raufende Katzen zeigen kaltes Wetter an.
Eine 7- oder 12-jährige Katze wird bisweilen in ein Weib ver-

wandelt und dient dann den Hexen (Ipolyi S. 243). Wer eine
Katze tötet, hat 7 Jahre lang kein Glück. „Er hat seine K. getötet, er hat seinen Essigkrug zerbrochen" (megölte macskáját,
eltörte eczetes kancsóját), sagt man von einem, den viel Unglück
trifft; und: „Er hat die Katze seiner Frau in den Wald getragen"
(Ar erdöbe vitte felesége mácskáját), heißt es von einem, dessen
Gattin treulos ist. Wer von Katzen träumt, der wird sich
bald ärgern.

Ein heulender Hund zeigt einen Todesfall an. Leckt er
einen Kranken, so wird derselbe bald gesunden. Scharrt der Hund
am Hause herum, so trifft das Haus ein großes Unglück. Lateinische Belege aus dem ungarischen Volksglauben für den Hund
als Wegtier s. bei Ipolyi S. 242. Ißt der Hund Gras, so wird
es regnen; wälzt er sich am Boden herum, so ist anhaltend schönes Wetter zu erwarten. Die Begegnung mit einem Hund gilt
für glückverheißend. Von Hunden zu träumen, bedeutet: Begegnung mit guten Freunden.

Wer einen Wolf zu ungewöhnlicher Zeit und an ungewöhn-
lichem Orte erblickt, der wird bald ein großes Glück haben.
Wolfsgeheul zeigt strenge Kälte an. Von Wölfen träumen, bedeutet: seine Feinde besiegen.

Der Fuchs als Angangstier bedeutet Unglück, Mißerfolg;
von einem Fuchs träumen, bedeutet: Schaden erleiden. „Der
Fuchs bellt vom Turme herab" (róka ugat a toronyról), sagt man
in Siebenbürgen (Bogártelke, Jegenye), wenn man mit der Glocke
eine Feuersbrunst anzeigt.

Wo ein Wiesel oder Iltis sich in der nächsten Nähe eines
Hauses zeigt, dort ist ein Todesfall zu erwarten. Begegnet einer
Schwangeren ein solches Tier, so soll sie ausspeien, sonst gebärt
sie ein elendiges (czudar), krankes Kind. Erblickt ein Kranker
solche Tiere, so wird er gar schwer gesund. Die Begegnung mit
diesen Tieren bedeutet stets Schlechtes; von ihnen zu träumen,
zeigt Zank und Hader an.

Wer einem Eichhörnchen begegnet, wird bald eine große
Freude erleben. Für einen Kranken bedeutet es baldige Genesung.
Auf ein Eichhörnchen soll man nicht werfen, denn aus Rache
legt es Feuer an.

Nisten Mäuse oder Ratten im Lager einer Schwangeren,
so wird sie ein krüppeliges Kind gebären, wenn sie ihren Aus-

wurf (Kot, Urin) nicht in ein Loch solcher Tiere steckt. Erscheint
ein solches Tier im Krankenlager, so stirbt der Kranke bald.
„Die Maus zieht das Stroh unter ihm heraus“ (szedi az egér
a szalmát alóla), sagt man in der Kalotaszeger Gegend von einem
Sterbenden. Nistet die Maus unter dem Herde, so wird man von
den Speisen der Köchin nie satt. „Es pfeifen die Mäuse, es heiratet der Pfarrer“ (czinczog az egér, házasodik a pap) sagt man
mit Bezug auf den Glauben, daß Maide, die in der Neujahrsnacht
Mäusepfeif hören, bald heiraten werden.

Ein über den Weg laufender Hase bedeutet Unglück; bei
einem Hochzeitszug „viel Elend im Eheleben“; beim Taufgang
Armut des Kindes; bei einem Leichenzug zeigt er den Tod eines
Verwandten des Verstorbenen an. Sieht ein Mäher den Hasen
davonlaufen, verdirbt leicht sein Heu. Von Hasen träumen, bedeutet Furcht und Schrecken.

Läuft ein Pferd an eine schwangere Frau heran, so bringt
sie ein starkes Kind zur Welt. Wälzt sich ein fremdes weißes
Pferd vor dem Tore, so stirbt bald der Hausherr, wenn er nicht
dreimal auf das Pferd spuckt und sagt: „Warum du gekommen bist,
von dem gebe ich dir ein Teilchen“ (a miért te jöttél, abból adok
egy részecskét). Läuft das Pferd gar in den Hof hinein, so heißt
es: das zuletzt verstorbene Familienmitglied sende das weiße Roß
nach einem seiner noch lebenden Verwandten. Man muß daher
soviel Mal auf einen Besen spucken, als es Familienmitglieder
giebt; dann legt man den Besen vor das Tor hin und treibt über
ihn hinweg das Pferd hinaus. Wer unverhofft stirbt, von dem
sagt man: „Das weiße Pferd hat ihm einen Schlag versetzt:“ (a
fehér ló megrugta). Wenn unter dem Fenster einer Krankenstube
ein Pferd wiehert, so wird der Kranke bald genesen. Begegnet
ein Hochzeitszug einem Pferde, so wird die Ehe gar glücklich
sein; beim Taufgang zeigt es langes Leben, Glück und Ehre für
den Täufling an. „Man hat ihn auf einem Pferde getauft“ (lóhá-
ton keresztelték), sagt man im Kalotaszeger Bezirk von einem
sehr alten Greise. Grasen die Pferde unruhig und heben sie dabei oft den Kopf in die Höhe, so naht ein Sturm. Von Pferden
zu träumen, bedeutet Freude.

Der Esel ist ein Unglückstier. Wer ihm begegnet, speie aus,
sonst wird er „an Leib und Gut Schaden erleiden.“ Schreit aber
ein Esel vor dem Hause eines Kranken, so wird derselbe bald

genesen. Von Eseln zu träumen, bedeutet Schaden. Schreit der
Esel oft, so ist Regen, Tauwetter zu erwarten.

Das Rind ist in jeder Beziehung ein glückverheißendes Tier.
Wer morgens Rindergebrüll vernimmt, der hört bald eine gute
Kunde. Begegnet man einem „freien" Rind, so hat man im Unternehmen Erfolg. Eine schwangere Frau, die einer ihr Kalb säu-
genden Kuh begegnet, wird leicht gebären; beim Taufgang bedeutet es „Reichtum" für den Täufling, beim Hochzeitszug dasselbe für das neue Ehepaar; bei einem Leichenzuge aber zeigt es
den nahen Tod eines Verwandten des Verblichenen an. Träumt
man von Rindern, so wird man bald große Freude erleben. Brüllt
ein Stier vor einem Krankenhause, so stirbt der Kranke bald.
Stirbt jemand unverhofft, so sagt man: „Der schwarze Stier hat
ihm auf die Zehen getreten" (a fekete bika lábujjára hágott), oder:
„Der schwarze Stier hat ihn gestoßen" (a fekete bika megdöfte),
oder: „Der schwarze Stier hat ihn auf die Hörner genommen"
(a. f. b. szarvára vette) [vgl. dazu Grimm 631]. „Der schwarzen
Kuh ist er noch nicht auf die Ferse getreten" (nem hágott még
a fekete tehén sarkára), heißt: er hat noch kein großes Unglück
gehabt. Schnuppern die Rinder in der Luft herum und lecken
sie sich, so hat man Unwetter zu erwarten, ebenso wenn sie mit
den Vorderfüßen die Erde scharren; kehrt die Herde abends gar
schwer heim, so wird schönes Wetter eintreten. Lateinische Belege aus dem ungar. Volksglauben für das R. als Wegtier s. bei
Ipolyi a. a. O. S. 242.

Schaf und Ziege gelten für glückbringend. Wenn vor
einem Wanderer eine Schafherde scheu davonrennt, so hat er
keinen Erfolg in seinem Unternehmen; grast sie aber ruhig weiter,
so wird er Glück haben. Begegnet ein Hochzeitszug einer Schafherde, so wird das Ehepaar reich werden. Ein Kranker wird
bald genesen, wenn sich ihm Schafe oder Ziegen nähern. Weiden
diese Tiere gar hastig oder kämpfen die Z. mit einander, so ist
Sturm und Gewitter zu erwarten. Schnuppern die Z. in der Luft
herum, so tritt Kälte ein. Träumt man von diesen Tieren, so
gelangt man durch Heirat, Erbschaft u. s. w. zu Geld.

Begegnet man einem Schwein auf fremdem Gebiet, so wird
man Unannehmlichkeiten haben. Begegnung eines Schweines
beim Hochzeitsgang deutet „Elend in der Ehe" an; beim Taufgang die „Armut" des Kindes. Grunzen die Schweine in der

Christ- oder Neujahrsnacht oft und laut, so ist ein unfruchtbares
Jahr zu erwarten. Scharrt das Schwein vor dem Hauseingange,
so soll man es mit Salzwasser begießen, denn „es gräbt jemandem das Grab.“ Laufen die Schweine unruhig herum, so wird
es bald regnen; liegen sie lange im Kote, so dauert die schöne
Witterung lange an. Wer von Schweinen träumt, der wird mit
Feinden zu tun haben.

Maulwurfshügel in der Nähe des Hauses bedeutet den
Tod eines der Bewohner. Man scharre daher soviel glühende
Kohlen in den Hügel ein, als das Haus Bewohner hat. Wirft der
Maulwurf viele Hügel auf, so tritt anhaltend heißes Wetter ein.
Wer von M. träumt, der wird Streit und Zwist haben.

Wer bei wichtigen Unternehmungen Raubvögel sieht, der
wird keinen Erfolg haben. Sieht ein Kranker Raubvögel mit der
Beute davonfliegen, so spucke er aus, sonst „fliegt auch seine
letzte Kraft von dannen.“ Schreit ein Raubvogel über einem
Hochzeitszuge, so wird die Ehe voll Zank und Zwist sein. Schwebt
der R. hoch oben, so giebt es warmes Wetter; schreit er oft, so
naht Sturm. Von R. zu träumen, bedeutet Schaden.

Wer am Tage eine Eule erblickt, der kehre von seinem
Gange um, denn er wird Unglück haben. Schreit die Eule in
der Nähe eines Kranken, so ruft sie : „Ki vidd!“ (Trag' ihn hinaus, nämlich auf den Friedhof.) Schreit die Eule viel, so ist
schönes Wetter zu erwarten. Wer von Eulen träumt, der verliert
bald einen Verwandten durch den Tod.

Für Reisende zeigt Rabengekrächze Unglück an. Fliegen
Raben rechts auf, so hat man Erfolg, fliegen sie links auf, so hat
man Schaden zu erwarten. Schreit der Rabe auf einem Krankenhause, so wird der Sieche seine Gesundheit nicht so bald erlangen. Krächzen Raben über dem Hochzeitszuge, so wird das Ehepaar oft von Feinden zu leiden haben. Kehren die Raben laut
krächzend und dichtgeschaart zu ihren Schlafstätten zurück, so
ist Unwetter im Anzuge. Ziehen diese Vögel im Winter südwärts,
so wird es spät Frühling werden. Wer von Raben träumt, den
trifft bald ein Verlust.

Schreit die Elster in der Nähe des Hauses, so kommen
Gäste dahin. „Es schreit die E., es kommen Gäste ins Haus“
(csörög a szarka, vendég lesz a házba). Sitzt die E. auf einem
Krankenhause, so wird der Kranke bald genesen. Zanken sich

Elstern in der Nähe des Hauses, so giebt es Zank und Streit.
Fliegen E. beim Hochzeitszuge auf, so wird die Ehe unglücklich
sein; beim Leichenzug bedeutet ihr Flug, daß es im Dorfe bald
wieder eine Leiche geben wird. Putzen die Elstern viel ihr Ge-
fieder, so kann man auf schönes Wetter hoffen. Wer von Elstern
träumt, der wird bald eine Überraschung haben. „Von polnischen
berittenen Soldaten", sagt Ipolyi S. 247, „erfuhr ich, daß man
den ausgestopften Balg einer Elster im Pferdestall aufhängen soll,
um die Pferde vor Schaden zu bewahren."

Staare sind glückverheißende Vögel. Nisten die St. zeitig
im Frühjahr, so ist ein fruchtbarer Sommer zu erwarten; fliegen
sie morgens scharenweise herum, so ist Unwetter im Anzuge
begriffen.

Der Sperling spielt nur als Wetterprophet eine Rolle im
ungarischen Volksglauben. Zwitschert er im Winter laut, so tritt
Tauwetter ein; trägt er Stroh u. dgl. in sein Nest, so ist sehr
große Kälte zu erwarten.

Wer im Lenz die erste Lerche rechts auffliegen sieht, wird
im Sommer viel Freude erleben; links auffliegende L. zeigt Trauer
im Sommer an. Schwebt die singende L. lange oben in der Luft,
so hält das schöne Wetter lange an.

Die Schwalbe ist „Gottes Vogel". Wer ein Schwalbennest
zerstört, dem brennt das Haus ab; wer eine Sch. tötet, dessen
„Hand trifft ein Fluch", denn was er beginnt, das mißlingt ihm
so lange, bis der Leib der getöteten Sch. nicht „zu Staub wird".
Fliegt die Sch. in eines Kranken Stube herein, so bringt sie ihm
die Genesung; fliegt sie in ein Hochzeitshaus, so wird das Ehepaar überaus glücklich. Sieht man im Lenz die erste Sch., so
grüße man ihr, dann hat man Glück im Sommer. Setzt sie sich
aufs Fenstergesims eines Burschen oder einer Maid, so ist jemand
heimlich in die betreffende Person verliebt. Hochfliegende Sch.
zeigen angenehmes Wetter an; wer von Sch. träumt, vernimmt
eine freudige Nachricht.

Klopft ein Specht am Dache, so „klopft er Gäste herbei"
oder zeigt Familienvermehrung an. „Es klopft der Specht, böser
Gast, weiter geh'!" (kopogtat a harkály, gonosz vendég odább
állj), lautet ein Kinderreim. Dem rotköpfigen Sp. soll man kein
Leid zufügen, denn er könnte das Haus des Betreffenden anzünden. Wenn Liebende beisammen einen Sp. erblicken, so sollen

sie sich zur Hochzeit rüsten, denn ihrer Vereinigung wird nichts
im Wege stehen. In Gycrö-Monostor und Umgebung singen die
Kinder, wenn sie einen Sp. sehen, also:

Mártonka, Mártonka,	Martinchen, Martinchen,
Gyere lakadalomba,	Komm' zur Hochzeit!
Adunk neked virágot,	Wir geben dir Blumen,
Hozzál neklink kalácsot!	Bring' uns Kuchen!

Hopf („Tierorakel und Orakeltiere“ S. 146) erwähnt, daß man
in Deutschland den Specht auch Martinsvogel nenne und glaube,
daß er die sogenannte „Springwurzel“ besitze, mit der man den
Venusberg öffnen kann (vgl. Simrock, D. Myth. 358, 380: Gu-
bernatis, Tiere in der indog. Myth. 543).

Wer den Kuckuck im Lenze zum ersten Mal rechter Hand
rufen hört, der bleibt im Laufe des Sommers gesund; wer ihn
links rufen hört, der wird krank den Sommer zubringen. Jeder
Kuckuckruf, den die Maid im Frühjahr zum ersten Mal hört, bedeutet ein Jahr bis zu ihrer Verehelichung. Zählt eine schwangere Frau die ersten Kuckuckrufe im Jahre und ist die Anzahl
derselben paar (2, 4, 6 u. s. w.), so wird sie einem Knaben das
Leben schenken; sind sie paarlos (3, 5, 7 u. s. w.), so bringt sie
ein Mädchen zur Welt. Ein Mann, der die Treue der Gattin be-
zweifelt, soll ihr Kuckuckseier in die Speisen mischen, und wenn
die Gattin ihm treulos ist, so wird sie im Schlafe alle ihre Fehl-
tritte ausplaudern. Wenn der K. sich ins Dorf verirrt, so stirbt
jemand. Ruft er noch spät abends, so ist schönes Wetter
zu erwarten.

Wer beim Ausgehen Tauben fliegen sieht, hört bald etwas
Angenehmes. Dasselbe bedeutet das Girren der Turteltaube. Wer
von T. träumt, der wird mit Freunden eine willkommene Begegnung haben. Girren die T. oft und anhaltend, so wird es
bald regnen.

Legt eine schwarze Henne ein weichschaliges Ei, so soll
man es mit dem Besenstiel zerschlagen, denn es zeigt an, daß
unter einem der Hausleute „die Erde weich geworden sei“ (a
föld meglágyult alatta), d. h. er sterben werde. Auf schwarze
Hühnerfedern, die am Kreuzwege liegen, soll man nicht treten,
denn dann stirbt man noch in dem Jahre. Wer schon drauf-
getreten, der werfe die Federn in fließendes Wasser und spreche:
„Kommt dann vor meine Augen, wenn euch der Tau weiß gewa-

schen hat." Wenn eine fremde Henne sich ins Haus einer
schwangeren Frau verirrt, so wird letztere leicht gebären ; begegnet der Hochzeitszug einer Gluckhenne, wird die Ehe an
Schätzen und Kindern reich sein. Legen sich die Hühner zeitig
nieder, so wird die Nacht stürmisch oder kalt sein; wälzen sie
sich im Staube, so ist anhaltend warmes Wetter zu erwarten.
Wer von H. träumt, der erhält bald Geschenke; träumt man von
einem Hahne, so zeigt dies Feuersgefahr und Schaden an. „Den
roten Hahn aufs Dach setzen" (vörös kakast a házra feltenni),
kennt man auch im Ungarischen.

Wie viel Schläge die Wachtel, die man im Lenze zum ersten
Mal rufen hört, macht, so viel Unfälle erlebt man im Sommer.
Schlägt die W. am Abend oft, so ist anhaltend schönes Wetter
zu erwarten.

Nistet ein Storch auf dem Dache, so bringt er Segen ins
Haus. Wer sein Nest zerstört, dessen Haus steckt er in Brand.
Wer den ersten Storch im Jahre auf einem Beine stehen sieht,
der wird im Jahre mehr Schaden als Nutzen in seinen Unternehmungen haben. Sieht eine schwangere Frau den ersten St. rechts
auffliegen, so wird sie einen Sohn gebären; links auffliegender St.
zeigt ihr die Geburt eines Mädchens an. Sieht man während des
Hochzeitszuges einen St., so wird die Ehe glücklich sein. Steht der
St. am Abend auf einem Bein im Neste, so ist Unwetter im Anzuge; trägt er Stroh u. dgl. ins Nest, so ist Sturm zu erwarten.
Wer von St. träumt, der hört bald eine freudige Nachricht. Lateinische Belege s. b. Ipolyi a. a. O. S. 245.

Wohin eine Gans hinfliegt, dahin gelangt eine schlimme
Nachricht. Begegnet man beim Taufgang Gänsen, so wird das
Kind im Leben viel durch üble Nachrede zu leiden haben; das-
selbe gilt beim Hochzeitszuge. Baden sich die Gänse mit großem
Lärm, so wird es bald regnen. Träumt man von G., so erfährt
man eine üble Nachricht.

Wer die erste Schlange oder den ersten Frosch im Jahre
rechter Hand erblickt, der wird im Jahre Erfolg haben; wer sie
links erblickt, der wird viel Ungemach erleben. Wenn die Kinder
einen Frosch erblicken, so decken sie ihren Mund mit der Hand
zu. Es heißt, der F. zähle bei geöffnetem Munde die Zähne ab,
die dann dem Menschen ausfallen. Erscheint eine Schlange oder
ein Frosch im Hause, so ist ein Unglück im Anzuge. Hausschlangen

soll man nicht vertreiben, denn man vertreibt damit auch sein Glück. Überzieht man einen Stab mit einer vor dem Georgstage gefundenen Schlangenhaut, so kann man mit diesem Stabe selbst Eisen zerbrechen. Wo eine Schildkröte erscheint, dort ist das denkbar größte Unglück zu erwarten, wenn man das Tier nicht sofort ins Feuer wirft. Man erzählt sich, daß Jesus einmal als Bettler zu einer Jüdin kam. Damit diese ihm kein Almosen geben müsse, so kroch sie unter den Backtrog und lehrte ihr Töchterlein, dem Bettler zu sagen, daß niemand zu Hause sei. Jesus meinte: „Wenn niemand zu Hause ist, so soll auch niemand hervorkriechen!" Da kroch die Jüdin als Schildkröte hervor... Sieht ein schwangeres Weib eine Schildkröte oder einen Frosch, so speie es aus, sonst lernt das Kind schwer gehen. Wenn Liebende beisammen sind und ein solches Tier erblicken, so sollen sie es wo möglich töten; damit machen sie auch einen ihrer Neider unschädlich. Zeigt sich ein solches Tier in der Nähe eines Kranken, so wird derselbe schwer gesunden. Wer von ihnen träumt, der wird durch Feinde Schaden erleiden.

Schwimmende Fische soll ein schwangeres Weib nicht anblicken, denn das Kind lernt schwer sprechen. Wer von Fischen träumt, wird raschen Erfolg haben.

Krebse sehen oder essen soll keine schwangere Frau; ihr Kind lernt schwer gehen. Sieht man unerwartet K., so wird man Mißerfolg haben. Wer von K. träumt, wird Schaden erleiden.

Will man erfahren, ob das neugeborene Kind lange leben wird oder nicht, so legt man ein Stück von der Nabelschnur vor Sonnenaufgang auf einen Ameisenhaufen. Wenn die Ameisen bis Sonnenuntergang dies Stückchen weggeschleppt haben, so wird das Kind ein langes Leben haben. Ameisenhaufen im Hause zeigt den Tod eines der Bewohner an; deshalb schlage jeder der Hausbewohner sein Wasser auf den Ameisenhügel ab und spreche dabei: „Jetzt gebe ich dir nur einen Teil meines Körpers" (most testem csak egy részét adom neked). Wenn am Körper des Menschen, besonders auf der Hand eine Ameise herumläuft, so gelangt man unverhofft zu Geld. Kriecht ein solches Tierchen am Kranken herum, so gesundet er bald; kriecht es am Hochzeitstage auf der Braut herum, so wird sie in der Ehe reich werden. Wer von Ameisen träumt, der wird Geld, Geschenke erhalten.

Auf wen sich eine spanische Fliege (Cantharide) setzt, der
wird sich in Liebeshändel verwickeln.

Wenn eine Schwangere von Bienen oder Wespen gestochen wird, so gebärt sie ein schwatzhaftes, falsches Kind.
Einem Bienenschwarm zu begegnen, gilt für böses Vorzeichen.
Fliegt ein solches Tierchen auf eine Braut, so wird dieselbe viel von Wi-
dersachern zu leiden haben. Für einen Kranken bedeutet dies
langes Siechtum. Bauen Wespen am Hause oder in dessen Nähe
ein Nest, so zeigt dies Feuersbrunst oder Todesfall an. Solches
Nest soll man durch Fremde zerstören lassen; tut es einer der
Hausleute, so „verwelkt" (elfonyad) seine Hand, sie wird gelähmt.
Wenn abends im Korbe die Bienen laut summen, so giebt es an-
haltend schönes Wetter. Von W. oder B. zu träumen, bedeutet:
Begegnung mit Feinden.

Wenn wir erfahren wollen, ob eine gewisse Person uns den
Tod wünscht oder nicht, so nehmen wir das sogenannte „Spinn-
gewebe-Werfen (pókháló-vétés) vor. Einige Haare der betreffenden Person werden behutsam ins Gewebe einer Spinne gelegt.
Entfernt dieselbe die Haare bis zum dritten Morgen aus dem Gewebe, so wünscht die betreffende Person uns den Tod. An
wessen Körper morgens eine Sp. herumläuft, der wird einen
schlechten Tag haben; abends bedeutet dies: eine gute Nachricht. Arbeitet die Sp. fleißig an ihrem Netze, so ist Regen im
Anzug. Wer von Sp. träumt, der wird Ärgernis haben.

Ist der erste Schmetterling, den man im Lenze erblickt,
weiß, so wird man im Jahre Glück haben; ist er schwarz, so
steht einem viel Ungemach bevor. Setzt sich ein weißer Sch.
auf einen Kranken, so gesundet er : ein schwarzer aber zeigt noch
langes Siechtum an. Ein weißer Sch. in der Stube zeigt gute,
ein schwarzer aber schlimme Nachricht an. Wer von Sch. träumt,
der kommt bald in lustige Gesellschaft. —

Die gelegentliche, vom Augenblick eingegebene, später tra-
ditionell vererbte Verwendung von Tieren zu Orakelzwecken, ist
wie Hopf in seinem erwähnten Werke ausführlich dargelegt hat,
zu allen Zeiten und bei allen Völkern die ursprüngliche Form der
Tierorakel gewesen. Aus dem Erscheinen und Benehmen gewisser Tiere wird auf kommende Ereignisse, auf das zukünftige
Schicksal geschlossen, ein Vorgang, den wir bei allen Völkern,

wenn auch nicht .in vollkommen übereinstimmender Form vorfinden, bei denen nämlich Orakeltiere und Tierorakel im Volksglauben eine Rolle spielen.

*   *   *

So weit uns die alten Geschichtsquellen einen Einblick in
das innere Leben der alten Magyaren gewähren, läßt sich mit
aller Bestimmtheit sagen, daß das Magyarenvolk vor der Annahme
einer positiven Religion eine Naturreligion besessen habe, deren
wichtigster Kern und Mittelpunkt der Opferdienst gewesen ist,
der sich bis auf den heutigen Tag in seinen allerletzten Rudi-
menten erhalten hat. „Die dargebrachte Opfergabe ist", wie
F. S. Krauß (a. a. O. S. 148) dies so schön auseinanderlegt,
„ein Zeichen der menschlichen Abhängigkeit vom unergründlich
launischen Willen der gefürchteten unsichtbaren Mächte, eine Be-
stechung, um Schutz und Hilfe bei den menschenfeindlichen un-
faßbaren Wesenheiten zu gewinnen und in letzter Reihe auch
die Abtragung einer untertänigen Dankesschuld für eine erlangte
Förderung menschlichen Wohlstandes. Ehrfurcht hegt erst der
ausgereifte Culturmensch vor der Gottheit, der Naturmensch
mehr Furcht als Ehrerbietung . . . Das Opfer und die das Opfer
einleitenden Beschwörungen, durch die man üble Ereignisse
abzuwenden und glückliche herbeizurufen strebt, dienen durch
die Beziehung, in welche sie zu den übersinnlichen Mächten treten, auch zu Divinationszwecken. Als vorzüglich geeignet dazu
erscheint das Festopfer an hohen Feiertagen, wo die Gottheiten in günstigster Stimmung sein müssen ob der vielen Er-
kenntlichkeitsbeweise der Menschen. Die Wahrsagung aus Fest-
opfern fußt auf der Überzeugung, daß die Überirdischen in für-
sorglicher Anerkennung der ihnen erwiesenen Huldigungen und
dargebrachten Gaben, mittelbar durch besondere Zeichen auf den
Gaben ihren Willen kundtun und den Menschen helle Einblicke in die Gestaltung der zukünftigen Schicksale gewähren
wollen."

In den meisten Gegenden schnitzelt sich der Hausvater in
der Christwoche, d. h. neun Tage lang vor Weihnachten den sogenannten Lucza-szék (Lucia-Stuhl). Dies sind drei Dreiecke,

von denen jedes aus drei Teilen zusammengefügt ist und die
mit einander verbunden folgende Figur ergeben. Aus neun
Teilen besteht also diese Figur und
jeder Teil ist aus einer anderen Holz-
art geschnitzt. Diese Figur wird in der
Weihnacht während des mitternächtlichen Läutens in den Viehstall vergraben, damit das Vieh das ganze
Jahr hindurch von Hexen und Zau-
berinnen nicht zu leiden habe. Beim
mitternächtlichen Geläute soll man
Äpfel und Nüsse über den Hofraum werfen, dadurch bewahrt
man sein Haus vor Krankheit. Wer zu Weihnachten einen Apfel
oder eine Nuß von der Erde aufhebt, der bekommt eitrige Wunden am Leibe. In der Christnacht legt man einen Korb mit Heu
angefüllt unter den Tisch. Unter das Heu werden verschiedene
Aussaatfrüchte in den Korb gelegt und dann begiebt man sich
zur Kirche. Es heißt, dann komme das Christkindlein heran,
raste auf einige Augenblicke im Korbe und segne den Inhalt desselben. Von diesem Heu gedeiht der Viehstand, vom Getreide
das Geflügel. Ein Teil von diesen Früchten wird ins Herdfeuer
geworfen, ein Teil aber unter die zur Aussaat bestimmten Feldfrüchte gemengt, damit „Gottes Segen reichlich sei" (hogy isten
áldása bőséges legyen).

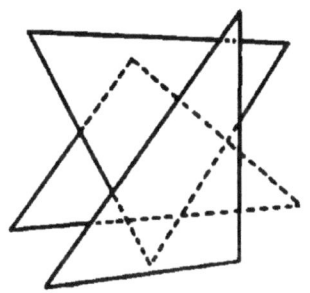

Einen eigentümlichen Brauch beobachtet die ungarische Bevölkerung im Nordwesten Siebenbürgens am Weihnachtsabend.
Haare vom Haushunde werden zu Pulver verbrannt und in den
Brunnen geworfen, wobei der Betreffende schwört: „Wenn Überschwemmung meiner Aussaat keinen Schaden zufügt, so soll
selbst mein Hund fett werden! So helfe mir Gott!" (Ha árviz
nem tesz kárt vetésemben, ugy még a kutyám is meghizzék! Ugy
segitsen isten!) An vielen Orten verbrennt der Hausvater am
Christabend im Herdfeuer Geflügelfedern, besonders Gänse-
federn und spricht dabei: „Wenn mich kein Feuerschaden trifft,
so teile ich mein Brot mit meinem Kleinvieh = Geflügel!" (Ha
tüzkár nem esik meg rajtam, ugy kenyeremet megosztom apró
jószágommal!) Hier handelt es sich also um ein Gelübde. Ob
dies mit dem Brauch der alten Magyaren zusammenhängt, die
. bei „Hund und Wolf" schworen. und der Meineidige Iudas (Gäns-

sige, zur Gans gehöriger) genannt wurde, — das wage ich nicht
zu entscheiden und verweise nur auf die (besonders lateinischen)
Belege bei Ipolyi (S. 545 ff.). „Der Mensch macht ein Gelübde,
der Hund hält es" (ember teszen fogadást, kutya megtartja), sagt
das Sprichwort.

An vielen Orten wird neun Tage vor Weihnachten Getreide
in einen mit Erde gefüllten Napf gesät und aus dem Keimen und
der Höhe desselben am Christtage der Erntesegen des kommenden Jahres prophezeit. Den Napf wirft man dann samt dem Getreide
in ein fließendes Wasser, damit die Feldfrüchte durch „Hagel und
Wasser" nicht vernichtet werden. Von den Slaven entlehnt scheint
mir der Brauch der Früchteabkochung (s. F. S. Krauss a. a. O.
165). Am Weihnachtsabend wird ein Topf mit Feldfrüchten und
Honig oder Zucker übers Feuer gesetzt und abgekocht. Der Topf
bleibt über Nacht am Feuer. In katholischen Gegenden trägt man
zur Mitternachtsmesse in einem Fläschchen Wasser in die Kirche,
das man bei der Heimkehr in den Topf gießt. Ist in der Früh
der Brei aufgequollen, so wird die Familie im selben Jahre Glück
haben; hat er Risse und Sprünge, so steht Unglück, Todesfall
u. dgl. bevor. Von diesem Brei muß jedes Familienmitglied essen,
damit es im Jahre vor Krankheit bewahrt werde. Dieser Brauch
herrscht in den südlichen Gegenden des Landes vor.

Findet man zu Weihnachten auf der Straße ein Geldstück,
so soll man dies ins Feuer werfen, dann wird man das ganze
Jahr hindurch Geld haben. Am Weihnachtsabend schneidet die
Hausfrau in einigen Gegenden einen Espenzweig vom Baume
und läßt das eine Ende desselben im Feuer verkohlen. Ist die
Glut an diesem Stabe erloschen, so berührt sie mit demselben
ihre Hennen, damit sie mehr legen sollen, den Stab aber wirft
sie dann in ein fließendes Wasser. Es heißt nämlich, als man
Christus kreuzigen wollte, so fand man keinen Baum, der ihn
tragen konnte. Jedes Kreuz brach unter ihm zusammen, denn
er hatte alle Bäume in den Bann getan (megigézte), nur auf die
Espe hatte er vergessen. Als man ihn schließlich an ein Kreuz
aus Espenholz schlug, so brach dasselbe unter ihm nicht zusammen. Seit der Zeit „weint" (sir) der Espenbaum .... In Mittelungarn macht man zu Weihnachten aus Espenholz den sogenannten czolonk (Keil). den man am bloßen Leibe trägt, um
gegen Hexen und Teufel gefeit zu sein, um Glück zu haben, um

das vorherbestimmte Schicksal abzuändern. Den alten czolonk,
d. h. den man vor einem Jahre gemacht hat, den verbrennt man
und schüttet die mit Milch gemengte Asche desselben in den
Viehstall. Die letzten Worte des Szigetvárer Helden Nikolaus
Zrinyi sollen nach Graf Nicolaus Bethlen's Aufzeichnungen
gewesen sein: „Schändlich ist mit mir verfahren das Schwein;
aber sieh da! ein Holz — das er auch während einer Schlacht
stets in der Tasche bei sich trug — stillet damit der Wunde
Blut, dies ist dazu sehr gut!" (Rutul bánék velem a disznó, de
ihol egy fa - melyet csatákon is magával hordozott zsebében —
állítsátok meg a sebnek vérét vele, ez arra igen jó). Oft bespritzt
man diesen czolonk mit seinem Blute, verbrennt ihn zu Asche,
die man derjenigen Person auf die Kleider streut, deren Liebe und
Anhänglichkeit man sich erwerben will.

Die Speiseabfälle (Knochen, Brotkrumen u. dgl.) des Weihnachtstisches soll man sorgfältig ins Feuer werfen, denn die Hexen
machen daraus allerlei Zaubermittel. Solche Brotkrumen u. s. w.
spielen bei Zaubereien eine große Rolle. 1730 starb in Bátor-
falva (Honter Comitat) plötzlich ein gewisser Adam Géczy. Als
man im Bette seiner Gattin nachsuchte, fand man daselbst zwei
Geldstücke, Brotkrumen, Sargbretter, Mäuseknochen u. s. w. (Das
Aktenstück befindet sich im ung. Landesarchiv. Limbus II, s. „Ethnographia" II, 356). In manchen Ortschaften werden diese Speiseabfälle in einen Teig geknetet, aus dem man eine Menschen-
gestalt formt und dieselbe mit den Worten: „Esset, schöne Frauen!"
(Egyetek szépasszonyok = Feen) [S. Abschn. 1] in den Backofen bringt, wo man sie beim nächsten Brotbacken verbrennt.
Knochen, die vom Weihnachtsmahle übriggeblieben sind, werden
in manchen Ortschaften ins Herdfeuer geworfen, und aus der
Farbe und den Rissen, welche dieselben in der Glut erhalten,
wird auf kommendes Glück oder Unglück geschlossen; ein Brauch,
der sich fast bei allen Völkerschaften Ungarns vorfindet.

In der Neujahrsnacht lege man Salz, Pfeffer und Knoblauch in einen Napf und vergrabe denselben neben dem Hause,
dann wird man das ganze Jahr hindurch Glück haben. Will
man sich das Glück einer Person aneignen, so stehle man in der
Neujahrsnacht von ihrem Düngerhaufen Mist, lege ihn hin auf
den eigenen Düngerhaufen und klopfe ihn dann sieben Mal mit
einem Stabe. Am Neujahrstage fege man die Stube so, daß man

den Kehricht von der Türe in das Zimmer zu kehrt und nicht gegen die Türe. Will man das im neuen Jahre bevorstehende Unglück wenigstens etwas „leichter" machen, so ritze man mit einem neuen Messer ein Kreuz auf den Herd, stelle darauf ein Glas Wasser und werfe drei glühende Kohlen nach einander hinein. Zuerst lege man die erste Kohle neben das Glas, mache ein Kreuz in der Luft über sie, bedecke sie dann mit der Handfläche und sage: „Kommt das Unglück vom Schwarzen, so falle es auf das Schwarze" (ka a szerencsétlenség feketéröl jön, szálljon a feketére); dann werfe man die Kohle ins Wasser, worauf man die zweite nimmt und desgleichen tut, dabei aber sagt: „Wenn vom Blauen, so falle es auf das Blaue" (ha kékröl, szálljon a kékre). Bei der dritten Kohle sagt man: „Wenn vom Gelben, so falle es auf das Gelbe" (ha sárgáról, szálljon a sárgára). Dann nimmt man das Glas zur Hand und gießt den Inhalt desselben auf der Schwelle der Eingangstüre (Haupttüre) stehend mit geschlossenen Augen zum Teil aus der Stube, zum Teil in die Stube, zum Teil aber auf die Schwelle. Befinden sich nun mehr Kohlen außerhalb der Stube als in derselben oder auf der Schwelle, so hat man sein Schicksal für das kommende Jahr zum Guten gewendet.

Im Honter und Nográder Comitat macht die Jugend am Palmsonntag einen Strohpopanz, kisze genannt, der auf den Hatert der Nachbargemeinde getragen wird, damit die Feldfrüchte vom Hagel verschont werden. Dies nennt man „Fastenaustragen" (böjtkivitel). Ipolyi erklärt (S. 296) das Wort kisze also: kisze bedeutet eine sauere Fastensuppe; in einigen Dialekten heißt es auch: Sauergesicht, Krummmaul, Struwelkopf u. s. w. Wer vom Stroh dieses Popanzes sich einen Halm heimlich aneignet und ihn verzehrt, der bleibt nicht nur das ganze Jahr hindurch gesund, sondern er fesselt auch das Glück an sich. In einigen Ortschaften müssen die Maide, welche im Fasching nicht geheiratet haben, zur Strafe einen Baumstrunk durch das Dorf ziehen, wobei sie mit Wasser begossen werden. Wer von diesem Strunke ein Spänchen abhauen kann und es in sein Herdfeuer wirft, der ist vor Feuersgefahr für das Jahr gefeit (szüsz marad = er bleibt jungfräulich, keusch). Aus dem Knistern dieser brennenden Spänchen prophezeit man auf Glück oder Unglück, von dem das Haus im Laufe des Jahres betroffen wird. In einigen

Gegenden werden am Aschermittwoch die erwachsenen Knaben zu Burschen geweiht, indem jeder von ihnen sechs Stockhiebe erhält, worauf eine Flasche mit Wein in die Erde vergraben wird. Dies nennt man **bögö temetése** = Begräbnis des Brüllenden. Der brüllende, weinende Knabe wird durch seine Aufnahme in den Kreis der Burschen gleichsam begraben; er ist nicht mehr ein Knabe, der weint, sondern von nun an ein Bursche. Bögö heißt im Ungarischen auch Baßgeige, und Ipolyi denkt bei der Erklärung dieses Brauches (S. 299) ganz unrichtig an ein Begräbnis der Baßgeige, welch' letztere seiner Meinung nach in neuerer Zeit durch die Weinflasche ersetzt wird. Am nächsten Aschermittwoch wird diese Flasche herausgegraben, und wer einige Tropfen Wein auf seine Hände gießt, der wird von Krankheit und Ungemach ein Jahr lang verschont bleiben. Ist der Inhalt der Flasche aber vertrocknet, so trifft die Burschen, bei deren Aufnahme man die Flasche vergraben hat, im Leben ein sehr großes Unglück.

Am Gregorstage (12. März), wo die Schulkinder mit hölzernen Flinten und Säbeln bewaffnet, von Haus zu Haus Gaben bettelnd gehen, ist es gut, auf dem Acker Geflügelknochen zu vergraben, damit die Saat vor Vogelfraß bewahrt werde; neben das Wohngebäude aber soll man ein an diesem Tage gelegtes Ei in die Erde einscharren, um das Haus vor Krankheit zu feien. An diesem Tage, ebenso am dritten Weihnachtstage versetzen die Kinder den Hausleuten mit Ruten u. s. w. gelinde Schläge, um „die Krankheit aus ihnen herauszuklopfen" (a betegséget kipalni), wobei sie die Worte hersagen: „David, David! es mag dir zur Gesundheit reichen" (D. D.! váljék egészségére). Ob darunter der heil. David gemeint ist oder nicht, konnte ich nicht erforschen.

Über die Johannisfeuer und das Überspringen derselben haben wir schon (Abschn. II S. 41) gesprochen.

Maibäume, die am ersten Mai oder am Pfingsttage vor die Häuser gestellt werden, kennt auch der ungarische Volksbrauch, ebenso den Umzug des Pfingstkönigs oder der Maikönigin. Lateinische Urkunden darüber s. bei Ipolyi a. a. O. S. 302. Mit dem Schicksalsglauben hängen diese Maibäume nur insoweit zusammen, daß man in den östlichen Teilen Siebenbürgens, in den Ortschaften der Szekler bei dieser Gelegenheit vor das Haus kranker Leute Lindenzweige einsetzt, aus deren Rinde man nach drei Tagen mit Zucker, Zwiebel und Hanfsamen einen Brei kocht, dessen Hälfte der Kranke verzehrt, die andere Hälfte aber in fließendes Wasser wirft, damit seine „Krankheit wegfließe, seine Gesundheit wiederkehre." Den Maibaum soll man im Herdfeuer verbrennen, damit man das Jahr über vor Hungersnot bewahrt bleibe. Die Brunnenschwengel soll man an diesen Tagen auch mit Zweigen bekränzen, damit keine Dürre eine Mißernte verursache. —

Bei allen wichtigen Angelegenheiten sucht man das „Schicksal" (végzet) zu erfahren oder das bevorstehende Schicksal nach Kräften abzuändern. Damit die Hexen und andere bösen Wesen das dem Kinde von Gott und den Schicksalsfrauen bestimmte „gute" Schicksal" nicht zum bösen wenden, muß bis zu des Kindes Taufe neben ihm eine Kerze brennen. Von den Speisen, welche Bekannte der Wöchnerin schicken, muß man etwas ins Herdfeuer werfen, damit die bösen Geister (rosz szellemek) versöhnt werden. Diese Speisen nennt man bei den Szeklern radina oder rodina, was wahrscheinlich aus dem Slavischen herstammt (rodina = parentela, Verwandtschaft, oder radujem, raduváti = sich freuen), obwohl die Szekler mit Slaven in gar keiner Berührung stehen. In Ungarn nennt man diese Speisesendung paszita, das wahrscheinlich auch aus dem Slavischen herstammt. Paszkoncza, das etymologisch hiemit zusammenhängen mag, heißt in einigen ungarischen Gegenden samenlos, impotent. Jn der Szegediner Gegend nennt man die der Wöchnerin dargebrachten Geschenke csök = Sauerteig und auch Knoten (bika csök = nervus taurinus, taurea). Reiche Leute schenken oft dem neugeborenen Kinde je nach seinem Geschlechte ein Stier- oder Kuhkalb. Ob nun dieser Ausdruck csök mit dem nervus taurinus in dieser Beziehung etwas zu tun hat, wage ich nicht zu entscheiden. —

Daß bei der Erforschung des zukünftigen Schicksals auch die Verehelichung eine bedeutende Rolle spielt, ist selbstverständlich. Aus dem weiten Gebiet des einschlägigen Volksglaubens erwähnen wir hier nur Einiges:

Am Weihnachtsabend hebt die Maid einen Holzstoß auf; wenn dabei die Holzstücke der Anzahl nach paar sind, so heiratet sie im Laufe des Jahres. In der Christnacht um 12 Uhr stelle sich die Maid nackt vor einen Spiegel und sie wird darin den zukünftigen Gatten erblicken. Dann gehe sie an den Hofzaun

und greife einen Pflock desselben an; hat derselbe eine Rinde,
so heiratet sie ein reicher Mann. Mit 3 Holzstücken möge die
Maid in der Christnacht im Backofen ein Feuer anzünden. Ist
dasselbe abgebrannt, so kriecht sie nackt in den Backofen hinein;
dort drehe sie sich mit dem Rücken nach auswärts, setze sich so
vor die Türe des Backofens und auf dem Rücken liegend krieche
sie langsam aus dem Backofen heraus. Wenn nun ihre Füße
noch im Ofen sind, so lege sie ihr Haupt auf die Erde vor dem
Backofen nieder und merke sich die Stelle, wo ihr Haupt gele-
gen ist. Dann kleide sie sich an und lege sich zum Schlafen
auf diese Stelle nieder, und im Traume wird sie ihren zukünftigen Gatten sehen. Am Andreastage stiehlt die Maid eine Männer-
unterhose, steckt in dieselbe einen Teil von einem Stückchen ge-
rösteten Brotschnittes, den anderen Teil verzehrt sie und legt
dann die Unterhose unter ihr Kopfpolster. Im Traume wird
sie ihren Gemahl sehen. Dasselbe tun die Burschen mit einem
Mädchenhemde und zwar am Katharinenabend. Wer dies vor-
nimmt, der muß den ganzen Tag über gefastet haben.

Auch die meisten Hochzeitsgebräuche beziehen sich auf
eine Abwendung des bevorstehenden bösen Schicksals. Die
Brautwerbung heißt im Ungarischen: háztűznézés (wörtlich:
Hausfeuerschau). Die Brautwerber verlangen in den meisten
Ortschaften von der Braut Feuer und Wasser. Wenn die Braut
ins Hochzeitshaus geführt wird, zündet man vom Hochzeits-
wagen herabgeworfenes Stroh an, damit das der Braut bestimmte
Unglück ihr nicht nachfolgen könne. Beim Dorfe oder Hoch-
zeitshause wird ein Strohfeuer umtanzt und übersprungen. Am
nächsten Tage wird die junge Frau ans Ende des Dorfes geführt,
wo sie wieder das angezündete Feuer umtanzen und überspringen muß, was man perzselés (Sengen) nennt. Das an ihr haf-
tende Unglück soll gleichsam abgesengt werden.

Nach Gebräuchen, die auf der Insel Schütt bestehen, wird
die Braut beräuchert und in ihre Schürze etwas Weizen oder
Gerste geworfen. In der Theißgegend wird die Braut mit brennenden Kerzen begleitet und muß beim Eintritt ins Haus zuerst
auf den Herd sehen. Nach einem in der Szegediner Gegend
herrschenden Brauch werden um die tanzende Braut herum
brennende Kerzen auf den Boden gestellt. (Ipolyi S. 543.). In
manchen Ortschaften muß die junge Frau die Abfälle des Hoch-

zeitsmahles (Brotkrumen, Knochen u. dergl.) neben das Haus vergraben, damit „das Gebäude erstarke" (az épülel megerösedjék). Dies führt uns zu den Bauopfern.

Daß beim Bau eines Gebäudes von den alten Ungarn nach ihrem Niederlassen in Europa Menschenopfer auf welche Weise immer dargebracht worden wären, läßt sich nicht nachweisen, wenn auch in einzelnen Sagen und Märchen dergleichen Opfer erwähnt werden. Wohl aber mag man Tiere in den Bau eingemauert oder unter denselben vergraben haben. Bauopfer werden heutzutage nur in einigen Gegenden, besonders unter den Szeklern Siebenbürgens, vorgenommen. Besonders werden Pferde- und Hundeschädel, die Knochen von einem schwarzen Hahne oder einem Raben in den Grund des Hauses vergraben. Wenn du deine Scheune mit Stroh eingedeckt hast, so lege zwischen das Stroh den Schädel eines krepierten Tieres, denn dann beschützt der Teufel deine Scheune vor Feuer, lautet ein unter den Szeklern allgemein verbreitetes Recept (s. „Ethnographia" II, 360). In Gegenden, die der Überschwemmung ausgesetzt sind, schlägt man von den vier Ecken des neuen Gebäudes etwas Mörtel ab und wirft es in das nächstgelegene fließende Wasser, damit die Wasserflut den Bau verschone. Durch Opfer sucht man also auch hier bevorstehendes Unglück abzuwenden.

IV.

Kosmogonische Spuren.

Auf den Ursprung der Welt findet sich in Sagen und Märchen der Magyaren gar nichts Bezügliches vor. Vor der Erschaffung der Welt, heißt es, war eine Leere (ür). Die ältesten ungarischen Sprachdenkmäler übersetzen Chaos mit hew, heo, heu,
welches Wort sich im heutigen hiu (eitel) und hiány (Abgang),
hiányzik (es fehlt, geht ab) erhalten hat. Terra autem erat inanis
et vacua = ez feld kedeglen vala ijres és hew, heißt es in den alten Denkmälern. Das Wort föld (Erde) ist nach Ipolyi (310) mit
fölé (oberhalb, darauf) verwandt und bedeutet: das, was sich
darüber (über das Wasser) erhebt; das Wort terémtés (Schöpfung, creatio) aber soll mit terem (gedeihen, wachsen) verwandt sein.
Was die Schöpfung selbst anbelangt, so können wir wichtige kosmogonische Spuren im ungarischen Volksglauben nachweisen, die wir hier aus Ludwig Kálmány's, des rastlosen
Forschers Sammlungen samt seinen diesbezüglichen Bemerkungen
in deutscher Übersetzung um so eher mitteilen, weil dieselben in
vielfacher Beziehung die Schöpfungsmythen anderer Völker er-
gänzen und für die vergleichende Mythenkunde von bedeutendem
Wert sind. —

Zweifelsohne spielte der Teufel (ördög) auch in den magyarischen Sagen ursprünglich eine demiurgische Rolle, die erst
unter dem Einflusse des Christentums in eine diabolische über-
ging. Schon Erman und der ungarische Sprachforscher Reguly
(s. Castrén, Vorlesungen über die finnische Mythologie S. 216 und
Ipolyi a. a. O. S. 40) wiesen auf den örtik der sprachverwandten
Ostjaken hin, der als ein dem Hauptgotte befreundetes, helfendes
Wesen, als Demiurg also, dargestellt wird. Wir können uns im
Folgenden gar leicht davon überzeugen, daß der örtik der Ost-

jaken nicht nur dem Laute nach, sondern auch betreffs seiner demiurgischen Rolle dem magyarischen ördög, dem türkisch-tartarischen ärtik oder ärlik und dem mongolischen erlüng, erlik-Khan entspricht.

Als der wogulische Demiurg Elm-pi die Welt aus dem Wasser emporsteigen ließ, begann dieselbe sich auf demselben rasch im Kreise herumzudrehen. Damit nun die Erde für die Menschen bewohnbar werde, so wurde sie von Elm-pi mit einem Gebirge, dem Ural befestigt (s. „Ethnol. Mitteil. aus Ungarn“ II. Bd.). So erzählt die wogulische Sage, der wir die folgende magyarische (aus Ságújfalu) entgegenhalten! „Wo sich die Schleuse von Endrefalva befindet, dort wollte der Teufel die Welt absperren. Es gelang ihm auch zum guten Teile, aber den Knauf anzubringen, hatte er keine Zeit mehr, denn es erscholl der Hahnenruf und die Schleuse versank.“ Zur Ergänzung erzählte der Palovze von Ságújfalu, daß die Schleuse von Endrefalva quer durch die ganze Welt gezogen ist, das kam aber so: „Gott sprach einmal zum Teufel: Er solle auch sein Reich haben, wenn er dasselbe von Morgen bis Abend abzusperren imstande sei, dahin werde dann die Sonne nicht scheinen. Der Teufel aber konnte den (abschließenden) Knauf nicht aufsetzen, der Hahn krähte, die Schleuse versank; der ganzen Länge nach ist noch ihre Spur sichtbar.“ In dieser magyarischen Sage ist der Ausdruck tögát (Schleuse, Schließe, Verschluß) von besonderer Bedeutung, nachdem dies Wort in den magyarischen Chroniken in der Form Togata vorkommt und der Name eines Flusses ist, an dessen Ufern — den Chroniken gemäß — sich die Urheimat der Magyaren befunden haben soll. Nicht nur dem Laute, sondern auch seiner Bedeutung nach entspricht es dem wogulischen tagat, táget und dem ostjakischen tangat = stecken, stecken bleiben (s. Hunfalvy, Ethnogr. Ung. S. 285). Mit diesem magyarischen Ausdrucke, nicht weniger mit der wogulisch-ostjakischen verwandten Bedeutung desselben, stimmt überein die Erklärung Simon Kézai's (circa 1282) und die der Wiener Chronik, des sogenannten „Codex pictus“ (c. 1358), der gemäß die Togota oder Togata „in unbewohnten morastigen Gegenden und zwischen schneebedeckten Bergen fließt“ (s. Hunfalvy's ungar. Broschüre: Ist das magyar. Volk ungrischen oder türkisch-tartar. Urspr. S. 22); ein Fluß, der durch solche Gegenden fließt, verdient in der Tat den Namen eines abschließenden, stecken bleibenden oder eines tógáta. Um diese magyarische Sage in ihrer ursprünglichen Gestalt kennen zu lernen, müssen wir all' das von ihr abschälen, womit sie fremde Religion bekleidet hat. Die gemeinschaftliche Grundlage der wogulischen und auch der magyarischen Sage ist die Welterschaffung. Elm-pi erreicht sein Ziel, der Teufel nicht. Daß der Teufel gerade dann fallen mußte, als er das Ziel beinahe schon erreicht hatte, daß er sein Reich deshalb mit Bergen umgab, damit die Sonne nicht hineinscheine, daß er heute als ein Feind Gottes erscheint, das sind alles Züge, die im christlichen Diabolus sich vorfinden; aber das, daß sich der Teufel eine Welt erschaff, und zwar nicht in der Unterwelt, sondern hier auf der Erde, daß er gleich Elm-pi eine Gebirgsspitze (Knauf) besitzt, daß endlich die Schleuße (tógát) versinkt, gleich dem Berge Elm-pi's, daß sind Züge, die wir im Christentum nicht, wohl aber in der wogulischen und magyarischen Sage antreffen.

Nach der Erschaffung der Erde verfertigt Elm-pi auf Numi-Tarom's Rat aus Schnee einen Menschen, der jedoch in Stücke fällt (s. Hunfalvy's ungar. Werk: Reguly's Nachlaß I, 126). Ebenso erfolglos ist dies Beginnen für den magyarischen Demiurgen, den ördög. Die magyarische Sage erzählt: „Als Gott den Menschen erschaffen hatte, sagte der Teufel, daß er sich auch einen erschaffen wolle. Gott sprach: „Also erschaffe ihn!“ Der Teufel formte auch einen Menschen, und Gott sagte: „Mach' ihn also gehen!“ — „Das kann ich nicht,“ versetzte der Teufel. Da sprach Gott: „Verleihe ihm eine Seele!“ — „Das kann ich nicht ohne deine Hilfe,“ versetzte der Teufel; Gott aber meinte: „Das tue ich nicht; dem Teufel verleihe ich keine Seele.“ Und daher kann der Teufel nicht mit der Seele schalten.‟ (Aus der Ortschaft Majdán.) Der Einfluß des Christentums ist gleich am Anfang dieser Sage bemerkbar, wo Gott den Menschen erschaffen, während nach der Sage verwandter Völker der Demiurg sich damit abplagt. Daß der Teufel keine Seele habe, drücken die magyarischen Redensarten aus: „Arm ist der Teufel, denn er hat keine Seele“ (szegény az ördög, mert nincs neki lelke). Wenn er also keine Seele hat, so ist er Demiurg, denn der christliche Diabolus ist ja selbst eine „böse Seele“ (rosz lélek), dem die Bösen angehören; daher die Redensart: „Er gab dem Teufel seine Seele“ (az ördögnek adta a lelket), oder: „Dessen Seele gehört schon dem Teufel“ (annak

már az ördögé a lelke). Der wogulische Elm-pi verzweifelt nicht
über die Erfolglosigkeit seines Unternehmens, sondern bittet Numi-
Tarom um Hilfe, der ihm rät, er möge Erde mit Schnee mischen
und daraus einen Menschen formen. Hiezu haben wir auch ein
magyarisches Bruchstück (aus Túpë): „Als der Teufel den Menschen geformt hatte, konnte er ihn nicht aufrichten; nachdem Gott
ihn angehaucht hatte, sprach er: „Steh' auf, Elias!" Und er stand
auf . . ." Eine andere, wenn auch nicht auf die Erschaffung, so
doch auf die Vermehrung der Menschen bezügliche magyarische
Sage aus Török-Kanizsa erzählt: „Gott segnete das erste Menschenpaar, damit es sich vermehre, und ließ dieserwegen auf das
Gesäß des impotenten Adam vom Himmel glühende Kohlen herabfallen." Das Feuer entspricht hier vielleicht der Seele. Nach
einer Sage aus Magyar-Kanizsa legt der Teufel die Kohlen auf. —
Bezüglich der Kohlen müssen wir hier einen magyarischen
Volksglauben erwähnen. Es heißt, daß man die Potenz dem Manne
benehmen könne durch verschiedene Zaubermittel. Dies heißt man
erölekötés (Kraftniederbinden). Hat man dem Manne die Potenz genommen, so mische er Kohlenstaub mit dem Fette, das
sich in den Kirchenglocken befindet, mische dies mit Canthariden
und verzehre es. —

Gehen wir weiter. Der wogulische Elm-pi formt den Menschen und macht ihn auch gehen; in der magyarischen Sage (aus
Egyházaskér) stößt Gott dreimal an die Sohlen Adams, worauf er
sich rührte, dann aufrichtete und endlich gehen konnte. Auf gleiche
Weise wird der vom Teufel erschaffene Elias durch Jesus erweckt.
Auch die sibirisch-türkische Sage von der Teilnahme des Hundes
an der Erschaffung des Menschen finden wir im Magyarischen
wieder. „Als Gott den Adam erschaffen hatte, nahm er ihm aus
der linken Seite eine Rippe heraus und legte sie auf die Erde.
Hierauf entfernte sich Gott, um Kot zu holen, womit er das Loch
in Adams Seite zustopfen wollte. Inzwischen raubte die Rippe
der Hund und wollte davonlaufen, aber Gott schnitt ihm den
Schwanz ab und formte daraus die Eva! Und so ist es denn auch:
Ob du ein Geheimnis an die Zunge des Weibes bindest, oder an
den Schwanz des Hundes — es bleibt sich gleich!" (Aus Majdán).
Hiebei wird freilich weniger auf die Erschaffung, als eben auf die
spezielle Erschaffung des Weibes aus einem Hundeschwanz Bezug
genommen, um dadurch die Frauen lächerlich zu machen. Es

wird auch erzählt, daß die Frauen deshalb so flöhig sind, weil sie
aus einem Hundeschwanz erschaffen worden sind (vgl. Barna
Frd.'s ungar. Werk: „Über die heid. Rel. der Wotjaken" S. 27).
Auch sagt das Sprichwort: „Das Weib ist unbeständig wie der
Hundeschwanz" (az asszony állhatatlan mint a kutya farka).

In einer anderen Variante wird erzählt, Gott habe den Hund
beim leblosen Körper als Wächter zurückgelassen, während er
selbst um Kot ging; da habe der Teufel (hier also Diabolus) eine
solche Kälte entstehen lassen, die der Hund nicht imstande war,
zu ertragen. Der Teufel habe nun dem Hunde einen Pelz ange-
boten, wenn er ihm den Körper auf einen Augenblick überlasse.
Der Hund nahm den Pelz, der Teufel aber spie den Körper an
und legte dadurch den Grund zu allen menschlichen Krankheiten.

Auch bei der Erschaffung der Tiere spielt der Teufel in den
magyarischen Sagen eine Rolle. In zahlreichen Varianten wird
erzählt: „Als Gott die Biene erschaffen hatte, sprach der Teufel:
„Auch ich will mir ein solches Tierchen erschaffen!" — „Also erschaffe dir!" versetzte Gott. Der Teufel ging von dannen und
formte sich Bienen. Als er nun Gott rufen wollte, damit er sein
Werk ansehe, sprach er zu den Bienen: „Hier bleib'!" (itt légy).
Da verwandelten sich alle von ihm erschaffenen Bienen in Fliegen
(légy = sei, bleib'! und auch = die Fliege) und flogen von dannen..." Als Erschaffer der Fliege wird auch unter gleichen Um-
ständen Sct. Petrus erwähnt. Nach einer anderen Sage (aus Egyházas-Kér) soll Lucifer statt Bienen blutsaugende Bremsen erschaffen haben. Nach christlicher Auffasung zerstört Gott die Werke
des Diabolus und läst ihn nicht zum Ziel gelangen. Eine Sage
(aus Szeged-Gajgonya) erzählt: „Als Gott die Welt erschaffen
hatte, kam der Teufel zu ihm und sprach: er würde auch eine
erschaffen. Fragte ihn der Herr: „Was schaffst du, Teufel?"
Sprach dieser: „Fliegen, so groß, wie ein Pferd; wen sie stechen,
der wird sterben!" — „Nicht also," versetzte Gott, „ich selbst
werde Fliegen erschaffen, aber nur so groß, daß sie die Schnitter
nicht schlafen lassen!..." Die Benennung der einzelnen Tiere
soll von Adam, oder wie andere magyarische Sagen erzählen, von
Noë herrühren. Als Verbreiterin der Fliegen gilt Margaretha; daher heißt es im magyarischen Volksglauben: Vor dem Margarethentage ist keine Fliege im Hause zu finden; an diesem Tage aber
geht Margaretha herum und läßt aus ihrer Schürze in jede Küche

eine Schar Fliegen hinein schwärmen. Deshalb soll man an diesem Tage die Türen nicht offen halten. (Aus Torontál-Monostor.) Eine andere Sage (aus Szeged-Madarásztó) erzählt, daß eine alte Jungfrau stets über Langweile geklagt habe; da erschuf Gott ihr zu Liebe die Fliegen und Flöhe, damit sie nun etwas zu tun habe. Auch die Laus soll der Teufel erschaffen haben: „Gott hatte den Floh erschaffen; der Teufel bat, auch so etwas schaffen zu dürfen. „Nun schaff", wenn du kannst!" sprach Gott. Der Teufel machte sich daran, konnte aber nur eine Laus zustande bringen. Und so ist es auch besser, denn wenn die Laus auch so springen könnte, wie der Floh, wär's arg gefehlt." (Aus Szeged-Királyhalom.) —

Auch als Lehrer der Menschen spielt der Teufel eine Rolle in der magyarischen Volksüberlieferung. Er soll die Menschen das Rauchen, Kartenspiel, Saufen gelehrt haben. Hier also tritt er wieder als Diabolus auf. In einer Sage aus Majdán lehrt er den Gebrauch der Schußwaffe und erscheint als Demiurg. Auch wird erzählt, der Teufel habe die Menschen das Mahlen gelehrt; er habe die erste Mühle gebaut, doch konnte er keinen Beutler verfertigen; diesen habe der Zigeuner gemacht. An Stelle des Teufels in demiurgischer Rolle hat das Christentum in einigen magyarischen Sagen den hl. Petrus gesetzt, der, wie wir gesehen haben, auch die Fliege erschaffen hat. Er soll auch die Raizen (ung rácz) erschaffen haben. Als nämlich Gott — so erzählt die Sage aus Egyházas-Kér — mit der Zeit alle Völker erschaffen hatte, blieb noch ein ungeformter Lehmhaufen zurück, aus dem ein Slovake hätte geformt werden sollen. Da bat der hl. Petrus, Gott möge ihm erlauben, daß er auch ein Volk erschaffe. Die Bitte wurde ihm gewährt und er begann nun den Lehm zu formen und anzubohren, wobei der Bohrer im Lehm den Ton: Ratsch, ratsch! hören ließ. „Also soll dies Volk Raizen heißen!" rief geärgert der hl. Petrus, und seit dieser Zeit giebt es auch Raizen auf der Welt . . . — Nach einer Variante aus Szöreg geschah dies später. Als nämlich Petrus mit Christus bei Preßburg an der Donau wandelte, fiel ihm auf, daß Gott allerlei Völker habe auf Erden, nur keine Raizen. Christus erlaubte ihm welche zu schaffen. Er bohrte sich einen aus einem Deutschen, der am Donauufer gerade seine Notdurft verrichtete. Auch die zahlreichen Windungen der Theiß werden im Volksglauben dem hl.

Petrus zugeschrieben. Er soll nämlich mit einem blinden Pferd die Furche für das Theißbett gezogen haben. Nach einer Variante aus Magyar-Kanizsa soll es ein Esel gewesen sein, der nach Disteln suchend den Pflug hin und her zerrte. Die Wirbel in der Theiß werden Christus zugeschrieben. Als er nämlich — so erzählt man in Szeged — mit Petrus die Theiß aufwärts fuhr, hörte dieser die Schiffer wegen der Schwierigkeit der Fahrt gar oft fluchen. Da bat er Jesus, er möge bewirken, daß der Strom auf der einen Seite aufwärts, auf der anderen abwärts fließe, damit dadurch die Fahrt erleichtert werde und die Schiffer nicht soviel fluchen sollten. Jesus willfahrte seiner Bitte, und die Folge davon war, daß nun die Schiffer bei erleichterter Fahrt erst recht Zeit hatten zum Fluchen. Da bat der hl. Petrus abermals Jesus, er möge den Strom wieder so fließen lassen, wie früher. Auch dieser Bitte willfahrte Jesus, doch ließ er im Strome Wirbel zurück, die auch heutigen Tages „das Wasser des hl. Petrus" (Szent Péter vize) heißen . . . Nach einer Variante aus Magyar-Kanizsa erscheint Petrus als Fischer und Fischer treten an die Stelle der Schiffer. — Ähnlich erzählt man sich die Erschaffung der Knoten im Holze. Der hl. Petrus, mit Jesus auf Erden wandelnd, hörte die Zimmerleute fluchen. Da sprach er: „Siehe da, Herr, diese Leute da haben eine gar leichte Arbeit und daher auch Zeit zum Fluchen! Wie könnte man dem abhelfen, damit sie mehr zu tun und weniger Zeit zum Fluchen haben?" Der hl. Petrus hatte den Mund gerade voll Kautaback und Jesus sprach zu ihm: „Speie auf diesen Balken! ·Gleich werden die Zimmerleute mehr zu tun haben!" Petrus spie auf das Holz und aus seinem Speichel sind die Knoten entstanden. Seither fluchen die Zimmerleute dem hl. Petrus. —

Es giebt magyarische Volksüberlieferungen, in denen Sct. Peter bei der Schöpfung nur gegenwärtig ist, ohne daran Teil zu nehmen; höchstens fragt er nach dem Namen des Erschaffenen, wie z. B. in der Sage aus Szöreg von der Erschaffung des Weizens: „Als Gott die Welt, die Pflanzen und auch den Weizen erschaffen hatte, kam St. Petrus heran und fragte: „Was ist das für ein Gras, das den anderen Gräsern gleicht?" Gott antwortete: „Es soll Weizen heißen." Hiebei segnete er den Weizen; dieser aber sprach: „Man wird mich aber aussäen." — „Vermehre dich!" erwiderte Gott. — „Ich werde Kälte und Hitze ertragen müssen." —

„Vermehre dich!" — „Ich werde in die Höhe schießen." — „Vermehre dich!" — Die Sonne wird mich versengen." — „Vermehre dich!" — „Meine Körner werden verdorren." — „Vermehre dich!" — „Man wird meine Füße abschneiden." — „Vermehre dich!" — „Man wird mich binden und auf den Wagen werfen." — „Vermehre dich!" — Man wird mich durch Pferde zertreten lassen und in Säcke füllen." — „Vermehre dich!" — „Man wird mich in der Mühle mahlen." — „Vermehre dich!" — „Man wird mich sieben." — „Vermehre dich!" — „Man wird mich kneten." — Vermehre dich!" — „Man wird mich backen." — „Vermehre dich!" — „Man wird mich zwei mal backen." — „Nimm ab!..." Zuweilen will Petrus, der Demiurgenrolle entkleidet, nicht erschaffen, sondern zerstören, wie in der folgenden Sage vom Taback: Als Petrus mit dem lieben Gott auf Erden wandelte, da gab es unter den anderen Kräutern auch schon Taback. Als sie unter Tabackpflanzen herumgingen; ward der Mantel des Petrus mit dem Samen ganz belegt, da sprach er zu Gott: „Mein Herr und Schöpfer! Vertilge doch den Samen dieses Krautes! mein Gewand ist ganz damit belegt!" Gott aber versetzte: „Lassen wir es nur, Petrus! das ist ein kostbares Kraut; davon wird ein Teil der Welt leben!" So ist dann der Taback geblieben. (Aus Temekőz-Lőrinczfalva.)

Den hl. Petrus als Demiurgen stellt uns auch die magyarische Redensart dar, die bei großer Hitze angewendet wird: „Nicht vergeblich war ein strenger Winter; der hl. Petrus hat viel Holz fällen lassen, nun kann er auch tüchtig einheizen." (Nem hiába volt nagy tél; Szent Péter sok fát vágatott, ugyancsak rakatott a tüzre). Hieraus ist ersichtlich, daß er dem Volksglauben gemäß Sorge für die Welt trägt, dieselbe regiert und daß die Witterung von ihm abhängt. Als Demiurg spielt dieser Heilige auch bei Erschaffung der Plejaden (des Sternbildes: Gluckhenne) in der magyarischen Sage eine Rolle (s. Abschn. II, S. 59).

Mit der Himmelfahrt Christi ist in einer magyarischen Sage aus Ságújfalu die Entstehung der Berge verbunden. Es wird nämlich erzählt: Als Christus sich in den Himmel erhob, folgte ihm die Erde nach; als er aber „Amen!" sprach, blieb sie zurück und so entstanden die Berge. Kosmogonische Spuren und zwar mohamedanische, finden wir auch im magyarischen Rätsel: Als Gott den Adam aus Lehm geformt hatte, lehnte er ihn an einen Zaun, damit er an der Sonne trockne; wer hat den Zaun gemacht? —

Der Islam lehrt, daß Gott den Menschen aus schwarzer Erde geformt und diese Form vierzig Jahre lang an der Sonne habe trocknen lassen. Kalmány schließt hierüber seine Betrachtungen also: „Es scheint, als ob durch das zweimalige Formen des ersten Menschen der Demiurg im Volksglauben unsere Zukunft gleichsam vorausbestimmt habe, und uns schon damals an das Leid, an den Kampf ums Dasein habe gewöhnen wollen!"

*   *   *

„Die Sagen verderblicher Fluten, die in der Vorgeschichte so vieler Völker wiederkehren, möchten sich einfacher erklären lassen als durch das Zurückgehen auf allgemeine Naturrevolutionen, wodurch wir aus unserer geologischen Epoche heraustreten. Wanderten die Völker gemäßigter Zonen nach den Tropenländern, so mußten sie notwendig durch die ihnen unbekannte Heftigkeit der Regenzeit überrascht und erschreckt werden, und konnten sehr wohl, wenn sie auf die Spitzen der Berge flohen, die Welt als untergegangen betrachten, oder nach der Rückkehr der Sonne sich als die allein Geretteten ansehen. Die Wanderungen der Arier nach Indien würden so mit ihren weiten Zügen diese Sagen durch die Welt getragen haben, was bei Annahme solcher auch daraus hervorgeht, weil sich in der ihnen zugewiesenen Heimat, dem kalten Hochplateau Asiens, eine den dortigen klimatischen Verhältnissen angemessene Modification findet ... In der deucalionischen Flut ist die rein lokale Färbung schon häufig nachgewiesen. Solche Mythen waren nützlich, um heilsame Furcht zu erregen." (A. Bastian, Geogr. und ethnol. Bilder S. 188).

In neuester Zeit hat Richard Andree (Die Flutsagen 1891) nachgewiesen, daß die meisten Sintflutsagen sich auf lokale Überschwemmungen beziehen. Andree kennt nur eine finnisch-ugrische Sintflutsage, die von Reguly verzeichnete wogulische Sage. Aus diesem Grunde ist es angezeigt, wenn wir aus L. Kalmány's Sammlungen diejenigen magyarischen Sintflutsagen in deutscher Übersetzung mitteilen, die Ant. Herrmann (Ethnographia II. Jahrg. S. 142 veröffentlicht und mit verwandten wogulischen verglichen hat (deutsch in den „Ethn. Mitt. a. Ung." II. Bd.).

Als Noë die Barke verfertigte, befahl ihm Gott, daß er davon niemandem etwas sagen solle. Noë richtete es nun also ein, daß niemand erfuhr, wohin er gehe. Im Nachbarlande war ein großer Wald, in dessen Mitte ein sehr großer Berg, auf dessen Gipfel verfertigte Noë die Barke. Als im Walde die Barke gezimmert wurde, da erschienen schon allerlei Tiere in der Nähe derselben. Sie wurde besehen, aber nur von den Tieren, denn es war eine solche Barke, die von Menschen nicht gesehen werden konnte. Gott hatte eben dem Noë befohlen, daß er selbst seiner Frau davon nichts sagen solle. Auch das war ihm anbefohlen worden, daß er sich jeden Morgen waschen solle, sobald er zur Arbeit gehe, denn wenn er sich nicht wasche, so vollende er sein Werk nicht. Noë also machte sich an die Arbeit. Das Werk schritt vor, denn er stand vor Sonnenaufgang auf und kehrte spät abends heim, so daß niemand seinen Weg erfahren konnte. Der Teufel aber wollte es um jeden Preis erfahren, wohin Noë gehe. Er ging also zur Gattin desselben und fragte sie, wohin Noë gehe? Aber die Frau konnte es ihm nicht sagen, denn sie wußte nur soviel, daß Noë jedes Mal vor Sonnenaufgang weggehe und zuvor sich wasche. Sprach der Teufel: „Leg' also das Waschwasser weg!" Als sie das Waschwasser weggelegt hatte, so wusch sich Noë nicht und ging ungewaschen zu seiner Barke hin. Als er nun zu arbeiten begann, so hörte man sein Hämmern und Klopfen bis nach Hause; so kam man ihm auf die Spur. Die Leute waren von ihm schon nicht weit entfernt, als Gott einen Engel zu ihm sandte, damit er sich sogleich, wenn auch mit seinem Urin, wasche, sonst sei es mit seinem Werke aus. Er wusch sich gleich und ein so großer Nebel ließ sich sofort nieder, daß die Leute nicht weitergehen konnten und sich verirrten. Seine Gattin tat nun jeden Morgen das Waschwasser bei Seite, aber ohne Erfolg; denn er wusch sich mit seinem Urin. Als nun der Teufel sah, daß die Frau das Waschwasser erfolglos bei Seite schaffte, so verfertigte er mit der Frau aus Gerste und Hopfen ein Zaubermittel (babonasäg-Zauberei), damit sie dies dem Noë zu trinken gebe und er dadurch die Arche nicht verfertigen könne.

Drei Mal mußte er den Bau der Arche im Stiche lassen, denn er konnte sie wegen dem Teufel nicht ohne jeden Unfall vollenden, und so vergingen hundert Jahre, bis die Arche vollendet wurde. Dann trat Regenwetter ein; 40 Tage und 40 Nächte lang regnete es, und allerlei Getier, das im Wasser nicht leben konnte, strömte zur Barke hin. Die Völker hielten auch dann noch immer Schwelgereien ab. Noë nahm nun von den Tieren je ein Paar in seine Barke auf, die Fliege aber trieb er weg; diese aber kroch ins Ohr eines Tieres, stach es und ward auch von da weggetrieben. Als Noë hinausblickte, so befand sie sich im Trockenen, unter dem Firste; da sagte er: „Fliege, sei hier!" (légy, itt légy; im Ungarischen heißt légy = Fliege, aber auch = sei, bleibe!). Seit dieser Zeit hat sie diesen Namen (nämlich: légy). Auch der Teufel trat heran, damit er ihn einlasse. N. aber wollte ihn nicht hereinlassen und so schlich er sich denn herein. Unter dem Ohre des Elefanten schlich er in der Gestalt einer Schlange herein, und N. wußte so lange nichts von seiner Anwesenheit, bis die Arche nicht ein Loch bekam, da nahm N. wahr, daß sich ein Feind in der Nähe befinde. Sie untersuchten alles und fanden ihn, aber er hatte die Arche schon angebohrt; sie nahmen ihn nun beim Kragen (megcsipték a gallérját) und warfen ihn aus der Arche hinaus. Als N. wahrnahm, daß das Wasser sinke, so ließ er zuerst einen Raben, dann eine Taube los. Die Taube flog hin und her, und kehrte in die Arche zurück. Als das Wasser schon tief gesunken war, blieb die Arche auf den Bergen Armeniens stehen, worauf N. abermals eine Taube loslies, die dann im Schnabel einen Ölzweig brachte; da war N. überzeugt, daß das Wasser gar tief gesunken sei, und er verließ die Arche. Vorher aber meßte er das Wasser mit Ruten ab. Aus den ins Wasser gelassenen Ruten entstand die Rebe; so ward Noë's Weingarten erschaffen. Als sie der Arche entstiegen, dankten sie Gott. Dieser versprach ihnen, daß er sie nicht mehr mit Sintflut (vézözön) bestrafen werde und gab ihnen den Regenbogen; die Tabackspfeife aber ordnete er deshalb an, um damit anzuzeigen, daß die Welt durch Feuer untergehen werde." (Aus Szeged.)

In einer Sage aus Egyházas-Kér wird erzählt:

„Gott befahl dem N., daß er eine Arche verfertige, aber davon niemandem etwas sage. Seine Gattin fragte ihn: „Wohin gehst du?" N. wollte es ihr nicht sagen. Die Frau aber ließ ihm keine Ruhe, fragte ihn so lange aus, bis er ihr endlich sagte, daß er eine Arche bauen gehe. Vordem, bevor er es ihr gesagt hatte, brauchte er weder zu zimmern noch zu bohren, denn jeder Baum paßte dahin, wohin er ihn hinlegte; nun aber mußte er

ihn behauen und anbohren, damit er hinpasse. Als die Barke
fertig war, befahl ihm Gott, in die Arche samt seiner Familie
einzusteigen und von jeder Tierart ein Männchen und ein Weib-
chen dahin mitzunehmen. N. tat es auch, nur die Fliege wollte
er nicht mitnehmen. Diese flehte vergebens; N. trieb sie hinaus
und sprach: „Bleib du nur draußen!" Sprach der Satan: „Herr,
wenn die Fliege in die Arche nicht hineingeht, so gehe ich statt
ihr!" Sprach N.: „Bleib' weg!" Aber Satan betrog ihn, indem
er sich im Schatten der Gattin N.'s verkroch und so hinein-
gelangte. Also schlich sich Satan statt der Fliege hinein. Nun
regnete es 40 Tage und 40 Nächte lang. Als das Wasser schon
hoch stand, durchfraß die Maus an einer Stelle die Arche, so daß
in dieselbe das Wasser hineinsickerte. Als dies die Schlange sah,
sprach sie: „In meiner Gestalt ist die Welt betrogen worden,
schon Adam sündigte. Damit diese vielen Tiere, Gottes Geschöpfe,
nicht zu Grunde gehen, verstopfe ich das (durch die Maus ge-
fressene) Loch!" Und sie verstopfte es auch. Als das Wasser
sank, ließ N. den Raben ausfliegen; dieser aber kehrte nicht mehr
zurück; dann ließ er eine Taube los. Die Taube kehrte mit
einem grünen Ölzweige zurück, und nun wußte N., daß es draußen schon trockenes Land gebe. N. ließ nun die Tiere aus der
Arche heraus, gab jedem derselben einen Namen; seither hat
jedes Tier seinen Namen. Die Arche ließ N. oben auf dem Berge
Armeniens zurück, wo sie stehen geblieben war; dann baute er
Weinreben an · . ."

In Magyar-Kanizsa lautet die Sage:

„Nachdem die Gattin den N. berauscht gemacht hatte, hörte
man stets das Klopfen des Beiles des N. Daraufhin kamen die
Leute zu ihm, spotteten den N.: wozu er denn das mache! Sie
besudelten auch die Arche, als N. das Werk im Stiche ließ. Gott
sandte dann einen Engel zu ihm, damit er die Arche vollende,
N. aber wollte sie nicht machen: „Ich kann sie nicht machen;
man hat sie mir besudelt, wie soll ich sie machen!" Der Engel
kehrte zu Gott zurück, der ihn wieder zu N. sandte, damit er die
Arche mache; es werde ihn kein Unfall treffen. Gott strafte nun
die Menschen damit, daß sie voll Wunden wurden, die sie mit
dem Kote, womit sie die Arche besudelt hatten, einschmieren
mußten, um geheilt zu werden. So ward die Arche wieder rein
und N. konnte sie vollenden. . . ."

„Wie lange schallte nicht N.'s Axt im Holze?" fragt in der
Gegend von Magyar-Kanizsa der Brautführer bei Hochzeiten den
Bräutigam. „Man hörte so lange nicht das Klopfen der Axt,"
lautet die Antwort, „bis die Gattin den N. nicht berauscht gemacht hatte." Die dortige Sage erzählt :
„Gott teilte dem Noe mit, daß die Welt zu Grunde gehen
werde; er solle sich eine Arche machen. Er trug ihm auch auf,
niemandem etwas zu sagen, wohin er gehe. Seine Gattin frug
ihn fortwährend, wohin er ausgehe, aber N. wollte es ihr nicht
sagen; er sagte es ihr auch nicht, bis sie ihn nicht berauscht
machte. Seine Frau hatte irgend eine Zauberfrau (bibajos =
bübajos asszony) gelehrt: sie solle ihn betrunken machen. Sie
sagte ihr, sie solle in einem Topfe Gerste kochen und ihm den
Saft zu trinken geben; davon ward N. so berauscht, daß er alles
ausplauderte. Seither hört man den Schall der Axt im Walde..."

In Török-Kanizsa erzählt man: „Noe hatte ungewaschen
einen Nagel in die Arche eingeschlagen und an der Stelle rann
das Wasser in die Arche hinein. Als er den Nagel eingeschlagen
hatte, da fiel es ihm zwar ein, daß er nicht gut getan habe,
aber es war schon zu spät; was immer er nun tat, das Wasser
drang doch ein."

In Torontal-Monostor erzählt man ähnlich: „Als N. früh
morgens aufstand, begann er zu arbeiten. aber die Arbeit schritt
nicht vorwärts. Er arbeitete, bis ihm der Schweiß rann und
doch schritt er damit nicht vorwärts. Kam seine Frau zu ihm
und fragte: „Was machst du?" — „Ich arbeite, daß ich beinahe
berste und komme doch nicht vom Fleck." — „Was kann daran
Schuld sein, daß du nicht vorwärts kommst?" Da kam zu ihm
sein Kindlein, das ihm sagte: er käme mit der Arbeit deshalb
nicht vom Flecke, weil er sich nicht gewaschen habe! Da fiel es dem
N. ein, daß man sich jeden Morgen waschen und beten müsse,
damit man in Gottes Namen sein Werk beginnen könne..." In
Józova erzählt man: „Als N. die Arche baute, begann er das
Werk ungewaschen und was er daran nun immer machte, das
Wasser drang stets hinein, und nichts wollte dahin passen, wohin er es hinlegte. Da bekehrte er sich, wusch sich und betete,
und machte sich dann an die Arbeit. Da paßte jedes Holzstück
dahin, wohin er es legte, und also machte er die Arche..."

In Temesköz-Lörinczfalva erzählt man: „Hundert Jahre lang

arbeitete N. an der Arche und konnte sie doch nicht vollenden; da trug ihm Gott auf, sich zu waschen, sonst arbeite er vergeblich. Als er sich nun gewaschen hatte, so paßte jedes Stück dahin, wohin er es legte.· Ähnlich berichtet die Sage aus Egyházas-Kér: „Es ist eine Sünde an die Arbeit, an das Brot oder was immer zu greifen, bevor man sich nicht gewaschen und bevor man nicht gebetet hat; denn als N. ungewaschen einen Nagel in die Arche eingeschlagen hatte, so drang dort das Wasser hinein." In einem Bruchstück aus Csanád-Apácza heißt es: „N. war ein kluger Mann, und doch betrog ihn der Teufel. Er fragte ihn: „Was machst du N.?" Dieser wollte es ihm nicht sagen. Als er es ihm doch gesagt hatte, daß er eine Arche baue, so zerstörte der Teufel jedes Mal über Nacht das, was N. am Tage gemacht hatte. Da sandte ihm endlich Gott einen Engel zu Hilfe; so konnte er das Werk vollenden."

Einen neuen Zug enthält die Sage aus Temesköz-Lörinczfalva: „Als Gott dem N. auftrug, eine Arche zu bauen, da sagte er ihm auch, daß, wenn er auf einem eisernen Tische esse, er in die Arche einziehen solle. Einmal als sie ausgingen zu ernten, fiel ununterbrochen der Regen, so daß sie ihr Brot nirgends hinlegen konnten. Sie stellten daher drei Sicheln auf und legten darauf das Brot. Da fiel es dem N. ein, daß es nun Zeit sei, in die Arche einzuziehen. Sie zogen also ein und es regnete ununterbrochen fort." —

Über die Erschaffung der Katze heißt es in Ságújfalu: „Als N. in der Arche war, suchte der Teufel ein Loch in dieselbe zu bohren, damit sie alle im Wasser ertrinken. Aus dem Teufel wurde eine Maus, die die Arche durchnagen wollte; aber N. bemerkte sie und warf seinen Handschuh nach ihr. Aus dem Handschuh ward die Katze." In Lörinczfalva erzählt man: „Als N. in die Arche einzog, nahm er von jeder Tierart ein Paar mit sich; auch die Maus vergaß er nicht. Da sagte der Teufel zur Maus: sie solle die Arche durchnagen, damit dieselbe untersinke. Das Wasser begann bereits in die Arche zu dringen, als dies die Schlange bemerkte und das Loch mit ihrem Schwanze verstopfte, damit die Arche nicht untersinke. Die Katze aber fraß die Maus."

„Weil die Menschen sich der Schwelgerei ergeben hatten, zerstörte Gott mit Wasser die Welt. Damals gingen auch die

Riesen und Feen zu Grunde, weil sie ein wollüstiges Leben geführt hatten." (Aus Szöreg.) —

Ureigentümliches haben diese magyarischen Sintflutsagen wenig an sich. Sie sind eine Art biblischen Sündenfalls und eine uralte Darstellung der Sintflut selbst, wie uns dieselbe auch der Glauben anderer Völker aufbewahrt hat; immerhin sind sie aber — weil bislang noch unbekannt — für die vergleichende Geschichte des Völkerglaubens und religiösen Brauches eben so von Bedeutung, wie die Sagen vom Sündenfall, die ich hier nach Kálmánys Zusammenstellung mitteilen will (vgl. meine Übersetzung derselben in den „Ethn. Mitt. a. Ung." II. Bd.).

Der Sündenfall ist den magyarischen Traditionen gemäß nichts anderes, als die Umwandlung der Geschöpfe in weniger vollkommene Wesen. Eine ungarische Sage erzählt:

„Der Teufel betrog den armen Menschen auf jede Art und Weise ; darüber beklagte sich der arme Mensch. „Na, ich helf dir aus der Klemme!" meinte der Teufel, „beklag' dich nicht, armer Mensch; komm', gehen wir stehlen!" Sie gingen in den Stall einer Herrschaft. Der arme Mensch getraute sich nicht zuzugreifen; damit das Schwein nicht schreie. „Fürchte dich nicht, ich halte ihm das Maul zu!" Es schrie auch kein einziges. Sie warfen die Schweine aus dem Stalle heraus, wobei der Teufel einem jeden Tiere den Schwanz nach rechts drehte. Der arme Mann konnte kaum ein einziges hinaus werfen, als der Teufel bereits alle hinaus geworfen hatte. Als schon alle draußen waren, sprach der Teufel: „Nun, armer Mann, hast du sie bezeichnet!" — „Ja!" — „Was für ein Zeichen hast du ihnen gegeben?" — „Ich habe ihren Schwanz nach rechts gedreht!" und dies hatte nicht er, sondern der Teufel getan. Sie begannen nun nachzusehen, und da war nur ein einziges, dem der Schwanz nicht nach rechts gedreht war. Der Teufel packte dies Schwein an, und warf es so gewaltig in die Theiß, daß es zu nichts ward. Seit der Zeit ist der Schwanz eines jeden Schweines nach rechts gedreht." (Majdán.)

Eine andere unserer Daten erzählt, daß früher die Rinder die Fliegen von ihrem Leibe nicht abzuschütteln brauchten, sondern die Mittagsruhe genießen konnten ; der Hirte konnte auch rasten. Christus kam einmal herbei und bat den Hirten um Milch, doch dieser war zu faul, aufzustehen. Weil der Hirte bös-

herzig war, müssen die Rinder, obwohl sie nichts verschuldet,
die Fliegen von sich treiben, (Kálmány „Szeged Népe [Szeged's
Volk] II. 140.) Eine andere Sage berichtet :
„Der heil. Erzengel Michael warf auf Befehl Gottes alle Bösen aus dem Himmel herab. Der Erzengel tat dies so lange,
bis unser Herrgott nicht „Amen!" sagte. Als unser Herrgott das
„Amen!" aussprach, konnte keiner weiter fallen: der eine hängt
an den Füßen in der Höhe, dem anderen ragt noch der halbe
Kopf aus der Erde, in die er versunken. Darum soll der Mensch,
wenn er strauchelt, nicht lästern, denn es kann eben ein solcher
Teufelsscheitel sein, der ihn straucheln machte, und wenn er
dann flucht, kann er am Fuß ein ernstes Übel bekommen."
(O.-Szent-Iván.)

In den Altajer Schöpfungssagen besiegt Mandi-Sire den Ärlik
und dessen Schar, von denen jeder da blieb, wohin er eben fiel.
(Radloff I. 181). In der Variante der Bukowinaer Ungarn giebt
Gott dem hl. Elias den Auftrag, 40 Tage und 40 Nächte hindurch
zu donnern und zu blitzen; und 40 Tage und Nächte hindurch
fiel der Regen, und alle Teufel „fielen herab." Als auch schon
die Engel begannen herabzufallen, stellte Gott Elias' Werk ein,
und wo in dem Augenblick die Teufel sich eben befanden, in
derselben Stellung blieben sie bis auf den heutigen Tag. Von
daher kommt es, daß man nachts Funken sehen kann, die jetzt
hie und da zur Erde herabfallen (Sternschnuppen). Vgl. Wolf,
Zeitschr. f. deutsche Mythologie I. 180).

In anderen Sagen erscheinen die „gefallenen Wesen' als sich
„schüttelnd-rüttelnd", demzufolge auch die Luft „erzittert":
„Nachdem auf Befehl Gottes alle stolzen Engel aus dem
Himmel herabgestürzt waren, sprach er sein „Amen!" Dann
war einer oder der andere in der Luft, der andere wieder in der
Erde, der dritte wieder unter der Erde. Und als unser Herrgott
das „Amen!" sprach: blieb jeder dort, wo er war. Und aus diesen wurden die Gespenster. Dann, wenn sich die Luft wie die
Espenblätter bewegt — dann spielen sie einmal frei im Jahre
miteinander." (Szöreg.)

Ferner heißt es: „Als unser Herrgott noch auf Erden war,
bestürmten ihn die Engel gar sehr. Als Gott wieder in den
Himmel stieg, so ließ er sie herabwerfen. Im Fallen hielt sich
Lucifer am Monde fest, und seither kann man ihn dort sehen

(Temesköz-Lörinczfalva). — Die Osseten erblicken gleichfalls ein „höheres" Wesen, einen Dämon im Monde. Vgl. Ausland 1884 (S. 881.)

Beim Fall der höheren Wesen gedenken die Traditionen auch der „Feen", „die solange sie mit sterblichen Menschen noch keinen Umgang gepflogen, in der Luft schweben" (Szeged-Királyhalom). Ähnlich der Fall des ersten Menschenpaares in der Überlieferung der Neger (Ausland 1859, S. 1132). Die ungarische Tradition erzählt: „Als Adam und Eva noch im Paradiese waren, sprach die Schlange aus dem Wasser zur Eva: sie solle sich vom verbotenen Baum eine Frucht pflücken. Als sie beide schon gegessen hatten, ließ sie Gott durch Engel mit Schwertern hinaustreiben. Vordem hatten die Menschen Flügel und konnten fliegen; nachdem sie aber gesündigt hatten, konnten sie nicht mehr fliegen." (Magyar-Kanizsa) [S. Weil, Bibl. Legenden der Muselmänner S. 22—28. — Pallas, Samml. historischer Nachrichten über die mongolischen Völkerschaften II. 27, Schanang Schetzen, Geschichte der Ostmongolen übers. von Schmidt 5—7; Radloff, das Schamanentum und sein Kultus 3.].

Über die Unersättlichkeit des ersten Menschen erzählt die ungarische Überlieferung: „Als Gott den Adam aus dem Paradiese vertrieb, befahl er ihm, sein Brot sich im Schweiße seines Angesichts zu verdienen. Er gab ihm eine Haue, damit er um sich herum einen Kreis haue, aus dem er nicht heraustreten dürfe; die Früchte (die im Kreise gedeihen) werden ihm für ein Jahr lang Nahrung genug bieten. Sie hätten auch ausgereicht, denn damals wuchsen nicht solche Ähren wie jetzt, sondern der ganze Halm war eine Ähre. Da aber Adam unersättlich war, machte er sich einen langen Stiel in die Haue, damit er weiter reiche. Auch das sah ihm unser Herrgott nach: im nächsten Jahre aber wollte Adam noch mehr und trat aus dem Kreise. Als er heraustrat und mit der Haue rodete, sprach Gott: „Nun also, Adam, du begnügst dich nicht mit dem, was ich dir gegeben habe; auch deine Nachkommenschaft soll ungenügsam sein!" Seit der Zeit gedeiht der Weizen nicht mehr so gut, wie er früher gediehen; jetzt kann der Mensch die ganze Erde bebauen, kann sich plagen und abquälen wie ein Pferd, und doch hat er nie genug." (Szöreg.) — Nach einer Überlieferung aus Magyar-Kanizsa beredet der Teufel den Adam dazu, daß er um eine

Furche mehr anbaue, als ihm Gott gestattet hatte, worauf nicht
der ganze Halm Ähren gedieh, wie früher, sondern nur bis zur
Hälfte. Auch dann noch gab sich der Teufel keine Ruhe, und
beredete den Menschen, daß er noch mehr säe, was zur Folge
hatte, daß nur so kleine Ähren gediehen, wie sie eben auch heutigen Tages zu sehen sind. — Der Weizen kommt in den ungarischen Traditionen häufig vor. „Auf dem Weizen — heißt es —
sieht man nur seit der Zeit Christi Bild, seitdem er sein Antlitz
in das Tuch der hl. Veronika gewischt hat. Damals sagte er:
Damit ihr es ewig im Herzen behalten möget, so lasse ich es
auch an eurem Brote (am Weizen) zurück; deshalb darf man auf
das Brot nicht treten." (Szöreg.) — Eine Tradition aus dem Borsoder Comitat erzählt, daß Gott sein Antlitz deshalb auf den
Weizen abgedrückt habe, damit die Menschen desto leichter die
ihnen verliehene Nahrung erkennen mögen. Nach anderen Überlieferungen kann man am Weizen Maria's Bild sehen (s. „Ethnol.
Mitteil. aus Ung." I. 173). Die deutschen Einwohner von Nagy-
Szent-Miklós sehen am Weizen Maria mit dem Jesuskindlein auf
ihrem linken Arm, und erklären sich dies so, daß als Christus
auf Maria's Bitten auch dann noch für Hunde und Katzen Weizen
übrig ließ, trotzdem er ein Weib den Weizen verschwenden sah,
er zum Andenken daran dies Bildnis dem Weizen aufdrückte. Mit
Bezug auf den Mißbrauch, den eine Frau mit dem aus Weizen-
mehl gebackenen Kuchen (lángos) trieb, heißt es: „Als Christus
auf Erden wandelte, waren reichliche Weizenernten; da war aber
eine Frau, die hatte ein kleines Kind, das weinte in der Wiege,
als die Frau gerade buk. Sie formte die Kuchen, schob sie (in
den Ofen); den einen schob sie hinein, den anderen zog sie heraus. Das Kind hörte nicht auf zu weinen; sie hob das Kind
auf; das Kind hatte sich besudelt. Was soll sie in der Eile tun:
sie wischt das Kind mit einem Kuchen ab. Gott hatte den Weizen so geschaffen, daß er drei Finger breite Ähren hatte und
solche Triebe besaß, wie der Lein. Damals verfluchte Gott das
Kind und die Frau und ließ nur eine (einfache) Ähre zurück;
auch die erhaschte eben nur die Katze und hielt sie zurück. Da
sprach Gott: „Mit dem sollt ihr euch begnügen, was die Katze zurück-
gerafft hat!" (Szöreg.) — In einer Variante aus O-Szent-Iván
heißt es, daß eine Frau mit Weizen und nicht mit Kuchen also
getan habe, worauf jeder Halm, der früher drei Ähren getragen,

nur eine Ähre trieb (vgl. Weil a. a. O. S. 26). In Szeged, in der
Királyhalomer Gegend erzählt man, daß Gott „nach der Tat der
Frau nichts vom Weizen zurücklassen wollte; darauf habe Sct.
Peter eine Handvoll Weizen für die Hunde und Katzen zurück-
behalten; davon leben wir." In einer Variante aus Félegyháza
tut dies die hl. Maria. In Ságújfalu glaubt man, daß, als „Gott
die Weizenähre nach aufwärts zog (streifte), Maria die Spitze derselben ergriffen habe, damit für die Hunde etwas übrig bleibe
(vgl. Grimm, Kind.- u. Hausmärchen: „Die Kornähre"). Mit
Bezug auf das Vergehen der Frau erzählt eine Sage der Wotjaken
(s. Munkácsi B., Votják népköltészeti hagyományok = Volkspoet.
Trad. d. Wotj. S. 53): „In Urzeiten warf eine Frau die schmutzi-
gen Windeln des Kindes auf den früher tief herabhängenden Himmel, auf dem Gott herumging. Seitdem ist der Himmel unend-
lich hoch emporgerückt und der Kornhalm, der früher von der
Wurzel bis zur Spitze mit Ähren dicht besetzt war, treibt jetzt nur
an der Spitze eine magere Ähre, und auch die nur nach schwerer
Mühe." In einer Sage der Neger heißt es, daß ein Weib den tief
herabhängenden Himmel, von dem bis dahin Fische reichlich her-
abfielen, beleidigt habe, indem sie ihn hieß, sich höher hinauf
zu heben (Petermann's Mitteil. Jahrg. 1856 S. 465).

In den ungarischen Traditionen ist die verbotene Frucht des
Paradieses mit der biblischen Überlieferung übereinstimmend: der
Apfel, der in der ungarischen Volksdichtung Sinnbild der Liebe
ist. Eva hat mit ihrem „namenlosen" (nevetlen) Finger (= kleiner
Finger) den Apfel gepflückt; deshalb blieb der Finger „namenlos".
(Szöreg.) Adam verschlang gierig den Strunk des Apfels, der ihm
in der Kehle stecken blieb; seit der Zeit haben wir den „Adams-
strunk" an der Kehle (Egyházas-Kér). In Magyar-Kanizsa und
Egyházas-Ker sagt man: „Als Adam und Eva im Paradiese
waren, ward letztere schwanger, worauf Gott beide aus dem Paradiese trieb." — In den Traditionen giebt es auch noch andere
verbotene Früchte. So erzählt eine Sage der Wotjaken: „Inmar,
der Hauptgott, gebot dem ersten Menschenpaare, den Kumyška
nicht zu genießen, weil denselben Keremet, der Diabolus, besudelt habe. Aber als Inmar die Ureltern ins Paradies führte, stellte
Keremet in einer zugedeckten Schüssel vergifteten Kumyška hin.
Die erste Frau, von Neugierde getrieben, deckte dem Gebote Inmar's zuwider die zugedeckte Schüssel auf, trank daraus und bot

davon auch ihrem Gemahl an, wovon die Folge Tod und Sünde
war. Keremet hatte nämlich auch den Tod in die Schüssel hinein getan. Der Gott trieb sie dann aus dem Paradiese. Inmar
erschuf dann an einem anderen Orte — weil er den ersten Menschen auch das Vermehrungsvermögen genommen hatte — einige
Menschen, und damit diese von Keremet verschont bleiben, gab
er neben jedes Menschenpaar einen Hund als Wächter," (Barna,
A votjákok pogány vallásáról = Üb. d. heidn. Rel. d. W. S. 5),
Hiezu vgl. man die ungarische Sage: „Als Frau Eva den Apfel
gegessen hatte, kam Gott in den Garten und frug: wo sie sind ?
Adam und Eva wollten nicht hervortreten: „Herr, wir schämen
uns!" Sie hüllten sich in Feigenblätter. Als sie dann auf Gottes
Befehl hervortraten, gab Gott unserer Mutter Eva eine Schüssel;
in diese Schüssel war — weil unsere Mutter Eva die Frucht ge-
kostet hatte, und damit sie dem Manne folgsam werde — die
Folgsamkeit hineingelegt. Auch gab ihnen Gott Samen, damit sie
denselben aussäen. Und dann öffneten sie die Schüssel, in welcher das war, daß dem Manne das Weib folgen solle, denn wenn
das Weib unter dem Manne gestanden wäre, so hätte er vom
Apfel nicht gegessen" (Temesköz-Lörinczfalva). — In Lörinczfalva,
Magyar-Kanizsa (und vor ungefähr drei Decennien auch in Szeged)
herrschte der Brauch, daß man an Hochzeiten und bei Gelegenheit des Schweineschlachtens dem angesehensten Gaste eine zugedeckte Schüssel, in der sich ein Sperling befand, vorsetzte.

Eine andere ungarische Überlieferung erzählt : Gott trug dem
Adam und der Eva auf, daß sie von jedem Orte essen dürften,
nur eine Frucht sollten sie nicht anrühren. Da aber Mutter Eva
wankelmütig war, so konnte sie nicht umhin, darnach zu greifen
und Gottes Gebot zu übertreten. Als sie in den verbotenen Apfel
biß, fiel ihr Gottes Gebot ein. Sie errötete und sie schämten sich
beide, sie hüllten sich in Feigenblätter ein und begannen herum-
zuirren, konnten sich aber nirgends vor Gottes Zorn verbergen;
sie verbargen sich unter dem Feigenbaum. Unter dem Feigenbaum war eine Schüssel, die war zugedeckt. Mutter Eva konnte
sich ihrer sträflichen Neugier auch jetzt nicht erwehren, denn die
Schlange war da und zeigte ihr die Schüssel, damit sie dieselbe
aufdecke, was sie denn auch tat. In dieser Schüssel befand sich
der Weltspiegel, in welchem Eva das Loos der zukünftigen
Welt erblickte. Als dies nun Mutter Eva gesehen hatte, trat Gott

in das Paradies ein und trieb sie beide von dannen. Aber Mutter
Eva hatte ihr zukünftiges Schicksal schon gesehen und wollte
nicht gleich von dannen, sondern irrte herum. Dann sandte
Gott einen Engel aus, der aus der unter dem Feigenbaum befind-
lichen Schüssel ein feuriges Schwert hervorzog; da ging auch
Mutter Eva aus dem Paradiese" (vgl. Müller, Gesch. d. amerikan.
Urrel. S. 624). (Szöreg.)

Das Paradies befindet sich nach ungarischem Volksglauben
am Himmel. Es heißt: „Das Paradies befindet sich am Himmel
und kann auch gesehen werden; die Sterne glänzen nach der
Art, wie die Bäume des Paradieses sich hin und her neigen"
(Szöreg). — Mit Bezug auf die Unfolgsamkeit des Weibes heißt
es: „Eva wollte sich nicht fürchten; sie fürchtete sich auch nicht
vor Adam. Dieser ging nun zu Gott und sagte ihm, daß Eva
sich vor ihm nicht fürchten wolle. Sprach da Gott! „Geh' und
wasche dich im Flusse Tigris!" Adam wusch sich und es wuchs
ihm ein Bart. Als ihn nun Eva erblickte, erschrak sie: wer das
wohl sei? Seit der Zeit fürchtet sich das Weib vor dem Manne,
aber — nicht ein jedes; manches ist so wie ein Pferd; man kann
es schlagen, stoßen — es folgt dennoch nicht. Eva wollte dann,
daß auch sie einen Bart bekomme; sie ging also auch zum Tigris,
um sich darin zu waschen. Aber da stach eine Fliege ihren
Bauch. Eva schlug auf ihren Bauch, und dort wuchs ihr ein
Bart." (vgl. Mayer, Allg. Myth. Lex. I. 31.) (Aus Egyházas-Kér.)
Ferner heißt es: „Adam hatte bei der Schöpfung keinen Schnur-
bart an der Stelle des Schnurbartes stach ihn eine Fliege; Adam
schlug nach ihr, da wuchsen ihm sofort Haare unter der Nase"
(Szöreg). — In der Überlieferung der Woljaken sagt Inmar dem
Menschen, daß er sterben werde, wenn er sich den Tieren unter-
wirft. Vor den größeren Tieren hütete sich der Mensch, auf den
Sperling aber gab er nichts, und diesem gelang es, ihn zu zwicken;
so kam der Tod und der Kampf ums Dasein in die Welt (Munkácsi a. a. O. S. 52). — Nach dem Sündenfall wandten sich die
Tiere gegen Adam. So heißt es in den ungarischen Überlieferungen: „Die Katze ist ein schlaues Tier; am Tage brummte sie stets
der anderen zu, daß sie in der Nacht ihren Herrn oder ihre Frau
verscharre (s. Abschnitt III. S. 71.). Doch Gott strafte die Katze,
daß sie, wenn der Abend kommt, das vergißt, was sie am Tage
gebrummt hat. Jetzt brummt sie der anderen vergebens etwas

zu, denn sie vergißt es." (Szöreg.). — „Früher war die Biene
besser daran, als jetzt. Einmal sagte sie zu Christus, daß der
sterben solle, den sie steche!" „Stirb auch du!" versetzte Christus.
Seit der Zeit stirbt auch die Biene. (Im magyarischen Sprach-
gebrauch stirbt = meghal: die Biene, die Schwalbe und der
Storch; die übrigen Tiere krepieren = megdögleni). Auch die
Schlange sagte, daß der sterben solle, den sie sticht. „Gut, den
du stichst, soll sterben! Aber dich soll die Erde nicht in sich
aufnehmen!" sprach Christus Die Erde nimmt sie auch nicht
auf, denn wenn die Zeit kommt, daß sie sterben soll, dann legt
sie sich auf den Fahrweg, damit man sie zertrete" (Csanád-
Apácza). In Egyházas-Kér erzählt man, daß: „die Schlange
früher, als sie noch im Paradiese war, nicht gestochen habe; nur
seither sticht sie." — Von den Strafen in Folge des Sündenfalls heißt es weiter in der magyarischen Überlieferung: „Damals,
als unser Vater Adam noch nicht gesündigt hatte, war sein ganzer
Körper so, wie jetzt unsere Fingernägel; da er aber sündigte, verschwand dies. Nur die Nägel blieben als Andenken
daran zurück" (Magyar-Kanizsa). Was die Bestrafung der Schlange
anbelangt, so heißt es im ungarischen Volksglauben. „Wer eine
Schlange sieht und sie nicht totschlägt, der sündigt; die hl. Maria
wendet sich von ihm ab, denn die Schlange ist ein von Gott ver-
fluchtes Geschöpf, seit der Teufel in Gestalt einer Schlange den
Menschen betrogen hat" (Temesköz-Lörinczfalva). Ferner heißt
es in Egyházas-Kér: „Als Gott den Adam in das Paradies führte,
gebot er ihm: „Hier sei! Paradies wachse! Menschengeschlecht
vermehre dich!" Dies kränkte den Teufel, weil er daraus keinen
Nutzen hatte. In der Gestalt einer Schlange verführte er die Eva
zur Sünde. Dann verfluchte Gott die Schlange. Vordem war die
Schlange ein schönes Tier; Eva spielte mit ihr" (vgl. Weil, a. a.
O. S. 22, 28). Auch der Pfau wird in der ungarischen Überlieferung bestraft: „Der Teufel hat außer dem Pfau keinen anderen
Vogel; denn dieser hat dem Teufel sein Fleisch verkauft und auch
seine Füße, damit er schöne Federn erhalte; er hat nun auch
kein Fleisch, nur Haut und Knochen. Damit er nicht übermütig
werde, bekam er häßliche Füße. Der Pfau getraut sich nicht, seine
Füße anzublicken; denn wenn er seine Füße ansähe, würde er
krepieren" (Temesköz-Lörinczfalva); vgl. Weil a. a. O. S. 20. Zur
Bestrafung der Unzufriedenen gehört die ungarische Sage aus

Egyházas-Kér: „Das Kind konnte gleich nach seiner Geburt gehen;
wenn es fiel, erhob es sich und ging weiter. Als eine Frau sah,
daß ihr Kind fallen wollte, haschte sie nach ihm. Da sprach
Gott: „Wenn es so gut nicht war, wie ich es erschaffen, so trage
du jetzt ein Jahr lang oder noch länger die Sorge für das Kind!"
Seither muß man Sorge für das Kind tragen und dennoch fällt
es, sobald es zu gehen anfängt" (vgl. Müller, Siebenb. Sagen:
Strafe d. Ungehors.). Vom Kuckuck erzählt man sich in Májdán:
„Der Kuckuck erbat sich von Gott das allerschönste Gewand; er
war mit dem seinigen nicht zufrieden. Da ward Gott zornig auf
ihn und setzte ihm den Teufelskamm auf. Seitdem bereut der
Kuckuck stets seine Tat und ruft traurig, denn es lastet ein Fluch
auf ihm" (vgl. Pallas a. a. O. II. 32; Barna, A Mordvinok
pogány istenei = D. heidn. Götter d. Mordvinen S. 36; Kale-
vala IV, 500; Weil a. a. O. 30).

Wir wollen noch einige, mehr oder weniger hierher gehörige
ungarische Überlieferungen mitteilen:

„Als Christus auf Erden wandelte, ward er müde und rief
das Pferd, damit es ihn über den Morast trage. „Warte, bis ich satt
werde!" sagte das Pferd. „Gut, iß denn auch dann, wenn du
nicht willst!" sprach Christus den Fluch über das Pferd aus, während er den Esel, der auf seinen Ruf selbst das schon zwischen
seinen Zähnen befindliche Schilfrohr fahren ließ, segnete, damit
er auch auf einem Misthaufen überwintern könne. Ähnlich erging
es auch dem Kuh- und Schafhirten. Früher rasteten die Rinder
zur Mittagszeit, während die Schafe von den Fliegen geplagt wurden. Christus änderte an der Sache. Denn als er einmal Milch
vom Kuhhirten verlangte, wollte dieser aus seiner Mittagsruhe
nicht aufstehen, während der Schafhirt ihn bereitwillig bediente.
In den Kreis der Belohnung und Strafe gehört auch die folgende
ungarische Sage: „Christus ging an den Schnittern vorbei und
verlangte Wasser. Eine heiratsfähige Maid brachte ihm sogleich
frisches Wasser. Als er nun mit Petrus weiterging, trafen sie
einen faulen Hirten an, der unter einem Birnbaume den Mund
offen haltend lag und wartete, daß ihm die Birnen in den Mund
fallen mögen. Sct. Petrus wollte die Maid belohnen und den
Burschen bestrafen, Christus aber verheiratete sie mit einander,
damit der Faule neben der Fleißigen leben könne und nicht zu
Grunde gehe."

Einer Verwandlung wird nach ungarischer Überlieferung auch das Pferd unterzogen und zwar durch den Teufel. Es heißt: „Das Pferd hat der Teufel erschaffen, da es aber gar zu schnell lief, nahm er ihm einen Gelenkknochen heraus. Auch jetzt noch lief das Pferd zu schnell, und nun band er ihm eine Fessel (fesselförmige Muskel) an das Bein. Seither läuft es nicht so schnell. Hätte dies der Teufel nicht getan, so wäre das Pferd rascher gelaufen, als der Teufel." (O-Szent-Iván.) In einer Variante heißt es: „Als Gott das Pferd erschaffen hatte, lief es so schnell, daß ihm auf der weiten Welt an Geschwindigkeit kein Tier nahe kam. Dies grämte den Teufel und er schnitt ihm in alle vier Beine, damit es ihn im Laufen nicht übertreffe. Seit der Zeit kann das Pferd nicht so laufen, wie der Teufel" (Egyházas-Kér). Im Kalotaszeger Bezirk setzt man noch hinzu, daß Gott dem Teufel, weil er dem Pferd in alle vier Beine geschnitten hatte, einen seiner Füße in einen Pferdefuß verwandelt hat. Eine Variante aus Temesköz-Lőrinczfalva erzählt: „Gott erschuf für den Adam ein Pferd. Adam hatte keine Not mit dem Pferde; aber als ihn Gott aus dem Paradiese trieb, ward das Pferd ihm gar zu schnellfüßig. Er klagte Gott, daß er mit dem Pferde nicht mehr umgehen könne. Da sagte ihm Gott, er solle dem Pferde in die Beine schneiden ; so wuchs demselben das Oberbein" (vgl. Weil a. a. O. S. 27, 40; Zeitschr. d. deutsch morgenl. Gesellsch. XXX. 189). Hier spielt Adam die Rolle eines Demiurgen. Woraus nun das Pferd erschaffen ward, darüber erzählen uns auch die ungarischen Überlieferungen : „Pferde hatte Gott nicht erschaffen; es gab nur Esel, Pferde aber keine. Die Teufel aber vermehrten sich so sehr, daß wohin immer Christus ging, er überall lauter Teufel sah. Die Teufel foppten nun Christus und er machte aus ihnen Pferde. Manche Pferde sind auch wie die Teufel. Damals war das Pferd gar schnelllaufend; es lief so schnell, daß man es kaum zum Stehen bringen konnte. Da schleuderte Christus ein Beil an das Pferd, das in dessen Bein eindrang. Seit der Zeit sieht man den Beilschnitt an den Beinen der Pferde. Das Pferd ergab sich hierauf und ist nicht mehr so schnelllaufend." (O-Szent-Iván.) Vgl. hiezu die mongolische Sage über Sigemuni. (Majer a. a. O. I, 541.) Auf welche Weise aus Teufeln das Pferd erschaffen wurde, darüber berichtet die ungarische Tradition also: „Als Gott den Adam ins Paradies berief, erklärte er ihm, was er ihm befehle. Der Pflug ackerte von selbst, denn damals gab es noch keine Pferde. Der Teufel trat hinzu, damit er an sein Wort glaube, und nicht an das Gottes; aber der Pflug ackerte weiter. Da glaubte ihm Adam und der Pflug blieb stehen. Da ging Adam zu Gott und sprach: „Herr, mein Schöpfer, der Pflug ackert nicht weiter!" Hierauf versetzte Gott: „Warum hast du dem Satan geglaubt! Wenn du dahin zurückgehst, so schleudere den, der neben dem Pfluge steht, an den Pflug!" Als Adam zurückkehrte, schleuderte er den Teufel so an den Pflug, daß er gleich in ein Pferd verwandelt wurde. Da sprach Gott: „Spann' ihn ein, damit er den Pflug ziehe!" Seither zieht das Pferd den Pflug." (Egyházaskér. Vgl. Weil a. a. O. 40.)

Eine andere ungarische Überlieferung erzählt: „Als Gott den Menschen pflügen lehrte, kam auch der Teufel hinzu und disputierte mit Gott, daß auch er zu pflügen verstünde. Der Teufel sagte, daß er noch vor Hahnruf den Berg aufackere. Als er die Mitte des Berges pflügte, schrie der Hahn. Der Teufel ließ sogar seine Bundschuhe zurück. Der Teufel hat gerippte Bundschuhe." (Szeged-Madarásztó.) In einer anderen ungarischen Überlieferung wieder heißt es: „Als Gott den Menschen pflügen gebot, gab er ihm einen solchen Pflug, der von selbst ging; man benötigte kein Pferd dazu. Gott sagte dem Menschen: er solle den Pflug nur gehen lassen, wohin er (von selbst) geht, und ihn nicht anrühren. Der Teufel kam hinzu und sah, daß der Mensch pflügt, er sprach zu ihm: Es geht nicht gut, es geht nicht grade! kehr' dich herzu! dann wird die Furche grade sein!" Der Mensch wendete den Pflug, der Teufel berührte ihn; der Pflug blieb stehen, er ging nicht weiter. „Nun!" sprach der Teufel, „ich bringe dir schon vier Pferde, daß er gehen wird!" Der Teufel brachte auch solche vier Pferde, daß der Mensch mit ihnen nicht umgehen konnte: es waren Teufel und nicht Pferde. Gott kam nun zum Menschen und sah, daß er mit den Pferden nicht umgehen kann, und da schlitzte er alle vier Beine der Pferde auf, worauf diese alle langsamer gingen. Damals wurden aus den Teufeln Pferde; man darf auch den Pferden nicht recht trauen, denn sie sind aus Teufeln entstanden!" (Szeged-Gajgonya.) In Egyházas-Kér sagt man noch: „Den Teufel schleuderte der heil. Petrus an die Pflugschar, so wurde er ein Pferd."

Zum Schluß noch eine ungarische Tradition zu diesem Thema: „Als Gott den Menschen erschaffen hatte, gab er ihm einen Pflug. Dieser Pflug ackerte von selbst. Gott sprach: „Aber schlag' ihn nicht in die Seite!" Kam hinzu der Teufel und zwang den Menschen, daß er den Pflug in die Seite schlage. Aber Adam schlug ihn nicht. Nun kam Gott und frug: „Geht der Pflug gut?" Adam antwortete: „Nicht besonders gut! Kam her ein roter Mann und sagte, ich möge den Pflug in die Seite schlagen." „Nun gut, Adam," sprach Gott, „ich gebe dir einen Zaum, mit dem schlage den roten Manne an den Kopf, in dieses Geschirr spanne ihn ein, laß ihn auf die Weide gehen; dann kannst du den Pflug schlagen." Gott ging weg und es kam der Teufel und sagte wieder, der arme Mensch möge den Pflug in die Seite schlagen. Adam schlug den Zaum dem Teufel an den Kopf, spannte ihn ein und schlug auf den Pflug. Seit der Zeit geht der Pflug nicht mehr von selbst. Der Teufel verwandelte sich in ein fuchsrotes Pferd, Adam spannte es ein und seither zieht das Pferd den Pflug." (Szeged-Királyhalom.) —

V.

Quälgeister.

Wenn irgend ein Glaube allen Völkern der Erde zu allen
Zeiten, unter allen Zonen und unter den verschiedensten Lebens-
bedingungen gemeinsam war und ist, so ist es der Glaube an
Quälgeister. In seinen Grundzügen viel Neues finden wir auch
im diesbezüglichen Glauben der Ungarn nicht, wohl aber so manches Wichtige, das zur Lösung mancher Frage einen nicht zu
verachtenden Beitrag liefert.

Beginnen wir mit dem Werwolfglauben.

Die geistige Krankheit Lykanthropie läßt sich bei den
Magyaren nicht nachweisen, obgleich sie einmal auch bei diesem
Volke gegenwärtig gewesen sein mag. „Als eine Krankheit, eine
Art Wahnsinn," bemerkt R. Andrée, tritt die Lykanthropie bereits im ersten Jahrhundert auf und dauert bis ins späte Mittelalter fort. Sie zeigte sich besonders im Monat Februar, dann
verließen die Kranken nachts ihre Wohnungen und schweiften
auf den Begräbnisplätzen umher; wobei sie sich einbildeten, sie
seien Wölfe oder auch Hunde (Kynanthropie). Blässe und ein-
gefallenes Gesicht, hohle, tränende Augen, trockene Zunge und
brennender Durst, sowie Verminderung der Sehkraft deuteten auf
ein tiefes, körperliches Leiden. Die Unterschenkel dieser Kranken waren beständig mit Wunden und Geschwüren bedeckt,
wegen des Strauchelns und der Anfälle der Hunde, deren sie
sich nicht erwehren konnten. Die Wölfe und Hunde nachahmend,
strichen sie bellend und brüllend umher ... Im Mittelalter er-
reichte dieser Wahnsinn seinen höchsten Grad und wurde vorzüglich dadurch furchtbar, daß die Kranken in ihrer Wut Kinder
und Erwachsene töteten, wovon man im Altertum nichts wußte."

Andrée hat nun nachgewiesen, „daß derselbe Glaube an die Tierverwandlung meist in identischen Formen überall wiederkehrt, daß hier ein Gemeingut aller Völker vorliegt, kein abgeschlossenes Besitztum irgend einer Rasse oder einer Familie, daß somit eine Erklärung des Werwolfes aus den Anschauungen eines Volkes unzulässig ist, sondern hiebei allgemeine Gesichtspunkte, angenommen werden müssen." Der alte ungarische Geschichtsschreiber M. Bél (Not. 2, 382) sagt: „Vulgus adulto errore credit λυκανθρωπους esse — slavis wlokodlak id genus dicitur — qui e hominibus in lupos conversi, Lycasnis ritu, vindictam de his sumunt, quorum iniuriis sunt adpetiti. Quem autem hac suscipione semel notaverunt, ab hoc multa sibi superstitione cavent, ne novis provocatus iniuriis, ad ingenium redeat."

Mannhardt, C. Meyer. F. S. Krauss u. a. haben den Werwolfsglauben als ein Überbleibsel eines uralten, in die vorchristliche Zeit hineingehörigen Kultgebrauches zu erklären versucht. Diese Ansicht wird nun — wie wir sehen werden — besonders durch den magyarischen Volksglauben bekräftigt. „Gerade da, wo unsere Quellen verhältnismäßig am reinsten fließen, erscheint die Verwandlung als eine periodisch wiederkehrende," hebt C. Meyer hervor, „z. B. bei den Neurern (Herodot IV, 105) und ebenso auch in Preußen, Livonien und Litauen, wo es nach Olaus Magnus die Weihnachtszeit ist, in welcher unzählige Menschen als Wölfe herumlaufen. Hieraus ergiebt sich, daß wir es mit einer uralten, verschiedenen Völkern gemeinsamen Kultushandlung zu tun haben, nach welcher entweder das gesamte Volk oder nur einzelne aus demselben, dem Sündenbock der Hebräer vergleichbar, vielleicht um irgend eine verderbliche Gottheit zu sühnen, in Wolfspelzen umherirren mußten. Darum heißt wohl auch bei den Germanen der Geächtete und von der Gemeinschaft der übrigen Ausgeschlossene warch, d. h. Wolf. Nun erklärt es sich auch, warum das Ganze nach Einführung des Christentums einen so düsteren Anstrich erhielt; es teilte in dieser Beziehung einfach das Schicksal der meisten aus dem Heidentum stammenden Gebräuche und Anschauungen. Wo es etwa noch eine zeitlang fortdauerte, mußten sich die Beteiligten in dunklen Stunden und abgelegenen Gegenden treffen, weil ihr Beginnen das Brandmal des Teuflischen trug. Und endlich aus ihren historischen Bedingungen herausgerissen, hielt sich die

Lykanthropie auch nicht mehr ausschließlich an ihre ursprüngliche, durch den Kultus bedingte Jahreszeit, sondern sie trat nur
vereinzelt und zu jeder Zeit des Jahres auf.·

Hund und Wolf waren bei den alten Magyaren Schwur-
tiere, auf die man beeidet wurde. In einem Briefe der baierischen
Bischöfe an Papst Johann (Ludewig script. 2. 367) heißt es:
„Quod nos praefati sclavi criminabantur, cum ungaris fidem
catholicam violasse et per canem seu lupum aliasque ne-
fandissimas et ethnicas res, sacramenta et pacem
egisse.“ Hund und Wolf waren bei diesem Eidbrauch Kulttiere
(vgl. Abschnitt III. S. 72.)

Bezeichnend ist, daß bei den Magyaren jemand nur nach
dem Tode Wolfsgestalt annehmen kann. Daß er sich nach Belieben in einen Wolf oder Hund verzaubern und wieder in einen
Menschen entzaubern kann, das ist dem ungarischen Volksglauben unbekannt. Der Werwolf heißt im Ungarischen: farkas-
koldus = Wólfsbettler und man glaubt, daß nach dem Tode
Schäfer sich in Wölfe verwandeln, um also Rache für die ihnen
im Leben angetane Unbill von Seiten ihrer Dienstgeber zu nehmen. Wenn die Wölfe großen Schaden in den Schafherden an-
richten, so heißt es: der Wolfsbettler gehe herum (Ipolyi a. a. O.
S. 361). Ein solcher Wolfsbettler wandelt in Wolfsgestalt so lange
herum, bis er so viele Schafe erwürgt hat, als er im Leben als
Mensch Haare am Leibe gehabt hat. Vom Hundebettler gilt dasselbe. Heulen in Winternächten die Dorfhunde gar laut und oft,
so sagt man: ein Hundebettler gehe um. In einen solchen verwandeln sich nach dem Tode Leute, die man durch Meineid
ins Unglück gestürzt hat, die dadurch viel verloren haben, daß
jemand gegen sie einen falschen Eid abgelegt hat. Als Hundebettler verfolgen sie besonders meineidige Leute. Ist jemand mit
dem Schwure gleich bereit, so sagt man einem solchen in einigen
Ortschaften: „Wart' nur, der Hundebettler wird dich schon leh-
ren!“ (várj csak, megtanit majd a kutyakoldus).

Oft sieht man in mondhellen Nächten ein schwarzes Roß
über die Haide fliegen, das sich unter die Roßherden mischt und
die Pferde blutig beißt. Es heißt das „verfluchte, schwarze Roß“
(átkozott fekete csikó). Roßhirten und Roßdiebe, die im Leben
viel Unbill von den „Herrschaften“ (uraságok) erlitten haben, neh-

men nach dem Tode in dieser Roßgestalt Rache für das ihnen einst zugefügte Leid.

Diese drei Gestalten des ungarischen Volksglaubens sind also nicht zur Strafe in die betreffenden Tiere (Wolf, Hund, Roß) verwandelt worden, sondern es wurde ihnen von Gott diese Gestalt nach ihrem Tode verliehen, damit sie Rache nehmen an denjenigen, die ihnen Leid zugefügt haben und zwar deshalb, damit andere Leute sich daran ein Beispiel nehmen (példát vegyenek róla) und ihre Untergebenen nicht quälen und übervorteilen sollen. So lautet überall im Lande die Moral, die sich das Volk aus diesem Glauben zurechtlegt.

Nicht in Sagen und Märchen, sondern im Glauben des Volkes fristen diese Gestalten ihr Leben, und nirgends werden sie mit dem Vampyr in Verbindung gesetzt, nirgends treten sie als blutsaugende Wesen auf. Der ihnen im Leben kein Leid zugefügt hat, dem bereiten sie auch keinen Schaden. Gegen Kugeln und Schlingen gefeit, verschwinden sie in die Enge getrieben, in die Erde, um gleich darauf an einem anderen Orte auf der Erdoberfläche zu erscheinen. Dieser Glaube, der auf alter Kulthandlung beruht, ist bei den Magyaren entschieden weniger verblaßt, als bei ihren Nachbarn, den Südslaven, sonst wäre auch bei ihnen eine Vermengung oder Gleichstellung dieser Gestalten mit dem Vampyr nicht eingetreten und der alte Glaube nicht nur noch in Märchen und Sagen nachweisbar (s. F. S. Krauss im „Ausland" 1890 Nr. 21).

Vampyre kennt der magyarische Volksglauben nicht, obwohl in zahlreichen deutschen Werken aus dem vorigen Jahrhundert die Rede von „hungarischen Vampyren" ist (s. ein Verzeichnis der wichtigsten Werke bei Ipolyi a. a. O. S. 231 Anm.). Das ungarische Volk hat den Vampyr nie gekannt, weder unter dem Namen „Vampyr", noch unter einer anderen Bezeichnung. Das Wort „Vampyr" übersetzen die ältesten Schriftsteller und Lexikographen mit: vérszopó lélek = blutsaugende Seele, von der der Volksglaube aber nichts zu berichten weiß. —

Eine eigentümliche Gestalt des ungarischen Volksglaubens ist der sogenannte Lidércz (in Dialekten auch: ludvércz, lodovércz, luczvér, iglicz oder ihlicz). Alte Lexikographen übersetzen es mit = ignis fatuus, Irrlicht, Irrwisch, das „das Volk für eine teuflische Erscheinung hält." Erdélyi (Magyar közmondások 267), einer der besten älteren Volksforscher, sagt über den Lidércz: „Der L. ist im ungarischen Volksglauben eine Art Feuergeist, der gleich der das Feuer nährenden Luft, auch durch das Schlüsselloch sich hineinzwängen und selbst die verschlossensten Räume, Schränke, Kisten u. dgl. besuchen kann, ohne dieselben in Brand zu setzen; er schleppt Schätze, Reichtümer herbei; deshalb sagt man von einem, der plötzlich reich geworden: „er hat einen Lidércz" (lidércze van); er wohnt in Sümpfen, Burgruinen, Höhlen, Friedhöfen oder an dumpfen, schimmeligen Orten." Der Volksglaube und die Sagen berichten mehr über den Lidércz. Er gilt nicht nur für ein schätzebringendes Wesen, sondern auch für einen Incubus-Geist, der oft die Gestalt eines mageren, häßlichen, struppigen Küchleins hat. In der Csallóközer Gegend berichtet eine Sage (Ipolyi S. 228): „Im Dorfe P. sah eine alte Frau, die Gattin des Michael Szabó einmal auf der Straße ein lumpiges, zerzaustes Küchlein, das eben ein Lidércz war. Die Frau wußte nicht, mit wem sie es zu tun habe und sie trug daher das Küchlein in ihr Haus, wo sie es neben den Herd niederlegte. Als es sich erwärmt hatte, begann es laut zu piepen und man konnte dabei deutlich die Worte des Küchleins vernehmen: „Was soll ich bringen? was soll ich bringen?" Die Frau horchte anfangs erstaunt auf, dann aber rief sie geärgert: „Was sollst du bringen? Bring' also D....!" Als es Morgen ward, war das Haus voll mit Mist, so daß man ihn kaum wegschaffen konnte. Die Frau ward nun klüger und als das Küchlein wieder seine Frage herpiepte, sagte sie ihm, es solle ihr Geld bringen. Der Lidércz füllte nun alles mit Geld an. Er wuchs aber nicht, noch ward er schöner, und legte haarige Eier. Die Frau erschrak endlich und wollte das Küchlein fortschaffen. Sie legte es also an den Ort zurück, woher sie es gebracht hatte, aber es kehrte immer heim und beunruhigte das Haus, bis endlich die Frau es doch aus dem Wege schaffte. Seit der Zeit aber verwandelte sich ihr Geld in Mist." Baron A. Mednyanszky teilt in seiner handschriftlichen „Sammlung abergläubischer Meinungen und Gebräuche des gemeinen Volkes in den Tälern des Rokos, 1823" aus dem Volksglauben der Slaven Nordungarns eine wichtige Parallele mit: „Einmal wälzte sich an einem regnerischen Tage ein zmok (Lidércz) in der Gestalt eines Küchleins mit langem Halse und Beinen und großen Augen draußen auf der Straße im Kote.

Eine Frau erblickte es, holte es in ihre Stube herein, reinigte es und legte es auf den warmen Herd, wo es bald zu sich kam und seinen Kopf hin und her drehend, mit großen Schritten auf- und ab zu gehen begann. Auf dem Herde befand sich ein großer Topf voll gesäuerter Rüben. Der Lidércz sprang auf den Topfrand und aß heißhungrig von den Rüben, wobei er fortwährend piepte: „Ich esse Rüben vom Topfrande" (slavisch: žeru repu na nalepku). Die Frau wollte nun den Teufelsvogel hinaustreiben, aber er flehte und versprach, alles zu bringen, was sie sich nur wünsche. Die Frau wünschte sich nun zahlreiche Dinge. Er brachte ihr Gold, Getreide, Holz, Salz, Fett, Rinder u. dgl. Bald aber hatte die Frau alles vergeudet und verlangte vom zmok wieder allerlei Sachen. Aber sie wollte doch nicht für immer in seine Gewalt gelangen und dachte auf eine List. Von einer Alten erfuhr sie, daß wenn der zmok große Lasten trage, er zu Grunde gehe. Sie befahl ihm daher, den Aufboden mit Getreide zu füllen, wobei sie ein Loch in die Stube herein und ein anderes in den Keller hinab machte, so daß der Aufboden mit Getreide sich nie anfüllte und der zmok zu Grunde ging."

Aber nicht immer gelingt es, sich vom Lidércz auf eine so leichte Art zu befreien. In den meisten Fällen muß man mit ihm einen Pakt abschließen, einen Contrakt mit dem eigenen Blute unterschreiben, seine Seele ihm verkaufen, mit ihm sein Essen teilen und ihn von seinem Blute saugen lassen. Ipolyi (S. 229) berichtet: „In der Stadt K. kannte jedermann eine magere, mürrische Alte, die Frau eines Haiducken, die auf dem Düngerhaufen einen aus einem faulen Ei gebrüteten Lidércz besessen haben soll. Der L. brachte ihr viel Gold, an dem aber selbst ihr Gatte keinen Anteil haben durfte; den L. aber trug sie an ihrem Busen mit sich herum, wo er ihr Blut saugte, so daß die Frau zusehends abmagerte. Sie getraute sich auch nicht vor jemandem zu essen, denn der L. verlangte von jedem Bissen die Hälfte."

Bezeichnend ist, daß vorzugsweise Frauen einen Lidércz besitzen, mit denen er sich dann auch geschlechtlich vermischt. Der Volksglaube weiß auch über die Geburt und seine besonderen Eigenschaften zu berichten. G. Karcsay sagt (in der Ztschr. „Uj m. Muzeum" 2, 498), über den diesbezüglichen Glauben des magyarischen Volkes in der Csallóközer Gegend: „Der größte Teil der Dorfbewohner behauptet, einen in der Luft fliegenden L.

gesehen zu haben, der dann so aussehe, wie eine feurige Stange;
er hat einen langen Schweif, fliegt gar schnell und spritzt Feuer
um sich herum; er fliegt durch den Kamin in die Stube herein,
wohin er Schätze bringt. Er entsteht aus einem Hahnenei, das
aber ein Mensch ausbrüten muß und zwar so, daß er das Ei
unter der Armhöhle mit sich trägt. Ist der L. dem Ei entsprungen, so füttert man ihn heimlich mit ungesalzenem Hirse und
kämmt ihn auch, aber er bleibt trotzdem ein zerzaustes, elendes
Küchlein, das fortwährend piept, allnächtlich verschwindet und
das Geld herbeibringt." In einer anderen Mitteilung aus der
Csallóközer Gegend (Ipolyi S. 229) heißt es: „Wenn man das
erste Ei eines Huhnes in warmen Dünger legt, oder wenn es der
Mensch unter der Armhöhle bei sich trägt und in neun Tagen
ausbrütet, so wird aus solchem Ei ein Lidércz. Man sagt, in
dieser Gestalt eines zerzausten, piependen Küchleins gehe der
Teufel von Haus zu Haus. Oft geschieht es, daß die Hausfrau
dies unter ihren Füßen herumkrappelnde Tierchen umstößt, worauf es zu sprechen und seine Dienste ihr anzubieten beginnt. Wer
seinen Dienst annimmt und ihm seine Seele verspricht, dem
bringt es Geld und Schätze. Dies Geld glänzt im Dunkeln. Oft
fliegt der L. in der Nacht als eine lange Flammengerte über das
Dorf hinweg und verschwindet durch den Kamin in einem Hause."
In der Kecskeméter Gegend heißt es (Ipolyi a. a. O. S. 229), der
Lidércz gleiche einem feurigen Knäuel, wenn er durch die Luft
fliegt; er wirft Funken von sich und entsteht gewöhnlich aus
einem solchen Ei, das ein siebenjähriger Hahn gelegt hat und
das ein Mensch ausbrütet, den dann der L. nie verläßt. Einen L.
kann nur diejenige Frau besitzen, die mit ihm geschlechtlichen
Umgang pflegen will. Giebt sie ihren diesbezüglichen Wunsch
kund, so erscheint der L. in der Gestalt eines zerzausten Huhnes,
schüttelt sich und verwandelt sich in einen Mann. Dann erfüllt
der L. jeden Wunsch der Frau. Im Nyitraer Comitat weiß der
Volksglaube noch zu berichten, daß der L. ein solches Kind sei,
das sich der Teufel schon im Mutterleibe zu eigen gemacht hat
und das dann nur 2 Fuß hoch wachse, nachts aber als feurige
Kette herumfliege oder als zerzaustes Hühnchen Schätze zusammen-
trage. Man darf ihm nicht nachfolgen, denn es führt den Menschen ins Wasser oder erdrosselt ihn (vgl. Firdusi, Schah Nameh,
übers. von Görres, 2, 407). Der Volksglaube in der Gegend von

Miskolcz ergänzt diese Berichte. Es heißt dort, der L. entstamme
einem schon bebrüteten, faulen Ei, das man in Dünger einscharrt
und bis zum Mondwechsel dort läßt: dann kriecht ein elendes
Hühnchen hervor, dessen Federn nach aufwärts stehen. Man
füttert es mit Milchhirse und stets schläft es mit der Hausfrau.
Es ruft: „Was soll ich bringen?" und erfüllt jeden Wunsch seiner Besitzerin. Wenn es etwas zu holen hat, so fliegt es als
feurige Kette durch den Rauchfang hinaus. Man kann seiner
schwer los werden: denn wenn man es auch verkauft, so kehrt
es doch immer wieder zurück. Giebt man ihm aber Schnaps ein,
damit es sich berausche und trägt man es dann um Mitternacht
auf einen Kreuzweg, dann kehrt es nimmer zurück. Wer einen
L. besitzt, der hat seine Seele dem Teufel verkauft. Wer ein
vom L. gelegtes Geldstück findet, dasselbe aufhebt und es sich
vermehren sieht; davon aber niemandem etwas sagt, der verfällt
dem L. Er kann sich aber von ihm frei machen, wenn er das
Geld herausgiebt (vgl. den slavischen Glauben in der Lausitz bei
Grimm 971). —

Obwohl die älteren Lexikographen Lidércz mit = Irrwisch,
ignis fatuus übersetzen, so hat der diesbezügliche Volksgaube, wie
schon Ipolyi bemerkt, mit dem Irrlicht nichts zu schaffen. Das
Irrlicht (bolygótüz) ist dem magyarischen Volksglauben gemäß
die Seele eines sündenbeladenen Menschen (Ipolyi S. 361).

„Die feurigen Menschen (tüzes emberek)", sagt er, „unterscheidet das Volk vom Lidércz. Die feurigen Menschen beunruhigen das Volk nicht drinnen im Dorfe, sondern draußen auf
der Gemarkung. Diese werden aus denjenigen, die vom Acker
anderer abgepflügt, anderer Besitz unrichtig vermessen, die Feld-
raine gefälscht, die Grenzsteine und Tafeln heimlich verschoben,
bei der Grenzbestimmung falsch geschworen u. s. w. haben. Die
Seelen dieser irren in der Gestalt feuriger Funken oder Kugeln
auf dem Hattert herum und halten sich besonders an den Orten
auf, wo sie einmal etwas Unrechtes getan haben. Die feurigen
Menschen fügen niemandem ein Leid an und scheinen mehr zur
Beunruhigung, zum Stören und Schrecken der Menschen verflucht
worden zu sein. Manchmal aber foppen sie den Menschen so
sehr, daß er in Verzweiflung verfällt. Sie folgen ihm nach und
je rascher er läuft, desto eiliger folgen sie ihm; bleibt er stehen,
so bleiben sie auch an einem Orte; oft umschweben sie den

Wagen, flattern zwischen den Zugtieren und den Rädern herum, setzen sich auf die Hörner der Ochsen, lassen sich auf des Menschen Kopf nieder u. s. w." Durch Gebet kann man sie nicht verscheuchen, wohl aber durch lautes Fluchen. Wer viel dabei betet, der läuft Gefahr, von ihnen erdrosselt zu werden.

Dem ungarischen Volksglauben sind die Irrwische auch unter der Gestalt feuriger Tiere bekannt. In der Burg von Ofen wurden die Türken von feurigen Gespenstern in Schrecken versetzt (Bél, Notitia hung. nov. etc. 3. 356). In der Nähe der Burgrunine von Léva schweift ein feuriges Roß, bisweilen ein feuriger Stier oder ein Schwein umher; es soll dies die Seele eines Burghauptmanns sein, der einst viele Ungarn den Türken verkauft hat. Zwischen den Ortschaften Ipoly-Keszi und Balog (Honter Comitat) ist ein Sumpf, „der See des Verböczi" genannt. Dort soll allnächtlich der Verböczi mit feurigem Barte auf feurigem Wagen herumfahren (Ipolyi S. 362; über feurige Frösche, Schlangen s. Graal 136, Majláth 206).

Dieser Glaube führt uns zum Gespensterglauben über. Neues, im Volksglauben anderer Völker nicht Vorkommendes haben wir in dieser Beziehung nicht zu berichten. Menschen, die man nicht gebührend begraben, denen man nicht die vorgeschriebenen Dinge in den Sarg gelegt hat (s. Abschn. VI); die viele Sünden im Leben begangen haben u. s. w., die kehren zu ihren Hinterbliebenen oder zu bestimmten Orten zurück und zwar gewöhnlich zur mitternächtigen Stunde. Jede Burgruine, jeder einsame Ort u. s. w. hat in der Sage irgend ein Gespenst (kisértet) und man könnte einige dicke Bände mit ungarischen Gespenstersagen füllen. Raummangel verbietet uns, diesen Zweig ungarischen Volksglaubens näher zu berühren, besonders weil derselbe keinen neuen, unbekannten Zug enthält. —

Wir haben im I. Abschnitt schon ausführlich über das Tátos-Roß gehandelt. Tátos heißt auch eine Art von Wechselbalg. Ipolyi (S. 447 ff.) bringt das Wort mit Sanscrit tat (deva-tat, tasta), chaldäisch Thaute, gallisch Theutates, german. Tuisto, Tuisco in Verbindung und berichtet auf Grund des Volksglaubens über den Tátos als Menschen kurz folgendes. Der Tatos kommt mit Zähnen auf die Welt. Wenn die Hebamme dies verrät, so tragen ihn die anderen T. weg. Zum T. muß man geboren werden, dazu kann man nicht erzogen werden. Der Tátosmensch ist gewöhnlich ernst, nachdenkend und traurig, er muß einmal im Leben mit einem Stiere kämpfen, wobei er auch die Gestalt eines Stieres annimmt. Während des Kampfes speien die Stiere Feuer. Hat der T. den Stier besiegt, so geht er auf Reisen und sucht sich ein Tátos-Roß. Er ist gegen Kugel nnd Schwert gefeit. Stirbt ein Mensch, von dem man glaubt, er sei ein T. gewesen, so legt man ihm Kieselsteine in den Mund, sonst verschlingt er den Mond. Das Kind, welches am Weihnachtsabend zur Welt kommt, aus dem wird gewöhnlich ein T.-Mensch. Der T. weiß die verborgenen Schätze in der Erde, doch er darf dieselben nicht anrühren." — Eine andere Mitteilung aus dem Volksglauben hat Karcsay (Muzeum 2. 500) gemacht, die nur den neuen Zug enthält, daß der T. sich nach Belieben in Tiere verwandeln kann; meistens schweift er als Hirte oder Knecht herum und muß jedes siebente Jahr in ein anderes Land ziehen, wo er mit einem anderen T. zu kämpfen hat. Wer im Kampfe siegt, dessen Land wird im Jahre ungemein fruchtbar. Einige Sagen erzählen von einem Tátos, namens Kampó: „Der eisleibige, niedrige, dickbeinige Campó wohnte in Temesvár, woher er nach Ofen zum König zum Mittagsmahl zu gehen pflegte. König Mathias hielt ihn stets in Ehren, weshalb die Königin ungeduldig ward und oft ihren Gemahl frug: aus welchem Grunde er diesen elenden Menschen so hoch in Ehren halte? Dem König ward dies lästig und einmal forderte er den Kampó auf, er möge einmal vor der Königin seine Kunst zeigen. Am nächsten Tage kam Kampó zum Mittagsmahle, hing beim Öffnen der Thüre seinen oberen Kiefer an den Oberstock der Türe, den Unterkiefer aber legte er auf die Schwelle und spie Flammen" (Ipolyi S. 450). Auch Gönczöl war ein solcher Tátos. „Er ist der Entdecker des Wagens und war ein gar weiser Mann, der mit Bäumen, Vögeln sprechen konnte und den Lauf der Sterne kannte, er vollbrachte viele Wunder; sterben sah ihn niemand; man glaubt, er ist an den Himmel versetzt worden, wo er als Sternbild (Große Bär, s. Abschn. II. S. 59) sichtbar ist" (Karcsay a. a. O. 2, 501). Auch in Lokalsagen wird der Tátos oft erwähnt (Ipolyi S. 450): „In Sz. kam ein Tatos zu den Winzern des Landwirten Dóró und verlangte einen Imbiß. Diese schalten ihn, warum er nicht arbeite. Nach dem Essen arbeitete er also bis Mittag, aß mit ihnen das Mittagsmahl, ging aber vor ihnen hinaus mit der

Bemerkung, daß sie für seine Arbeit bei der Weinlese büßen
werden. Dörö ging mit allem Nötigen zur Lese und da ward
sein Weingarten plötzlich durch Hagel ganz vernichtet, und zwar
nur der seine allein." Alle die diesbezüglichen Sagen weisen nur
die angeführten Züge auf. Ob man nun daraus auf eine verblaßte Erinnerung an einen Priesterstand der heidnischen Magyaren zu folgern berechtigt sei oder nicht, das wage ich bei den
spärlichen Quellen nicht zu bestimmen, so viel aber ist gewiß,
daß der Tátos im Volksglauben der Ungarn eine hervorragende
Rolle spielt und in unzähligen Märchen und Sagen vorkommt.
Möglich, daß bei Bildung dieser Gestalt die im Mittelalter verbreiteten Virgil-Sagen das Ihrige beigetragen haben. —

Der Glaube an Krankheitsgeister ist bei den Magyaren nur
in seinen allerletzten Resten nachweisbar. Mirigy heißt: Geschwulst; mirigyszökés = bubo (eig. Geschwulst-Sprung). Eine
Redensart lautet: „Er ist neidisch wie die Mirigy!" (irigy mint a
mirigy.) Oft heißt mirigy auch Pest, wofür die Szekler den Ausdruck csoma oder csuma haben. Eine Vogelscheuche, die man
auf Obstbäumen hängt, heißt ebenso. Das Fieber heißt lúz; was
ebenfalls auch eine Vogelscheuche bedeutet. Pest und Kolera
werden unter bestimmten Gestalten vorgestellt. Vor Jahren fing
man die Kolera in Debreczin ab und schlug sie tot. Sie hatte
die Gestalt eines haarigen, struppigen Tieres. In Oberungarn sah
man auch die Cholera als eine dünne, graue Wolke einherschwe-
ben, aus der ein langer Arm hervorstach und bisweilen den Erd-
boden berührte. Ein alter Fuhrmann trieb seine Rosse einmal
die Landstraße entlang, als er ein nacktes, mitten auf dem Fahr-
wege liegendes Kind erblickte. Das Kind bat ihn, er möge es
auf den Wagen nehmen. Der Fuhrmann aber erschrak und trieb
seine Rosse an. Als er nach einer Weile nach dem Kinde zu-
rückblickte, da sah er dasselbe zu seinem größten Staunen auf
seinem Wagen liegen. Er bekreuzte sich und befahl dem Kinde
im Namen der hl. Dreifaltigkeit vom Wagen herabzusteigen. Hierauf versetzte das nackte Kind: „Du hast wohlgetan, daß du mir
im Namen der hl. Dreifaltigkeit herabzusteigen befohlen hast,
sonst hättest du mich in dein Dorf hineingeführt und ich hätte
eure ganze Gegend vernichtet. Ich bin die Kolera!" (S. Varga,
A babonák könyve S. 37 ff.) —

Wir kommen nun auf den bedeutendsten Quälgeist des magyarischen Volksglaubens zu sprechen.

„Blutwallungen, denen sich Krämpfe zugesellen," sagt F. S. Krauss (im „Ausland" 1890 S. 329): „Anschwellungen der Blutdrüsen mit Milch- oder Blutfluß, schmerzhaftes Herzklopfen mit Atembeklemmungen und dergleichen krankhafte Zustände, welche die nächtliche Ruhe zur nächtlichen Pein umwandeln können, führt der Volksglaube, einen Grund für solche Wirkungen suchend, auf Bedrückungen nächtlicher Quälgeister, auf die Mahren zurück. Heutigentags ist man über die Erscheinung und die Volksauffassung völlig im Klaren. Viele gelehrte Erklärungsversuche vertragen kaum mehr eine Erörterung, wie z. B. jene A. Hennes: „Die Nachtgespenster sind abergläubige Entstellungen der Gestirne, deren Strahlen überall hindringen und den stärksten Einfluß auf die Nachtruhe der Menschen üben, indem ihre Helligkeit dieselbe oft stört oder vereitelt. In den wandernden und irrenden Nachtmahren . . . erkennt man ohnehin (?!) die in Tiergestalt gedachten, ruhelos hinziehenden Sterne." Krauss meint nun ganz richtig: „Henne verkennt und überschätzt den Einfluß der Sternenwelt auf die Nachtruhe des Menschen. Der Mondsüchtige oder der Nachtwandler ist mit dem Mahrgeplagten nicht zu verwechseln. Die Mahr verhindert eben die Beweglichkeit, sie legt den Leib des Schlafenden lahm, die Sterne aber und der Mond beeinflussen in einer anderen, entgegengesetzten Weise den Schläfer."

Daß diese Ansicht richtig ist, dafür giebt uns zufälligerweise gerade der magyarische Volksglaube die erwünschten Belege.

Mondsüchtige und Nachtwandler heißen im Magyarischen holdkoros = Mondsüchtig, Mondkranker. Ein weißer Greis erscheint vor dem Schlafenden und giebt ihm ein Knäuel in die Hand, dessen Fadenende er selbst in seiner Hand behält. Der Schläfer steht auf und folgt dem das Garn abwickelnden Greise nach und zwar so lange, bis das Garn vom Knäuel abgewickelt ist; dann kehrt der Schläfer auf demselben Wege heim oder er erwacht. Vor kurzer Zeit (März 1892) erschien ein solcher Greis vor dem Lager der Gattin meines Nachbarn, des Bauern Pista Juhász im Wildbade Jegenye. Die Frau erwachte plötzlich und sah den Greis vor ihrem Bette stehen, der ihr das Knäuel in die linke Hand drücken wollte. Einige Tage lang konnte sie kein Wort sprechen und war totkrank. Nach der letzten Ölung ward

sie besser und erzählte den Vorfall. Der Greis erschien übrigens
auch noch einige Male in der Nacht vor dem Lager der geistig
und körperlich gesunden Frau, bis man endlich mit Weihwasser
besprengte Kohlen in den Rauchfang legte und vor Tür und
Fenster in die Erde vergrub und den Greis dadurch vertrieb.
Dieser Greis soll der Geist eines solchen Mannes sein, der im
Leben einen Bund mit dem Teufel geschlossen hat, seine Tat
aber bei Zeiten bereute und durch fromme Werke dem Teufel
und der Hölle zwar entronnen ist, aber Einlaß in den Himmel
doch nicht erhält. Damit er nun wenigstens in der Hölle Platz
bekomme, muß er nach seinem Tode herumirren und nächtlich
die Schläfer mit sich hinauf in die Luft führen. die — wenn sie
Sünden haben — von der Schwere derselben herabgezogen werden und unten auf der Erde zerschellen, worauf dann der Teufel
die reuelos verschiedenen Seelen derselben in Empfang nimmt.
Blieben sie im Leben, so könnten sie noch ihre Seelen etwa „rein
waschen" (tisztára mosni) und der Teufel würde dann leer ausgehen. Deshalb schickt er mit dem Knäul solche tote Männer
aus, die den Bund mit ihm gebrochen haben, damit sie ihm
Seelen fangen. Wenn das Knäul vom vielen Gebrauch zu Staub
zerfällt, dann kann der betreffende Greis endlich in der Hölle als
Diener des Teufels die ersehnte Ruhe finden. Dieser Greis wird
in einigen Gegenden blos fehér ember (weißer Mensch), in anderen aber fehér barát (weißer Mönch) genannt. In einigen
Gegenden Siebenbürgens erzählt man, der Mond treibe diese
Männer stets hinab, so oft sie in den Himmel hinaufsteigen
wollen, und in ihrer Verzweiflung würden sie dann auch leben-
dige Menschen mit sich hinauf führen, damit sie hinter dem
Rücken derselben verborgen, auf diese Weise sich am Mond vorbei ins Himmelreich hineinschleichen können. Es heißt auch, die
Hexen schicken oft solche weiße Greise zu denjenigen Menschen,
die ihnen im Wege stehen und die sich durch Verwahrungs-
mittel vor dem Einfluß derselben geschützt haben. Von einem
Menschen, der sich über Alltagssachen hinwegsetzt, kurz von
einem Idealisten sagt man : „Er stampft die Sterne" (a csillago-
kat rugja), oder: „Er geht auf der Spur des weißen Mönches"
(a fehér barát nyomát járja).

Mit der Mahr hat dieser weiße Greis nichts zu schaffen.
Der Quälgeist, welcher seinen Eigenschaften gemäß der Mahr

entspricht, heißt im Ungarischen **fekete asszony** (schwarze Frau) oder **fekete pesztra** (schwarze Kindermagd) oder **sziv-mátra**. Letztere Benennung wage ich nicht zu erklären; **sziv** = Herz und **Mátra** ist der Name einer Karpathenspitze. L. Katona soll vor einigen Monaten über diesen Ausdruck geschrieben haben, ich aber konnte diese Abhandlung weder vom Verfasser, noch anderswoher erhalten. Möglich, daß mátra eine Entstellung des slavischen **mora** oder gar der deutschen **Mahr** ist. Beweisen kann ich es nicht, behaupten will ich es nicht. **Fekete asszony** heißt sie deshalb, weil sie als schwarzgekleidetes, mageres Weib beim Schläfer erscheint; **fekete pesztra** aber deshalb, weil sie als Quälerin der Wiegenkinder gefürchtet wird. Die rote Farbe hat sie nicht gerne, und um Kinder vor ihr zu bewahren, bindet man ein rotes Bändchen an die Haube oder macht mit Rötel einen Strich oder ein Kreuz an die Wiege des Kindes. Kindern, die sie besucht, legt sie ihr „schweres, überaus großes Haupt" (nehéz, szerfelett nagy fejét) auf die Brust, wodurch das Kind Atembeklemmung, Husten und Bauchschmerzen bekommt. Jeder Mensch, den die **fekete asszony** im Schlafe besucht, nimmt an Kraft ab und siecht dahin, ohne eigentlich krank zu sein. Müttern saugt sie die Milch aus. Als blutsaugender Quälgeist tritt sie im magyarischen Volksglauben nicht auf. Wen die **fekete asszony** im Schlafe drückt, der lege eine Pflugschar oder einen Birkenbesen, mit dem er früher Kohlen gekehrt hat, unter sein Bett. Hilft dies nicht, so lasse man ein Freitagskind an einem Freitag nachts im Bette des Geplagten schlafen.

Oft nimmt die **fekete asszony** auch Tiergestalt an und erscheint beim Geplagten als Fledermaus, als schwarzer Hahn, ja selbst als winzig kleines weißes Roß. Der von ihr geplagte Schläfer sieht sie beim Erwachen oft auch als bläuliche Flamme durchs Schlüsselloch oder durch den Kamin entschwinden. In manchen Gegenden mutet man ihr auch die Eigenschaften des Lidércz zu (s. S. 110) und glaubt, daß sie als verzaubertes Küchlein die Schläfer beunruhige, nebenbei aber auch dem Geplagten Schätze zuführe.

Wer die **fekete asszony** eigentlich ist, darüber gehen im magyarischen Volksglauben die Meinungen auseinander. Manche glauben, sie sei eine Frau, die Hexe werden wollte, als

aber der Teufel coitum faciendi causa sich zu ihr legte, habe
sie ihn fortgestoßen und von der geschlechtlichen Vermischung
nichts wissen wollen. Zur Strafe dafür sei sie vom Teufel dazu
verdammt worden, als fekete asszony allnächtlich die Schläfer
zu beunruhigen. Wenn ein Schläfer erwachend unbewußt mit
ihr coitum facit, wird sie vom Fluche erlöst, und verliert
ihre Eigenschaft als fekete asszony, der betreffende Mann
aber verliert für immer seine Potenz. Andere wieder glauben,
die fekete asszony sei eine Maid, die coitum fecit an geweih-
ten Orten (in der Nähe von Kirchen oder Friedhöfen u. s. w.),
oder die sich die Leibesfrucht abgetrieben und in fließendes
Wasser geworfen hat. Die Wassergeister sperren auch diese
Leibesfrucht in einen Topf ein (s. Abschnitt I. S. 21) und halten
sie darin so lange, bis nicht in eben demselben Wasser jemand
ertrinkt. Dann verliert auch das betreffende Weib seine Eigenschaft als fekete asszony. Am Tage unterscheidet sich ein
solches Weib von den anderen durch nichts und wird nur
nächtlicher Weile ein spindeldünnes, schwarzes Frauenzimmer
oder nimmt die Gestalt der oben erwähnten Tiere an.

VI.

Tod und Totenfetische.

„Die bedeutsamsten Überreste des ältesten Glaubens", sagt F. S. Krauss (Ztschr. d. Ver. f. Volksk. I. S. 148), behaupten sich bei allen Völkern in den Totengebräuchen; denn sie unterliegen verhältnismäßig wenigen Veränderungen, da sie durch die besonderen, Herz und Gemüt aufs mächtigste erschütternden Ereignisse eine eigene Weihe und Heiligkeit besitzen, infolge welcher sie immer wieder neu aufgefrischt und in Übung erhalten werden. Es ist klar, daß uns auf diesem Gebiete eingehende Erhebungen geschulter Volksforscher bei allen Völkern der Gegenwart tiefe Einblicke in die Entwickelung ursprünglicher religiöser Anschauungen und Vorstellungen eröffnen müssen. Je gründlicher und sorgfältiger derartige Ermittlungen angestellt werden, und je weniger sie durch subjektive und parteiische Deuteleien verdunkelt sind, desto wertvoller erweisen sie sich für die vergleichende Völkerpsychologie."

Die Totengebräuche der Magyaren weisen in mancher Richtung unverwischte Ursprünglichkeit auf, wenn sie auch vielfach — wie dies nicht anders der Fall sein kann — mit christlichen Anschauungen versetzt sind.

Das Wort halál (Tod) wage ich nicht etymologisch zu erklären. Ipolyi (S. 367) setzt es in Verbindung mit: hall (er hört), hallgat (schweigt), hallad (schreitet vorwärts), há (schläft), hála (Dank), hal (Fisch), halom (Hügel), halovány (fahl, bleich). Der Tod als Person wird im Volksglauben als bleiches, gelbes (halovány, sárga) Knochengerippe (csontváz) dargestellt, das eine Sense in der Hand hält. Oft wird er auch als

132   Volkglaube und religiöser Brauch der Magyaren.

weißgekleideter Reiter auf weißem Rosse sitzend, dem weiße
Hunde nachfolgen, dargestelt. Von einem Siechen sagt man:
„Die Hunde des Todes bellen aus ihm heraus' (a halál kutyái
ugatnak ki belöle). Eine Sage erzählt (Ipolyi 370): „Ein tot-
kranker Vater bittet in der Nacht seine Tochter, sie möge ihm
die vor Kälte starren Glieder wärmen. Die Tochter geht zu den
Nachbarsleuten, um Feuer zu holen und begegnet einem schwarzen Reiter auf schwarzem Rosse mit schwarzen Hunden: das ist
der Teufel; dann begegnet sie einem roten Reiter auf rotem
Rosse mit roten Hunden: das ist das Feuer; schließlich begegnet
sie einem weißen Reiter auf weißem Rosse mit weißen Hunden:
das ist der Tod. Als sie heimgekehrt, dies dem Vater erzählt,
stirbt er." Der Tod spielt gleichsam die Rolle eines Führers ins
Jenseits. Die Bahre heißt neben sellye auch Szent Mihály
lova (Pferd des h. Michael), daher die Redensart: „Sct. Michaels
Roß hat ihn fortgetragen" (elvitte a szent Mihály lova), oder:
„Sct. Michaels Roß hat ihn gestoßen" (megrugta Sz. Mihály lova),
und: „Es ist schwer, den Hufschlag von Sct. M.'s Roß zu heilen"
(nehéz szent Mihály lova rúgását meggyógyitani). „Elpatkolni"
(etwa mit Hufeisen davonrennen) heißt = sterben.

Nicht als Krankheitsgeist, sondern als Führer ins Jenseits
stellt man sich den Tod vor. Mit Krankheiten wird er im magyarischen Volksglauben in keine Verbindung gesetzt. Nicht nur
auf dem Rosse, sondern auch auf einem Wagen des Todes denkt
man sich die Fahrt ins Jenseits; daher die Redensarten: „Des
Todes Wagen trägt Leid und Kummer weg" (a halál szekere minden bút, bánatot elvisz), oder: „Jedes Leid (geht) zu
Ende, selig des Todes Wagen" (minden búnak vége, boldog
halál szekere). „Boldog halál szekere" — unter diesem Titel hat
ein gewisser Als in Jena 1751 eine Sammlung von ungarischen
Leichenreden herausgegeben.

Jedem Menschen ist die Zeit, wenn er vom Tode abgeholt
wird, schon bei seiner Geburt bestimmt, doch kann man sich die
Lebenszeit durch Kauf fremder Lebensjahre verlängern, wenn man
in der mitternächtlichen Stunde der Neujahrsnacht auf einen
Kreuzweg Geldstücke wirft. Wer dieselben am Neujahrstage findet und aufhebt, der verliert von seinem Leben so viele Jahre an
den Betreffenden, der die Geldstücke geworfen hat, als die Anzahl der Münzen beträgt. Will man erfahren, ob eine Person

noch lange leben wird, so legt man ohne ihr Wissen einen ihrer
ausgefallenen oder ausgerissenen Zähne in Essig, und ist der
Essig nach neun Tagen noch „klar", so lebt die betreffende Person noch lange; ist er aber trüb und bildet sich ein Schleim
um den Zahn herum, dann „zieht" (költözik) die Person gar bald
von dannen, deshalb muß man sie zum Kauf fremder Lebensjahre bewegen, wenn man ihr eben langes Leben wünscht. Stellt
man vor das Lager eines Schlafenden eine brennende Kerze hin
und weckt den Schläfer jäh auf, so kann man aus dem Erwachen
desselben auf dessen frühen oder späten Tod schließen. Wenn
nämlich der Betreffende in seinem Bette aufsitzt, so stirbt er
bald, denn „er ist schon gehfertig" (már menöfélben van); dreht
er sich aber auf die Seite, besonders auf die linke, so lebt er
noch lange. Wer von einem Ehepaar in der Brautnacht zuerst
einschläft, der stirbt auch zuerst (über das „Spinnnetzwerfen"
s. Abschn. III. S. 80).

Weit verbreitet ist der Glaube, daß man durch Verfluchun-
gen, Beschwörungen und sympathetische Mittel Menschen, denen
man feind ist, vom Tod abholen lassen kann, ohne daß jemand
davon etwas erfahre. Man sperre einen schwarzen Hund ein und
gebe ihm bei abnehmendem Monde auf Brot geschmiert etwas
vom Sperma des Mannes oder den menses der Frau oder der
Nachgeburt zu fressen; dann sammle man den Kot des Hundes,
pulverisiere ihn und mische ihn in die Speisen des Menschen,
von dem man die betreffenden Dinge heimlich erlangt hat und
dessen Tod man herbeirufen will. Daher die Redensart in einigen oberungarischen Gegenden auf einen plötzlich Gestorbenen
angewendet: „Er ißt keinen schwarzen Hundekot mehr" (nem
eszik több fekete kutyaszart). Auch dem magyarischen Volksglauben ist das sogenannte „Jochwerfen" (igavetés) bekannt.
Wünscht man den Tod einer Person, so vergrabe man ein Joch
irgendwo im Freien und suche die Person zu überreden, sich auf
die Stelle hinzulegen. Legt sie sich hin, so stirbt sie bald. Wer
rückwärts schreitet oder seinen eigenen Schatten anspeit oder besudelt, dem stirbt die Mutter; hat er keine Mutter mehr, eine
nahe Verwandte. Wer mit dem Blute eines Toten den Nabel
eines Schlafenden einreibt, der bewirkt den baldigen Tod des
Betreffenden. —

Dem Toten wird in einigen Gegenden ein Geldstück und ein
Stückchen Brot in den Sarg gelegt, damit er bei den sieben
Mauten, an denen er ins Himmelreich vorüberzieht, den Zoll ent-
richten könne. Um dem Toten die Rückkehr zu verleiden,
schossen die Szekler in früheren Zeiten mit Flinten ins Grab,
wenn schon der Sarg hinabgelassen war. (Kállay, hist. ért. 47).
In einigen Ortschaften wird dem Toten auch ein Stückchen von
einer Säge mitgegeben, damit sein Gewand daran hängen bleibe
und ihm die Rückkehr verleidet werde (Ipolyi 365). Bartholomaeides (Not. com. Gömör. Leutschau 1808, S. 453) schreibt:
„Superstitiosi olim seras iniicere solebant, mortuos ne inter vi-
vos oberrarent impedire volentes (vgl. auch Csaplovics, Gemälde von Ung. 300). Heute ist dieser Gebrauch nur noch in
einzelnen Ortschaften bekannt; verbreiteter ist der Brauch, Dor-
nen dem Toten in den Sarg zu legen. Das Brot, welches man
dem Toten mitgiebt, befeuchtet man in katholischen Gegenden mit
Weihwasser, damit die Feldfrüchte nicht durch anhaltende Dürre
zu Grunde gehen. Baron Mednyanszky berichtet in seinem
Manuskript (Samml. abergl. Meinungen u. Gebr. des Rokos, S. 32):
„Das Volk glaubte, daß die anhaltende Dürre deshalb entstanden
sei, weil man zur Zeit einem Bettler Brot in den Sarg gelegt
habe. Die Leiche wurde ausgegraben und das Brotstück wegge-
nommen.‛ Aus der Redensart auf einen Sterbenden angewendet:
„Er hat die Handschuhe an, er macht sich auf den Weg‟ (kezén
a keztyü, útra indul) darauf zu schließen, daß man in früheren
Zeiten dem Toten auch Handschuhe in den Sarg legte, scheint
mir eine doch zu gewagte Vermutung zu sein (s. Ipolyi S. 374).
Früher und jetzt noch in vielen Ortschaften wirft man etwas
Hülsenfrüchte in den Sarg. „Tumbae imposito cadaveri olim ex
singulo genere frugum partem addebant‟, sagt Bartholomaeides (a. a. O. S. 453). Griselini erwähnt in seiner „Gesch. d.
Temeser Banats‟ (1. 238), daß man Obst um das Haupt des
Toten herum legte und ihn also begrub, ein Brauch, der sich
unter den Südungarn nur insoweit noch erhalten hat, daß man
dem Toten einige gedörrte Pflaumen mitgiebt, damit „die Bäume
reichlich Obst tragen.‛ Lateinische und deutsche Berichte über
den diesbezüglichen Volksbrauch der Magyaren sind bei Ipolyi
S. 560 ff. mitgeteilt, weshalb ich auf dieselben nicht näher eingehen
will und erwähne nur noch, bevor ich zu den Totenfetischen über-

gehe, daß man einem Toten auch Grüße ins Jenseits an früher
Verstorbene mitgeben kann, indem man ihm den Gruß u. dgl. auf
die Kopfweiche schreit (Karcsay a. a. O. 2. 496). —

*   *   *

Im Volksglauben der Ungarn kommen alle Arten von Totenfetischen vor. Alles und jedes, was mit der Leiche und deren
Teilen in irgend eine Verbindung oder Berührung kommt, verwendet der Zauber zu seinen Zwecken und Absichten. Den Inhalt des vorliegenden Themas bis in alle Einzelheiten hin zu er-
schöpfen, ein erschöpfendes Ganze für Ungarn, bin ich nicht imstande zu liefern; dazu würde eine umständliche, den Umfang
eines ganzen Buches ausfüllende Untersuchung gehören; nur mit
einigen Streiflichtern möchte ich den wundersamen Ideenkreis
beleuchten, „in welchem sich das Bewußtsein der niederen Volks-
schichten zu bewegen pflegt, soweit sie noch eben ungestört von
dem verhängnisvollen Einfluß einer höheren Bildung in dem Banne
ihres ursprünglichen Dämonismus verblieben sind. Zugleich er-
weist dadurch die Ethnologie wieder ihre ungemeine bedeutsame
philosophische Verwertung, indem sie nämlich für ein wirklich
inductives Studium die einzelnen Bausteine und Entwicklungs-
glieder beschafft, aus denen wir die Entfaltung irgend einer religiösen oder psychologischen Vorstellung überhaupt uns verständ-
lich machen können. (Th. Achelis „Am Ur-Quell" III. S. 81).

In diesem Ideenkreise laufen im ungarischen Volksglauben
zwei Richtungen neben einander. Einerseits heißt es, man dürfe
sich nichts von dem aneignen, was einem Toten gehört, man dürfe
seine Ruhe in keiner Beziehung stören; wolle man durch Zauber, bei dem Tote eine Rolle spielen, etwas bewirken, so gebe
man das Mittel dem Toten mit in den Sarg oder grabe es in
den Grabhügel ein. Die andere Richtung ist die allbekannte, der-
zufolge alles und jedes, was von einem Toten genommen wird,
zauberkräftig ist.

Bezüglich der ersten Richtung heißt es im magyarischen
Volksglauben, daß derjenige, der etwas absichtlich oder unabsichtlich sich aneignet, das dem Toten unmittelbar (Körperteile
u. s. w.) oder mittelbar (Friedhofsblumen, Grabkreuze u. s. w.)
angehört, sein lebenlang unglücklich wird. In einer Sage wird
erzählt (Ipolyi S. 365), daß eine Maid auf den Rat einer Hexe

ein Totenbein gekocht habe, damit ihr toter Liebster heimkehre.
Der Tote erschien und die Maid starb. Mednyánszky erzählt
in seinem erwähnten Manuscript (S. 47): Ein Bauer trug einmal
eine Totenrippe heim. Seither kam allnächtlich der Tote an das
Fenster des Bauern und verlangte seine Rippe zurück. Dieser
aber konnte sie ihm nicht zurückstellen, denn er hatte sie verbrannt. Seit der Zeit magerte er, seine Familie und sein Viehstand ab und elend und von Unglück .verfolgt, soll er sich
zu Tode.

In dieser ersten Richtung, d. h. wo dieser Volksglaube
herrscht, kann man durch Tote nur Unheil heraufbeschören, nicht
aber Unheil abwenden. Wünscht man den baldigen Tod einer
Person, so eignet man sich etwas von ihrem Blute an und schmiert
damit die linke Fußsohle eines Toten vor seiner Beerdigung ein.
Die betreffende Person verfällt dann in die Bleichsucht, magert
ab in dem Maße, wie der Tote in der Erde abnimmt und stirbt
bald. Will man eine Maid oder Frau unfruchtbar machen, so
reibe man die Genitalien eines toten Mannes mit dem Menstrua-
tionsblute des betreffenden Weibes ein. Eine Redensart im Kalotaszeger Bezirk, auf kinderlose Weiber angewendet, sagt: „Sie
hat auf einen Toten uriniert" (holtra peselt). Soll ein Ehepaar
in stetem Unfrieden leben, so nimmt man heimlich Haare vom
Haupte beider Gatten und legt sie aufs Haupt eines Toten. Die
.Ehegenossen werden so lange mit einander in Unfrieden leben,
sich stets in den Haaren liegen, bis ihre dem Toten beigebrach-
ten Haare nicht verfault sind. Will man den Viehstand jemandes
vernichten (elpusztitani), so nehme man etwas Geifer vom Maule
eines Viehes der betreffenden Person und schmiere diesen Geifer
heimlich an den Sarg eines Toten. Bis der Sarg nicht verfault,
so lange hat der Betreffende nur Unglück über Unglück in seinem Viehstand. Steckt man ein Knochensplitterchen jemandem
in den oberen Teil des Türstockes, jedoch auf der Seite, die
nicht gegen die Stube zu gekehrt ist, so wird der Betreffende
schön langsam ein Stück nach dem anderen seines Besitztums
verlieren; in die innere, der Stube zugekehrten Seite gesteckt, bewirkt dies Knochensplitterchen rasche Vermehrung des Besitztums. Gießt man jemandem pulverisierte Haare eines Toten in
Schnaps gemischt zu trinken, so wird derselbe an der Trunk-
sucht zu Grunde gehen. Im Katolaszeger Bezirk sagt man von

einem Trunkenbold: „Man hat ihm gebrannten Pelz gegeben“ (perkelt bundát adtak neki). In Gegenden, wo die zweite Richtung des diesbezüglichen Volksglaubens die vorherrschende ist, da bewirkt man durch obiges Mittel gerade das Gegenteil; man verleidet dadurch der betreffenden Person das Trinken. — Bezüglich dieser zweiten Richtung, zu der wir jetzt übergehen, habe ich alles Einschlägige aus den in dem Vorworte angeführten Quellen und meinen Aufzeichnungen, soweit dieselben von Belang waren, aufgenommen.

Besonders spielt die Heilkraft der Totenfetische eine große Rolle im ungarischen Volksglauben.

Hat jemand einen unheilbaren Ausschlag am Leibe, so holt ein Mensch, der Johannes heißen muß, vom Friedhof ein Totenbein, pulverisiert es und kocht dann dieses Pulver mit Hirse, Linsen und Bohnen zu einem halbflüssigen Brei, mit dem er die Wunden des Leidenden einreibt, wobei er die Formel hersagt: „Aussätziger Mensch kam zu Jesus; bei seinem Anblick lief der Apostel Johannes weg. Aussätziger sprach zu Jesus: „Rühr' mich nicht an!“ Jesus sprach zu Johannes: „Rühr' ihn an!“ Jesus berührte ihn mit einem grünen Zweige. Eile von hier weg, du höllische Krankheit, wie Johannes einst weglief...“ (Poklos ember ment a Jézushoz; János apostol lattára elszaladt. Poklos mondá Jézusnak: „Ne nyúlj hozzám!“ Jézus mondá Jánosnak: „Nyúlj hozzá!“ Az úr Jézus hozzá nyúlt egy zöld ággal. Siess el innen pokoli betegség, mint János egykor elszaladt...) Nach drei Stunden wird der Leib von diesem Brei mit Wasser gereinigt, welches man dann auf einen Friedhofsstrauch gießt. Siphilitische Kranke wenden dasselbe Mittel an, doch muß das Totenbein von einem „unschuldigen“, womöglich siebenjährigen Kinde sein (vgl. Varga S. 145). Bei Augenweh berührt man das Auge mit der linken Hand eines Toten. Um einen Auswuchs zu entfernen, reibt man denselben bei abnehmendem Mond mit einem von dem Friedhofe geholten Menschenknochen, den man dann bei zunehmendem Monde in ein fließendes Wasser wirft. Dasselbe Mittel wendet man auch beim Kropf an oder bei runzligem Bauch nach der Geburt. Die Bleichsucht vertreibt man, wenn man einige Tropfen vom eigenen Blute mit welchen Excrementen immer des Toten (Speichel, Blut u. s. w.) mischt und dann in das noch offene Grab des betreffenden Toten vor dessen

Beerdigung wirft. Beim Augenstarr verbindet man bei abnehmendem Monde das Auge mit einem Leichentuchstück, das man
vom Friedhofe aus einem Grabe sich verschafft und nimmt es
erst bei zunehmendem Monde herab und dann das Tuch vergräbt, wobei man die Worte sagt: „Jesus von Nazareth, König
der Juden; der Löwe aus Juda's Stamm hat gesiegt; flieht ihr
feindlichen Teile! Gelobt sei der teuere heilige Name des Herrn
Jesus Christus: das schöne, reine goldige Wasser des heil. Johannes, Anna ging weg; ein Zweig traf ihr Auge; nach dem
Zweige Blut, nach dem Blute Wunde, nach der Wunde Haut
(Starrhaut), nach der Haut Dunkelheit. Im Paradies des Herrn
Jesus sind drei schöne Blumen; darunter sitzen drei Jungfrauen, die eine wäscht das Blut ab; die andere öffnet die
Wundengeschwulst; die dritte spaltet die Haut. Blut versickere
ob des Blutes Christi; Wunde verschwinde ob der fünf Wunden
Christi; Haut platze ob Christi heiligen Todes, ob der sieben
Schmerzen der heiligen Jungfrau Maria. Blut auf Wasser! Finsternis auf Kot! Licht auf die Augen! Das Blut, die Geschwulst,
die Haut verschwinde so, eile davonzugehen, wie die heil. Jungfrau geeilt hat auf den Kalvarienberg." (Originaltext bei Varga
a. a. O. S. 146.)

Nägel, Haare und Blut von Erhängten werden Kranken, die
an der Fallsucht leiden, in Getränke gemischt, eingegeben. In
Ermangelung dieser Sachen giebt man den Kranken pulverisierte
Menschenknochen ein. Ungefähr 1874 entdeckte die Polizei in
Debreczin eine „Teufelsküche", wo man Menschenschädel, Toten-
gebeine, Nägel, Haare und Kleidungsstücke von Erhängten vorfand, woraus das betreffende Weib, das im Rufe einer
Wunderdoktorin stand, die Medikamente verfertigte (s. Varga
a. a. O. S. 140).

Gegen Gicht und Gliederreißen legt man einen lebendig auf-
geschlitzten Frosch, den man mit „Knochenpulver" (csontpor),
aus Totengebein gemacht, bestreut, auf den kranken Körperteil.
Wenn man den Frosch nach drei Tagen herabnimmt, so vergräbt
man die Hälfte davon in die Erde und spricht: „Wenn's dir be-
liebt, bleib' hier" (ha tetszik, itt maradj), die andere Hälfte des
Frosches aber wirft man in fließendes Wasser und spricht:
„Wenn's dir in der Erde nicht gefällt, so schwimme denn weiter"
(ha a földben nem tetszik, hát uszál tovább). Eselsschwanzhaare

und Haare von einem Totenkopf mit Kuhmist zu einem Brei gekocht und auf den kranken Körperteil aufgelegt, verschafft Hei-
lung. Beim Herabnehmen des Verbandes muß man die Formel
hersagen: „Als Herr Jesus mit Josef und Maria auf Eselsrücken
ritt, trat der Esel auf die Brücke und tat seinem Fuße weh.
Josef sagte es Maria, Maria sagte es ihrem heiligen Sohne, Jesus
sagte dem wehen Fuße: werde heil!" (Mikor az úr Jézus, Józseffel
és Máriával szamárháton járt, a szamár a hidra lépett és a lába
megfájult. József mondta Máriának, Mária mondta szent fiának;
Jézus mondta fájós lábnak: légy egézséges.) Dann trägt ein anderer Mensch diesen Verband zu einem fließenden Wasser und
übergiebt ihn mit obigen Worten einem Dritten, der dann auch
diese Formel sprechend, den Verband ins Wasser wirft. Beide
müssen dann auf einem anderen Wege vom Wasser zurückkehren,
als auf welchem sie hingegangen sind.

Hat jemand die Gelbsucht, so trage er ein Totenknöchlein
am bloßen Leibe bei sich und schlage täglich drei Mal sein Wasser
auf das Knöchlein ab, wobei er zu sagen hat: „Was Gelbes in
mir ist, das gebe ich dir" (a mi sárga van bennem, azt neked
adom). Nach neun Tagen wird das Knöchlein in das Loch eines
Friedhofsbaumes gesteckt, worauf der Kranke, so eilig er nur imstande ist, nach Hause laufen muß. Die pulverisierten Zungen
totgeborener Kinder gelten für ein besonders kräftiges Heilmittel
nicht nur für Gelbsucht, sondern auch für die Rose, Weinkrampf
der Kinder, Bettnässen und Halsweh (Kalotaszeger Bezirk). Vor
einigen Jahren fand eine Frau unter Steinen am Theißufer der
Marmaroser Gegend eine verstümmelte Kinderleiche, der die
Zunge, das Herz, der kleine Finger der linken Hand und die
Zehen fehlten. Die gerichtliche Untersuchung ergab, daß eine
Heilkünstlerin (javasasszony) im Einverständnis mit dem Toten-
gräber aus diesen Körperteilen Heilmittel verfertigt habe (Varga
a. a. O. S. 155).

Kocht man ein Ei in einem Totenschädel, mischt es mit Öl
und Menschenfett und reibt damit wunde Brüste der Wöch-
nerinnen ein, so werden sie geheilt, der Säugling aber nimmt an
Kraft auffallend zu. Gegen Entkräftung soll man dem Siechen
Wasser oder Wein zu trinken geben, den man durch ein Totenbein hat rinnen lassen, dann „steht er bald auf die Füße" (majd
lábra áll). Pulverisierte Totenhaare helfen gegen chronisches Er-

brechen. Bei Gebärmutterfluß wasche man den leidenden Teil
mit Essig, den man mit etwas Eichenlaub in einem Totenschädel erwärmt hat. Das Brustbein eines toten Mannes bei sich
zu tragen und täglich davon etwas zu pulverisieren und mit
einem Dekokt von Brennnesselsamen gemischt den Unterleib ein-
zureiben, gilt für ein allgemein bekanntes Mittel ad faciliorem
conceptum der ungarischen Dorfsfrauen. Das Eiweiß und den
weißen Fleck vom Dotter des Hühnereies soll man mit dem Blute
des Mannes mischen, dies dann in einen Totenknochen füllen
und denselben an dem Orte vergraben, wo der Mann das Wasser
abzuschlagen pflegt und man erhöht dadurch die Conception der
Frau. Eine Redensart, auf einen kinderreichen Mann angewendet, sagt: „Mit seinem Blut hat man ihm Eier gerührt" (vérével
tojást kevertek neki). Menschenfett und Menschenblut mische
man mit einander und reibe damit die Herzgegend solcher Leute
ein, die an hysterischem Herzklopfen und Atemlosigkeit leiden.
Zu bemerken ist, daß „Menschenfett" einer der gesuchtesten Ar-
tikel in den ungarischen Apotheken ist. Gewöhnlich erhält der
Bauer statt Menschenfettt Schweineschmalz. Mit seinem Sperma
befeuchte der Mann ein Läppchen und werfe dies ins offene Grab,
seine Impotenz wird schwinden. Um Irrsinnige zu beruhigen,
gebe man ihnen einen Aufguß von Ulmenrinde in einem Totenschädel zu trinken. Mit dem Blut und Speichel des Irrsinnigen
soll man das Hinterhaupt eines Toten anfeuchten, damit der
Kranke „so viel Verstand bekomme, als der Tote einst gehabt
hat." Gegen die Hundswut soll man Tieren und Menschen pul-
verisiertes Menschenherz in die Speisen mischen (ein approbates
Mittel der erwähnten „Teufelsküche" zu Debreczin). Will man
sich von der Krätze befreien, so schmiere man sich den Leib mit
Fett und Schwefelstaub ein und gieße das Badwasser auf Toten-
gebeine (vgl. B. W. Schiffer in der Zeitschr. „Am Ur-Quell"
III. S. 51). Mit den Resten eines Totengewandes reibt man den
mit Rotlauf behafteten Körperteil ein, damit er gesunde. Warzen
kann man dadurch vertreiben, daß man sie mit dem Wasser anfeuchtet, in dem man einen Toten gewaschen hat. Hat man
Zahnweh, so kann es durch Speien auf einen Grabhügel oder
oder durch Reiben der schmerzenden Zähne mit dem Zahne
eines Toten vertrieben werden.

Ehe ich den Glauben an die Heilkraft der Totenfetische verlasse, will ich hier den Bericht einer ungarischen Zeitung (Politikai Ujság 1861 S. 149) im Auszuge mitteilen : In der südungarischen Stadt P. (den Namen verschweigt das Blatt) lebte die Witwe K. L., die einen Zwitter zum Kinde hatte. Dieser war bereits zwanzig Jahre alt, ging in Weiberkleidern herum, rauchte Tabak und verrichtete Arbeiten der Männer. Er war dabei die Zielscheibe der Gassenjugend. Im Fasching des angeführten Jahres fiel es ihm ein, sich verehelichen zu wollen. Weder Drohung noch Bitten von Seiten seiner Anverwandten lenkten ihn von seinem Vorhaben ab. Da griff seine Mutter zu einem Zaubermittel, „um das Geschlecht ihres Kindes in Ordnung zu bringen" (hogy gyermeke nemét rendbe hozza). Spät abends ging sie mit dem übrigens starken Zwitter auf den Friedhof und beide öffneten dort das Grab und den Sarg einer vor kurzer Zeit beerdigten Jungfrau. Die Mutter hieß nun den Zwitter, sich neben die tote Maid zu legen und die Nacht dort zuzubringen. Der Zwitter tat es auch ohne Furcht und Grauen, nachdem die Mutter ihm noch verschiedene Geheimtränke für die Nacht mit ins Grab gegeben hatte, die man am nächsten Morgen im offenen Grabe neben dem toten Zwitter vorfand. Auf welche Weise der Zwitter ums Leben kam, konnte oder wollte man öffentlich nicht kundgeben; so viel aber ist gewiß, daß er an der Leiche eine Schandtat verübt hatte, um dadurch „sein Geschlecht in Ordnung zu bringen." Die Mutter erhängte sich am nächsten Tage, nachdem sie ihren Bekannten eingestanden hatte, daß sie durch dies Mittel ihr Kind „zu rechtem Manne" (igazi férfivá) habe machen wollen . . .

Es ließen sich noch so manche gräuliche Zaubereien aus älterer und neuerer Zeit anführen, auf die wir aber aus Raummangel nicht eingehen wollen: überdies kommen ja dergleichen ähnliche Begebenheiten auch anderswo vor und werden von der Tagespresse oft genug in entstellter Form mitgeteilt, was eben ein großer Nachteil für die Volkskunde ist. —

Zum Zaubern, besonders „das Glück an sich zu binden" (a szerencsét magához kötni), eignen sich vor allen Dingen Körperteile eines Toten. Nehmen wir zuerst den Liebeszauber. Kann eine Maid Blut von einem Burschen erlangen, ohne daß er es bemerkt, und reibt es an die Sohlen eines Toten, so kann

der Bursche nimmer von ihr lassen, muß seine Schritte stets zu
ihr hinlenken. Ehemänner tun desgleichen mit den Menses der
Gattin, um sich die Treue derselben zu bewahren. Wer den
Mut hat, der schreibe in der Thomasnacht mit seinem eigenen
Blute so viele Frauen-, beziehungsweise Männernamen auf ein
reingewaschenes Totenbein, als darauf Platz haben, lege es unter
den Kopfpolster und schlafe darauf. Beim ersten Erwachen lecke
er mit der Zunge an einer Stelle das Totenbein und welchen
Namen er befeuchtet hat, den Namen wird der Gatte, beziehungsweise die Gattin haben. Im Kalotaszeger Bezirk scheint dieser
Brauch allgemein verbreitet zu sein. In meinem gegenwärtigen
Wohnort (Wildbad Jegenye) und in dessen Umgebung sagt man
von einem, der unerwartet heiratet: „Er hat ein Bein geleckt"
(lábszárat nyalt). Sargspänne, Friedhofserde und die eigenen
Menses knetet die Háromszéker Maid zu einem Kotteig und legt
ihn so vor die Türe, daß der von ihr gehende Bursche darauf
treten muß. Dann nimmt sie den Teig mit der Fußspur und indem sie dieselbe umkehrt, vergräbt sie das Ganze in die Erde,
wobei sie spricht: „Dann soll er mich verlassen, wenn seine
Fußspur sich umkehrt" (akkor hagyon el, mikor lába nyoma fel-
fordul). Oder sie merkt sich den Ort, wo der von ihr geliebte
Bursche das Wasser abzuschlagen pflegt, nimmt von dort eine
handvoll Erde, mischt dieselbe mit ihren Menses und wirft
sie dann ins offene Grab eines zu beerdigenden Weibes, indem
sie dabei spricht : „Mich, die Lebende, oder diese, die Tote, soll
er zeitlebens lieben" (engem, az élöt, vagy eztet a holtat, szeresse
élle fogytáig). Im 2. österreichischen Huszarenregiment klagte
der Huszare Miklós Barabas 1879 beim Rapport, daß er deshalb
sich für dienstuntauglich halte, weil ihm eine Maid dadurch „ die
Kraft gebunden habe", daß sie ihm Haare von den Genitalien
eines Toten zu Pulver gebrannt in Wein eingegeben habe, damit
er sie ewig liebe. Er sei fortwährend krank, wenn er nicht mit
ihr die Luft derselben Stadt atme . . .

Durch Totengebein kann man Ratten und Mäuse, Wiesel
und Marder vertreiben (s. Feilberg im „Am Urquell" III. 87).
Vergräbt man ein solches Gebein oder in Ermangelung dessen
auch nur etwas Haare von einem Toten in den Boden der
Scheune, des Vieh- oder Geflügelstalles, so wird sich keines der
erwähnten Tiere zeigen. Flechtet man Totenhaare in den (ge-

wöhnlich aus Stroh oder Rohr verfertigten) Bienenkorb, so er-
zielt man dadurch eine reichliche Honigernte. In Rosenau (Nordungarn) und Umgebung, wo die Bienenzucht in großem Maße
betrieben wird, vergräbt man Fingerknochen in den Boden des
Bienenhauses, damit „fremde Bienen" den Honig nicht stehlen,
und stirbt jemand aus der Familie, so gießt man das Wasser,
womit man die Leiche gewaschen hat, vor das Bienenhaus, damit die Bienen nicht etwa auch sterben, denn — heißt es im
dortigen Volksglauben — der „schwarze Mann" (der Tod) rieche
die Bienen nicht gerne. Wer dem jungen Bienenschwarm ein
Knöchlein von einem Toten in den Korb legt, in dem er den
Schwarm einfängt, der wird mit diesem Bienenstocke viel Glück
haben, besonders wenn er vom ersten Wachserlös etwas den Armen giebt (Medny. a. a. O. 87). Kauft man ein Muttertier, so
gebe man ihm am ersten Tage etwas Friedhofsgras zu fressen
und das Tier wird eine zahlreiche Nachkommenschaft haben.
Will der Fischer in der Theißgegend viel Glück mit einem neuen
Netze haben, so flechtet er Totenhaare ins Netz oder wirft in
dasselbe, bevor er es zum ersten Mal ins Wasser läßt, ein Toten-
beinchen hinein. Nimmt man von einem Obstbaum eine Frucht,
steckt in dieselbe Erde vom Grabe des zuletzt beerdigten Toten und
vergräbt man diese Frucht unter ihrem Baum bei zunehmendem
Mond, so wird der Obstbaum so lange reichlich tragen, bis der
betreffende Tote ganz verfault und vermodert ist; vergräbt man
aber ein totgeborenes Kind unter einem Baum, so wird derselbe
früher oder später vom Blitze getroffen werden. Um Gebäude
vor dem Blitze zu schützen, vergräbt man in einigen ungarischen
und rumänischen Gegenden Siebenbürgens ein hohles Totenbein,
in das man einen weißen, lebendigen Schmetterling gesteckt hat,
oder den kleinen Finger von der linken Hand eines totgeborenen
Kindes in den Grund des neuen Gebäudes (vgl. Varga S. 155).
Wer diesen Finger abschneidet, dem leuchtet er in der Nacht
und er wird von niemandem gesehen werden. Steckt man ins
Herz eines solchen Kindes eine gewöhnliche brennende Kerze,
so wird man ebenfalls von niemandem erblickt werden können.
Blut des eigenen Leibes mit Fleisch eines solchen Kindes und
Talg gemischt, giebt auch solches Licht, bei dem man nicht gesehen wird, selbst aber alles sieht (vgl. Varga 155). Bestreicht
man mit einem Stückchen vom Kleide einer Kinderleiche oder

eines Erhängten solche Sachen, die man feil hält, so lockt man
viele und gute Käufer an. Flechtet man in die Mähnen der Pferde
Kleiderfetzen einer Leiche, besonders von Erhängten, wenn auch
nur ein Mal, so werden die Pferde schön und glatt, auch ohne
Striegel, und magern nie ab. Mache aus Kleiderfetzen einer
Leiche, heißt es im Háromszéker Volksglauben, drei Puppen, die
eine vergrabe vor deinem Hoftore, die andere vor deinem Stall
und die dritte vor deiner Haustüre und das Glück wird dir
überall nachfolgen. Vergräbt man unter die Türschwelle eines
Wirtshauses Kleiderfetzen, Körperteile, ja selbst nur Graberde
von einem Erhängten, so wird das Wirtshaus stets voll von Gästen sein. Schenkt man einem Gaste den ersten Trank durch
eine Entenkehle oder durch einen Kleiderfetzen eines Erhängten
geseiht, so wird er stets durstig sein und immer wieder in die
Schenkstube einkehren (s. „Ethnographia" II. S. 412).

Man kann sich auf folgende Weise ein sogenanntes
„Glücksei" (szerencse tojás) machen. Der Mann nimmt ein Ei,
macht eine Öffnung hinein und läßt das Eiweiß behutsam her-
ausfließen. Dann tröpfelt er ins Ei durch die kleine Öffnung
hindurch etwas von seinem Sperma, worauf die Öffnung behutsam mit Gips, Wachs u. dgl. geschlossen und das Ei unter eine
schwarze Bruthenne gelegt wird. Nach 21 Tagen wird das Ei
steinhart und alles, was man damit berührt, bringt dem Besitzer
großen Nutzen. Sorgen muß man aber, daß das Ei nicht zur
Nachtzeit ins Wasser fällt; geschieht dies, so ist man verloren.
Man kommt ums Leben, oder man verliert den Verstand. Dieser
Glaube ist im Kalotaszeger Bezirk allgemein verbreitet. In Jegenye lebt die irrsinnige Márisko Györgyi, die einst die schönste
Maid des Dorfes und der ganzen Umgebung gewesen ist. Sie
hatte ein Liebesverhältnis mit einem „Herrn" eines Nachbar-
dorfes und als sie sah, daß dieser sie verlassen wolle, so ließ
sie sich von ihm ein solches Glücksei bereiten, in der Absicht,
dasselbe bei Gelegenheit vor ihm ins Wasser zu werfen, damit
das dem Ei entspringende Gespenst ihren Geliebten erwürge.
Sie trug das Ei lange Zeit bei sich und wartete auf die Gelegenheit, um ihren Plan ausführen zu können. Dabei hatte sie ein
„auffallendes Glück"; was immer sie begann, in allem hatte sie
Erfolg. Da wusch sie einmal in der Nacht allein Wäsche und
das Ei, das sie im Busen barg, fiel in einen mit Wasser gefüllten

Bottlich. Das Ei zerplatzte mit so lautem Krach, daß die Nachbarn darob erwachten und zur Maid eilten, die bewußtlos am Boden lag. Als sie erwachte, erzählte sie, dem zerplatzten Ei sei ein „schwarzes Gespenst" entsprungen, das ihr einen Schlag auf den Kopf versetzt habe. Seit der Zeit ist sie irrsinnig und wird von der Dorfjugend „Eier-Marichen" (tojásos Márisko) gehöhnt. —

Zum Schlusse dieser Zusammenstellungen will ich noch einige Amulete in genauer Abbildung mitteilen, die mit den Totenfetischen in enger Verbindung stehen uud die ich durch Herren Ludw. Brádfy aus Szeged, Karl Lakatos aus Zenta und Johann Barabás aus der Háromszéker Gegend erhalten habe.

Fig. 1. ist ein herzähnliches, dünnes Tontäfelchen, das zwei Löcher (A) hat, neben welche zwei Totenbeinsplitter eingebacken sind 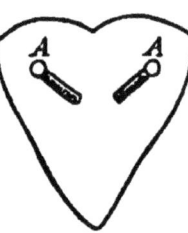 ('‘‘‘), die von den Gebeinen einer im Kindbett gestorbenen Frau herrühren. Sahwangere Weiber, die nicht nur eine leichte Geburt haben, sondern auch kräftige Kinder von langer Lebensdauer zur Welt bringen wollen, vergraben

Fig. 1.

solche Tontäfelchen unter ihre Schlafstätte, nachdem sie vorher durch die Löcher (A. A) einige ihrer eigenen Haare fest gewunden haben. Es giebt auch solche Amulete, die aus Ton verfertigt weibliche Genitalien darstellen sollen, in die man ebenfalls solche Totensplitter steckt, dieselben mit den eigenen Haaren umwindet und zu genanntem Zwecke am angeführten Orte in die Erde vergräbt. Es heißt dabei: die gewissen Teile des Weibes sollen bei der Geburt so weich werden, wie der Ton es gewesen, dann aber seine Härte im gebrannten Zustande annehmen; die Todtensplitterchen aber sollen das Schicksal abwenden, das ihre einstige, im Kindbett verunglückte Besitzerin gehabt hat, also eine unglückliche Geburt abwenden. Dergleichen Amulete sind in der Szegeder Gegend verbreitet und werden heimlich von alten Frauen verfertigt und schwangeren Weibern verkauft.

Fig. 2. ist ein aus Nußbaumholz verfertigtes Kreuzchen, das in der Mitte ein Loch (E) hat, durch welches man einen Lappen vom Hemde eines ungetauft verstorbenen Kindes zieht. Eltern, deren Kinder im zarten Alter gestorben sind, vergraben dies Kreuzchen unter die Türschwelle oder in den Grund des Kamins, sobald sie wieder ein Kind bekommen haben.

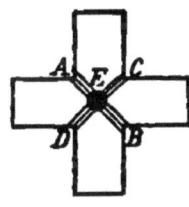

Vor dem Vergraben wird das Kreuzchen in der Richtung von A nach B mit Haaren des Vaters, in der Richtung von C nach D mit Haaren der Mutter des neugeborenen Kindes umwickelt. Dies Kreuzchen bleibt am betreffenden Orte bis zur Taufe des Kindes oder bis zum ersten Kirchgang (avatás-Weihe genannt) der Mutter liegen; dann

Fig. 2.

wird es herausgegraben und verbrannt, indem man dabei glaubt, dadurch das dem Kinde bevorstehende böse Schicksal verbrannt zu haben. Gut ist es, wenn man dies Kreuzchen in der Kirche liegen läßt und es am nächsten Tage mit Weihwasser anfeuchtet, dann kann man versichert sein, daß Hexen und böse Geister dem neugeborenen, noch ungetauften Kinde kein Leid zufügen können. Wenn dann im Feuer das Kreuzchen gleich und mit heller Flamme zu brennen beginnt, so wird das Kind ein langes, glückliches Leben haben; brennt es aber trüb und qualmt es dabei, so wird das Kind ein kurzes Leben voll Krankheit fristen. Die vom Kreuzchen zurückgebliebene Asche hebt man auf; sie ist in Wasser gemischt und damit das Kind befeuchtet, ein gutes Mittel gegen das Beschreien (igézés), den bösen Blick.

Fig. 3. ist eine aus rohem Ton geknetete Schlangengestalt, welche die Schlange des Paradieses, die „Verführerin der Eva" (E. csábitója) darstellen soll. In den Rücken desselben werden

C Zähne aus einem männlichen Totengebiß eingesetzt, in den Leib derselben aber drei Rosmarinzweige (A, B, C). Beim Einstecken des ersten Rosmarinzweigleins sagt man: „Der

Fig. 3.

Teufel wollte den Judas betrügen" (az ördög Judást akarta megcsalni), beim zweiten: „Judas wollte Kristum betrügen" (Judás Krisztust akarta megcsalni) und beim Einstechen des dritten Rosmarinszweigleins sagt man; „Aber Kristus besiegte sie und fuhr gen Himmel. Wenn meine Gattin mich betrügt, so werde sie dürr wie diese Schlange vor Zahnschmerzen" (de Krisztus legyözte ökel és égbe szállt. Ha

feleségem megcsal, legyen sovány mint ezen kigyó a fogai fájá-
sától). Diese Schlange verfertigt nämlich heimlich der Gatte, der
sich die Treue seiner Gattin sichern will. Er schreibt dann den
Namen der Gattin und den seinen (dazwischen ein Kreuz) auf
den Leib dieser Schlange und wenn sie getrocknet d. h. der Ton
schon hart geworden ist, so vergräbt er sie vor der Haustüre.
Zerbricht dabei die Schlange, so hat seine Gattin die eheliche
Treue bereits gebrochen; bekommt sie anhaltende Zahnschmerzen, so ist „mit ihr die Sache nicht rein" (nem tiszta a dolga).
Diesen Zauber wenden gewöhnlich die Männer der Csikér Gegend
an, die oft wochen- und mondenlang von ihrem Daheim entfernt,
mit Sauerwasser aus den Quellen von Borszék hausierend, das
Land durchziehen. Hat dann zufällig in Gegenwart des Mannes
die Gattin Zahnweh, so wird sie von ihm gar oft unschuldig der
Untreue beschuldigt. Eine Redensart, die vielleicht mit diesem
Zauber zusammenhängt, sagt: „Ihr Zahn tut ihr auf ihn weh"
(fáj a foga rája) d. h. sie möchte ihn haben u. s. w., oder: „man
hat ihr Zähne geworfen" (fogat vetettek neki), auf ein tugend-
sames Weib angewendet.

Fig. 4 ist ein kreisförmiges Holztäfelchen, auf welchem
sich mit einem spitzen, erhitzten Instrument eingebrannt
befinden: drei Kreuze, ein Doppel-
kreuz, eine Teufelsgestalt und die
Worte: „Ha én, te is!" (Wenn ich, so
auch du.) Der Bauer Adam Rácz aus
einem Dorfe bei Vörösmart gab uns
folgende Erklärung: Die 3 Kreuze sind
= Vater, Sohn und heiliger Geist; das
Doppelkreuz bedeutet: Fort mit dem
Bösen; die Teufelsgestalt soll die Viehseuche warnen, daß wenn der Mensch,

Fig. 4.

das „beste und schönste Geschöpf Gottes" (isten legjobb és legszebb
teremtménye) sterben und zu nichts werden muß, wie dies aus
den Beiden durch die Bohrlöcher A und B gezogenen Toten-
knochensplitter ersichtlich ist, — auch die Seuche zu Grunde gehen wird, deshalb soll sie bei Zeiten sich zurückziehen und den
Stall, wo man dies Täfelchen zu Zeiten herrschender Viehseuche
mit den Zeichnungen nach Innen, d. h. gegen den Balken gekehrt,
an die Wand nagelt, meiden soll. In Südungarn sind diese

Täfelchen allgemein verbreitet und werden eben bei herrscheeder Vichseuche angewendet.

Fig. 5. ist ein kreuzförmiges Holzstück, das sechs Bohrlöcher hat, in welche man (in a) zwei Menschenzähne, (in b und c) vier Tierzähne einkeilt. Beim Einstecken der Menschenzähne sagt man:

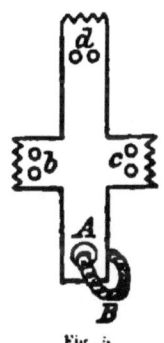

„Wir sollen sie essen" (mi együk meg), beim Eintreiben der Tierzähne aber spricht man: „Ihr aber sollt nicht einmal ihre Knochen bekommen" (ti pedig még a csontjaikat se kapjátok meg). Am Fuße des Kreuzes befindet sich ein Bohrloch (A), durch welches eine an ihren beiden Enden verbundene Wolfskehle gesteckt ist. Dies Amulet wird an dem Orte vergraben, wo man die Schafe zur Winterzeit einstallt; wenn die Schafe im Frühjahr wieder hinausgetrieben werden, so wirft man das Kreuz im Walde

Fig. 5.

in ein Gestrüpp. Dies geschieht, um die Schafe vor den Wölfen zu schützen, besonders vor den „Wolfsbettlern" (s. Abschnitt V S. 117). Verbreitet ist dieser Brauch in den nordöstlichen und östlichen Gegenden Siebenbürgens, wo er nicht nur den Ungarn, sondern auch den rumänischen Schafzüchtern bekannt ist. --

Aus diesen losen Bruchstücken kann man immerhin die Einsicht gewinnen, daß die Bedeutung der Totenfetische für Darstellungen aus dem Gebiete der nichtchristlichen Religionsgeschichte eine ungemein wichtige ist, weil sie Cultus und Sitte älterer und neuester Zeit im innersten Wesen beleuchten, uns zum erschöpfenden Verständnis nicht nur unserer eigenen mythologischen und religiösen Volksgebräuche verhelfen, sondern auch solcher primitiver Völker, deren Menschenschlächterei und Menschenopfer uns unverständlich, unerklärlich erscheinen würden eben — ohne unsere eigenen Totenfetische, die zwar heute bei Culturvölkern in die Sphäre der nur symbolischen Ersatzmittel gehören und den „blutigen Ernst des ursprünglichen Opfers und des eigentlichen Zaubermittels verloren haben", nichtdestoweniger nur durch die animistische Perspective, daß es sich hier um den Ersatz eines eigentlichen Menschenopfers handelt, ihre volle Bedeutung erlangen.

VII.

Hexen- und Teufelsglauben.

Wir haben bestimmte Nachrichten, daß die Magyaren vor ihrer Bekehrung zum Christentum Priesterinnen gehabt haben, die an bestimmten Festen die Culthandlungen verrichteten und zugleich Heilkünstlerinnen waren (s. Ipolyi S. 485). Was einst im Volksglauben hoch und heilig gewesen, wurde nach Einführung des Christentums als ein Cult des Unbösen, des Teufels hingestellt, und die in die alten Culte Eingeweihten als Diener des Teufels angesehen. Auf diesem bekannten Wege bildete sich auch bei den Ungarn der Hexenglauben aus, in welchem ohne eine Spur logischer Anordnung sich ein mixtum compositum, ein bunt durcheinander gewürfeltes Conglomerat von Vorstellungen und Vorstellungstrümmern befindet, dessen verschlungenen Adern zu folgen wir nur insoweit wagen, als es zur Ergänzung der vorhergehenden Abschnitte nötig ist.

— — —

Die Hexe heißt im Magyarischen boszorkány. Ipolyi setzt diesen Namen einerseits mit boszú (Rache), andererseits mit basz-ni (coire) in Verbindung und stellt daneben; ind. Bhomasura, Bhumaser (von bhu oder bhum = Erde und asur = Geist; vgl. Hammer, Jahrb. d. Lit. 2. 319), persisch: Buzurge (s. D'Herbelot, Orient. 3. 227: homme doué du fort grands talents), aegypt. Busiris; ferner bei Firdusi (2. 91) den Namen Basur. Die in Ungarn lebenden Slaven haben die Benennung: boszorka, boszorák für Hexe dem Magyarischen entlehnt.

Das gleich nach der Bekehrung der Magyaren zum Christentum die heidnischen Priesterinnen den Hexen der benachbarten Völker gleichgestellt wurden, beweist das Decret des Königs Stefan d. heil., des Bekehrers der Ungarn (2. 33, 34), wo es
heißt: „De strigis: Si qua striga inventa fuerit, secundum
iudicialem legem ducatur ad ecclesiam, et commendetur
sacerdoti ad jeiunandum fidemque docendum, post
ieiunium vero in modum crucis in pectore et in fronte atque
inter scapulas incensa clave ecclesiastica domum redeat, si vero
tertio iudicibus tradatur ... De maleficis: Ut creatura dei
ab omni laesione malignorum remota, et a nullo detri-
mentum sui passura maneat, nisi a deo, a quo et aug-
mentatur, secundum decretum senatus statuimus magni cau-
tionem terroris veneficis ac maleficis, ut nulla persona maleficio aut veneficio quemquam hominum a statu mentis
aut interficire audeat, aut si quis vel quae posthac hoc prae-
sumpserit, tradatur in manus maleficio laesi, aut in manus pa-
rentum eius, secundum velle eorum diiudicandum, si vero sorti-
legio utentes invenientur; ut faciunt in cinere aut his simili-
bus, ab episcopis flagellis emendentur (s. Endlicher,
Gesetze des h. Stephan.)" Die Striga ist also in diesen Gesetzen
einfach nur die zauberkundige Heidin, die der Aufsicht und Be-
lehrung der Bischöfe empfohlen wird. Wer die alten ungarischen
Gesetzsammlungen in chronologischer Reihenfolge durchliest, der
kann Schritt für Schritt der Entwickelung des ungarischen Hexenglaubens nachfolgen und auf leichte Weise diesen Entwickelungs-
gang in einem Werke niederlegen, das eine wichtige Darstellung
des Wachstums, der Verbreitung des Hexenglaubens wäre.

Den Grund des Hexenglaubens bildet eben der Glaube an
Wesen, die mit überirdischer Kraft und Macht ausgestattet sind,
wie dergleichen Wesen die Götter, Geister und Priester des Heidentums, an deren Stelle dann nach Einführung des Christentums der Teufel trat als vis motrix, durch welche mit übernatürlicher Kraft ausgestattete Wesen zu stande kommen können.
Der Teufel verführt die Weiber, besucht sie in Gestalt eines
Mannes, pflegt mit ihnen geschlechtlichen Umgang und macht
sie zu Hexen. Dieser Glaube ist nicht nur in den alten ungarischen Hexenprozessen das Aushängeschild, sondern auch im
neueren Volksglauben die allgemein giltige Vignette. Daneben

heißt es aber auch, daß man das „Hexenhandwerk" nicht nur
direkt vom Teufel, sondern auch von Hexen erlernen oder auch
erben könne, indem im letzteren Falle eine sterbende Hexe dem
betreffenden Weibe, das ebenfalls eine Hexe werden will, die
rechte Hand reicht, aus welcher dann ein geheimes etwas (litkos
valami), so etwas wie höllisches Feuer (mint valami pokoli tüz)
in den Körper der Erbin überströmt.

Ist nun das Weib durch Verführung von Seiten des Teufels, oder durch Unterricht von einer Hexe, oder als Erbin einer
solchen in den Besitz der „Hexenkünste" gelangt, so folgt ihre
Einweihung, wobei sie versprechen muß, Gott und alle Heiligen
zu leugnen, nie ein Kreuz zu machen und dem Teufel unbedingten Gehorsam zu leisten. Dies geschieht nicht blos mit
Wort und Handschlag, sondern auch durch Schrift, indem die
Candidatin eine Urkunde darüber mit ihrem eigenen Blute unterfertigen muß. Dann drückt ihr der Teufel das Hexenzeichen
(boszorkány bélyegsütés) mit einem glühenden Eisen auf das
linke Schulterblatt oder auf den Hintern oder gar auf die äuße-
ren Genitalien. Dies Brandzeichen, glaubt das Volk auch noch
heutzutage, „gleiche einer Hasenspur" (vgl. Bodó, Jur. prud.
225). Nach diesen Ceremonien muß die Candidatin zuletzt noch
den blanken Hintern des Teufels küssen. Die Aufnahme geschieht zur Zeit der Zusammenkünfte, welche die Hexen unter
dem Vorsitz des Teufels, der oft in der Gestalt eines Ziegen-
bockes erscheint, abhalten, wobei geschmaust, gezecht und geile
Tänze aufgeführt werden. Sagen und Märchen erwähnen, daß
bei diesen Zusammenkünften die Hexen in großen Kesseln Pferde-
fleisch kochen und Salz bereiten, das sie gierig verschlingen.
Hiermit scheint der Glaube zusammenzuhängen, daß ein zeitig
in der Frühe Salz begehrendes Weib eine Hexe sei, der man
Salz nicht leihen dürfe (Ipolyi S. 422); Salz und Feuer soll man
am Lucientage nicht aus dem Hause geben, denn die Hexen
fügen dem Hause einen Schaden an. In einer Sage (bei Ipolyi
S. 422) wird erzählt, daß ein Mann in ein Faß gekrochen sei,
um die Hexen bei ihrer Versammlung zu belauschen; die Besitzerin des Fasses, eine Hexe, sattelte dasselbe und ritt darauf
durch die Luft zum Versammlungsort der Hexen. Also gelangt
der Mann auch hin, wo er das Faß mit Salz anfüllt. Auf die-
dieselbe Weise kehrt er dann heim, wo er das Salz aufweist und

damit den Beweis liefert, daß er in der Versammlung der Hexen
gewesen sei . . . Hier also verfertigen die Hexen das Salz (vgl.
das mittelhochd. Gedicht über den Salzbergwerkhort Hall, bei
Grimm S. 1000). Im ungarischen Volksglauben aber gilt das
Salz auch für ein Abwehrmittel gegen die Hexen. Die Schwelle
soll man mit Salz bestreuen, die Türangeln mit Knoblauch einreiben, damit keine Hexe das neue Haus betrete.

Während dem Tanzen der Hexen steht der Teufel mitten
unter ihnen, spielt ihnen zum Tanze auf und schlägt hin und
wieder mit einem hölzernen Schwerte auf die eine oder andere
Hexe, wobei er spricht : „Ich haue dich, doch nicht verletz' ich
dich" (váglak, de nem sértlek). Fährt der Teufel zum Hexen-
reigen, so erhebt sich ein Wirbelwind; weht dieser Wind, so
heißt es, der Teufel feiere eine Hochzeit (s. Ipolyi 422).

Regelmäßig versammeln sich die Hexen in der Luciennacht,
Weihnacht, Fastnacht, in der Georgi- und Johannisnacht, um
ihre Beratungen und Unterhaltungen abzuhalten, wo sie auch
Wein trinken, den sie dann von sich geben und wieder auftrin-
ken. Ihr Zusammenkunftsort ist, dem Volksglauben gemäß, der
Gellérthegy (Gerardsberg = Blocksberg) bei Ofen, in dessen
Nähe das „Kelen-Feld" sich befindet, wo Attila einst sein Haupt-
lager hatte. Unter den Tokajer Bergen hält man den Kopasztelö
für einen Sammelplatz der Hexen. In Südungarn gelten die
Hügel Öt halom (Fünfhügel, bei Szeged) und Bighe (bei Temesvár) für solche Orte.

Dem Volksglauben der Ungarn gemäß kann sich jede Hexe
in ein beliebiges Tier verwandeln, in einigen Gegenden hält man
auch die „Wolfsbettler" für verwandelte Hexen (s. Abschnitt V
S. 117). Bodó (Jur. prud. 225) schreibt : „ad lamiarum poten-
tiam referuntur licanthropi quoque, quod se in lupos, hir-
cos, canes, feles, aut alias bestias, pro suae libidinis delectu
vere et substantialiter in momento transmutare et paulo post in
homines rursus reformare fateantur." Besonders in Katzen-
gestalt wandeln die Hexen herum, setzen sich auf die Brust
schlafender Menschen und benehmen ihnen den Atem, saugen
die Milch aus den Eutern der Kühe u. s. w. Mednyánszky in
seinem angeführten Manuscript schreibt: „Wenn die Katzen längere Zeit im Sommer nicht zu Hause kommen, da sie sich auf
Feldern von Mäusen, Vögeln u. s. w. nähren, so heißt es, die

Katzen sind in den Rákos gereist, überhaupt wird jede Katze
für eine Hexe gehalten. Auf den Rákos-Feldern halten die Katzen
ihre Versammlungen: es werden Hochzeiten gefeiert, Bündnisse
geschlossen, Verbrecher bestraft, einige sogar auch mit dem Tode.
Daher die Bauern sagen: „Unser Kater ist nicht zurückgekom-
men, der ist gewiß geviertelt worden." Wehe denjenigen, die
sich der Versammlung nähern: sie sind verloren. Auch wird
bei der Gelegenheit ein Kater und eine Katze zu König und Königin gewählt." In eine Henne, einen Hund, einen Nachtfalter,
eine Kröte, selbst in ein Roß kann sich eine Hexe verwandeln.
Die Gattin des siebenbürgischen Fürsten Michael Apafi, die
übrigens irrsinnig war, erblickte in jeder Fliege eine Hexe. Selbst
in ein Wagenrad kann sich eine Hexe verwandeln. Auf einen
Bauer rollte einmal ein Rad los und hätte ihm beinahe alle
Glieder gebrochen. Er trug es zum Schmied und während dieser
es mit Eisen beschlug, verwandelte es sich in eine Hexe, die
ganz mit Eisen überzogen war (Ipolyi S. 428). In den Stall
eines anderen Bauern rollte einmal ein Rad hinein, das zwölf
Speichen hatte. Der Bauer hing es an der zwölften Speiche auf
die Wand hinauf, wo es sich in verschiedene Tiere verwandelte,
zuletzt aber als Weib um Befreiung aus der mißlichen Lage flehte
(ebenda S. 428).

Oft reiten die Hexen auf Katzen, Hunden oder auf Kehrbesen, Feuerzangen, Eierschalen durch die Luft und erzeugen dadurch Hagelwetter. Viele werfen über den Kopf eines schlafenden Menschen einen Pferdezaum, wodurch der Mensch in ein
Roß verwandelt wird, auf dem dann die Hexe durch die Luft
fliegt. Oder sie besitzen einen Gürtel oder ein Hemde, mit dessen Hilfe sie selbst durch das Schlüsselloch fliegen können. Auch
schmieren sie die Gegenstände, auf denen sie reiten wollen, mit
dem Fett ungetauft verstorbener Kinder ein (Ipolyi 431). Ein
Knecht wollte einmal das vom Joche wundgeriebene Genick seiner Ochsen mit Fett einreiben. Er fand im Schranke seiner ab-
wesenden Herrin eine Salbe, mit der er das Genick der Ochsen
einrieb, worauf diese sich in die Luft erhoben und davonflogen.
Er lief nun zu seiner Herrin und klagte ihr den Unfall, worauf
diese schnell die Kohlenschaufel mit der Salbe einrieb, sich dann
darauf in die Luft erhob und die Ochsen heimtrieb (Karcsay
a. a. O. 2, 498). Reibt sich die Hexe mit diesem „Flugfett"

(repülözsir) ein, so ist sie für jeden Menschen unsichtbar, so
lange sie eben unsichtbar bleiben will, und kann dahin fliegen,
wohin sie will; sie braucht nur die Formel zu sprechen:
„Hipp, hopp, dort sei ich, wo ich will" (hipp, hopp, ott
legyek a hol akarok) oder: „Nebel vor mir, Nebel hinter mir, mich soll niemand erblicken" (köd elöttem, köd utanam,
engem senki meg ne lásson). Der Volksglaube schreibt auch die
gesamte übernatürliche Kraft und Macht der Hexen diesem „Flugfett" zu, womit sich jede Hexe in jedem 7ten, 17., 27., 37., 47ten
u. s. w. Jahre einmal einreiben muß.

Wir kommen nun auf die Tätigkeit der Hexen zu sprechen.
Vor allem heißt es, daß sie auf das Gedeihen der Saaten einen
verderblichen Einfluß auszuüben imstande sind, indem sie Regen-
güsse, Hagelwetter bewirken oder den Regen vertreiben. Nicht
nur der heutige Volksglaube, sondern auch die ungarischen
Hexenprozeßakten erwähnen diese Kraft der Hexen. „Succum
ac pinguedinem huius circumiacentis plagae terrae, videlicet plu-
vias et rorem per septennium id est annuatim pro media se-
cunda urna pecuniae, piscesque pro vento sagis i n Turcia di-
vendere non abhorruisset", heißt es in zahlreichen Prozeß-
acten (s. Ipolyi S. 432). In diesen Akten wird oft erwähnt, daß
die Hexen in Landmannschaften, Compagnien eingeteilt sind, von
denen jede eine Anführerin und eine Fahnenträgerin habe. Letztere heiße: barjaktar (türkisch = Fähnrich). Ebenso wird erzählt, daß die Hexen den „Wolkenschlüssel" (fellegkulcs) oft den
türkischen Hexen ausleihen und dann regne es im Lande lange
Zeit hindurch nicht. Den Regen „binden" sie und sperren ihn
in einen Kürbisnapf ein; den Wolkenschlüssel bewahren sie in
den Ohren und können durch ihn nach Belieben die Wolken aufsperren und „Regen machen." In Szeged erzählt man: Zwei
Hexen mußten die Wasserprobe mitmachen und wurden ins
Wasser geworfen. Die eine konnte sich nicht über Wasser halten
und rief den Leuten zu: „Nehmt der anderen da den Wolkenschlüssel
aus dem Ohre! Dann sinkt sie auch unter!" (Ipolyi S. 433).

Das erwähnte „Regenbinden" (esökötés) besteht nach der
Volksmeinung auch darin, daß die Hexen den Tau in Töpfe sammeln, aus dem sie dann nach Belieben Regen und Hagel machen.
In der Kecskemeter Gegend gehen die Schäfer in der Morgendämmerung des Georgstages mit Leintüchern hinaus auf die

Felder, spreiten die Leintücher aus, damit der Tau darauf falle. Dann ziehen sie die Leintücher hin- und hergehend nach sich am Boden mit, indem sie dabei fortwährend sagen: „Ich klaube, ich klaube von allem die Hälfte" (szedem, szedem mindennek felét). Wenn das Leintuch vom Tau ganz naß geworden ist, drücken und pressen sie ihn in ein neues Gefäß heraus und vergraben dasselbe in dem Stalle, damit die Hexen den Melktieren die Milch nicht nehmen können. Ebenso heißt es, jede rechte Hexe müsse jeden Morgen auf dem Rücken ihres Gatten auf die Flur hinausreiten und Tau sammeln, den sie trinkt und dadurch stets jung und kräftig bleibt, während der Gatte, der von diesem Ritt nichts weiß, abmagert und siech wird (Ipolyi S. 433). Legt eine Hexe solchen Tau in einen Teig, so wird davon das Gebäck blutig rot; ein Glaube, der allgemein verbreitet ist. In einem Proceßact (a. a. O.) heißt es: „Fermentum alterius ac massam farinaceam ita corrumpere attentasse, ut nulli panes inde pinsi potuerint."

Die gewöhnliche Weise, wodurch Hexen die Saaten vernichten, ist das Hagel- und Windmachen. Schon der alte ungarische Rechtsgelehrte Bodó beschreibt (a. a. O. 225) die Weise, wie die Hexe Hagel erzeugt: „Si in aqua stans, aquam a tergo in aerem proiecerit, vel scopis sparserit, aut aestivo tempore instante tempestate, lapidem vel terram occulte percusserit ; flores de variis arboribus aut folia collegerit, et ollae imposita, cochleari et alio instrumento moverit." Und dieser Glaube herrscht auch heutzutage. Die Hexe dreht Steine im Wasser um, sie wirft Steine ins Wasser, pflückt Nußbaumlaub, das sie in fließendes Wasser schleudert, oder sie vergräbt einen Pferde-, Menschen- oder Rindsschädel in die Erde, oder reitet durch die Luft und erzeugt dadurch Wind und Hagel (Ipolyi S. 435), ebenso wenn sie sich in Feldfrüchten oder Mehl badet. —

Eines der Hauptgeschäfte der Hexen ist die Schädigung der Tiere, besonders der Melktiere. Letzteren entziehen sie die Milch, oder bewirken, daß das Tier blutige Milch von sich giebt. Der Zauber der Milchentziehung bietet uns keine solche Züge, die aus dem Glauben anderer Völker nicht schon bekannt wären, wir erwähnen nur dies eine Mittel: „Giebt die Hexe dem betreffenden Melktiere heimlich die Nabelschnur eines totgeborenen Kindes zu fressen, so bleibt diese Nabelschnur unverletzt im

Tiere, wächst auf Wunsch der Hexe um Mitternacht aus dem
Tiere so lang heraus, daß sie zur Wohnung der Hexe hinrollt,
wo dann dieselbe das Ende der Nabelschnur in der Hand haltend, das Tier durch dieselbe ungestört melkt. Oft kriecht die
Hexe in das Tier hinein, wodurch dasselbe abmagert und
störrisch wird. Ein Kecskeméter Bauer kaufte auf dem Markt
eine Kuh. Der Verkäufer gab ihm den Rat, daß er die Kuh,
falls sie störrisch werde, mit dem Tischtuch bedecke, mit welchem am Weihnachtsabend der Familientisch bedeckt gewesen,
dann aber die Kuh mit einem Besen schlage. Der Bauer tat
dies auch bei Gelegenheit; schlug aber die Kuh mit dem Stiel
des Besens. Einmal traf er den Mann an, von dem er die Kuh
gekauft hatte und dankte ihm für den Rat, denn seine Kuh sei
nun nicht störrisch. Der Mann versetzte: „Ich habe dir aber
nicht gesagt, daß du mit dem Besenstiel die Kuh schlagen sollst!
Du hast dadurch meine Frau totgeschlagen!" (Ipolyi S. 436).
Bodó (a. a. O. S. 227), einer der hervorragendsten Rechtslehrer
Ungarns, schrieb noch 1751 allen Ernstes über einen Fall, der
im heutigen Volksglauben seines gleichen oft hat: „Placet annec-
tere relationem certi, alias fide digni nobilis octogenarii, condam
Georgii Farkas Hankoviensis; qui saepius coram me recensuit,
et bona fide asseveravit, contigisse post revolutionem Tökölia-
nam, cum certa occasione, ex nundinis Debrecinensibus redux,
in partibus trans Tibiscanis, in quadam planitie, aestivo tempore pascuandorum iumentorum gratia, cum reliquis sibi ad-
iunctis substitisset: tum quidam incola Rochfalvensis (quem et
nominavit; nominis tamen illius recordari non possum) accepto
ex curru certo urceolo, et axi curruli supposito, quaesivit ex
eodem nobili: velletne lac ibidem non longe in pascuis existen-
tium ovium degustare? cui cum idem nobilis dixisset: quod
vellet effectum illius experiri; tandem idem infixo axi cultro, co-
piosum exinde lac per cultrum emulsit; quo lacte stillante, pro-
tinus dictae oves, hinc inde dispergi, discurrere et saltare coepe-
runt. Quo viso, opilio seu pastor illarum ovium, illico pellicium
suum, vulgo bunda dictum, deiecit, et baculo suo pastorali eo
usque percussit; donec culter ex axe extractus non fuit. Quo
pellicium suum verberante, idem homo, lac praevio modo pro-
ducens et emulgens, humi prostratus, magno cum eiulatu vocife-
rabatur; ne eum permittant opilioni tantopere pulsare et ex-

cruciari. Tandem, erepto cultro ex axe, oves quoque conqui-
everunt, et opilio a percussione impositus. Hic diabolus nactus
est potentiorem diabolum.« Zahlreiche ähnliche Fälle werden in
ungarischen Sagen erzählt.

Aller und jeder Schaden an Leib und Geist der Menschen
rührt in den meisten Fällen von Hexen her, glaubt das ungarische Volk und besitzt so zahlreiche Abwehrmittel, deren einfache Herzählung schon einen stattlichen Band füllen würde.
Allgemein glaubt man, daß die Hexen einen großen Einfluß auf
das künftige Schicksal des Kindes ausüben können und dem
Kinde besonders bis zu seiner Taufe nachstellen. Sie rauben
ihm das Herz und die Lunge, an dessen Stelle sie einen faulen
Apfel legen (Ipolyi S. 437). Hat das Kind den sogenannten
Wasserkopf, so heißt es: eine Hexe habe ihm den Kopf geraubt und
einen aus einem Kürbiß verfertigten aufgesetzt. Schlafenden
Menschen fressen die Hexen oft das Herz heraus, an dessen
Stelle sie ein faules Ei oder einen verfaulten Apfel legen. Ge-
schwillt die Brust eines Kindes, so heißt es: die Hexe habe sein
Herz gefressen; dann muß man mit den Windeltüchern des
Kindes einen Besen umhüllen und denselben mit einem Beile
schlagen, damit die Hexe dem Kinde ein anderes Herz ver-
schaffe (Ipolyi S. 438). Oft rauben sie den Ehegatten die Potenz, indem sie dieselben im Schlafe behexen. Latein. Belege s.
bei Ipolyi S. 438 ff. —

Aber auch als Helferinnen und Heilkünstlerinnen treten die
Hexen im magyarischen Volksglauben auf. Schon in älterer Zeit
nannte man Frauen, die zwar im Rufe standen, Hexen zu sein,
deren Hilfe man aber bei Krankheiten in Anspruch nahm, denen
man nur Gutes zu verdanken hatte: boldog (selige), szép
(schöne), oder czifra (schmucke) asszonyok (Frauen). Ipolyi
(S. 445) meint, diese Benennung enthalte eine Reminiscenz an
den alten Feenkult des Heidentums. Wie dem immer sei, diese
Benennung ist auch heutzutage für Kurpfuscherinnen, Karten-
aufschlägerinnen u. dgl. Frauen gebräuchlich. Aber auch diese
szép asszonyok können denjenigen, der ihnen ein Leid zugefügt hat, an Leib und Seele schädigen, weshalb man solchen
Wesen, wenn auch nicht gerade mit Achtung, so doch mit einer
gewissen Scheu begegnet. Gewisse Kräuter, die, dem Volksglauben gemäß, von diesen Zauberfrauen zu Heilmitteln verwendet

werden, sind nach ihnen benannt, z. B. boldogasszony csip-
kéje (Spitzen der seligen Frau) = rubus idaeus; boldogasszony
rózsája (Rose der s. F.) = sempervivum tectorum; b. haja
(Haar der s. F.) = cuscuta curopea   b. mentága = mentha
graeca; szép asszony kalácsa (Kuchen der schönen F.) =
carlina acaulis; szép reszktö tüje (zitternde Nadel der sch.
F.) = scabiosa atropurpurea; ferner boszorkány oder szé-
passzony kása (Ilirse der Hexen oder sch. F.) = festuca
fluitans L. u. s. w.

Die Ungarn, als das in Mitteleuropa sozusagen in letzter
Reihe zum Christentum bekehrte Volk, erhielten mit der christlichen Lehre zugleich auch den bei anderen Völkern schon herrschenden Hexenglauben zugeführt, der sogleich auf den zwar ge-
fällten, aber noch immer in seinen Wurzeln saftigen Stamm des
alten Heidenglaubens gepfroft wurde.   Im Volksglauben standen
die Dämonen und Feen, die Zauberer und Priesterinnen des alten
Cultes noch frisch in Erinnerung, daher ist es selbstverständlich,
daß die neuen Ankömmlinge, die Hexen, mit solchen Zügen bekleidet wurden, die von den verschwundenen Wesen des alten
Glaubens in der Erinnerung des Volkes noch zurückgeblieben waren. Aus diesem Grunde ist der Hexenglaube der Ungarn, als des
zuletzt zum Christentum bekehrten Volkes, von größerer Bedeutung als der anderer, benachbarter Völker, und kann erst dann
in allen seinen Zügen beleuchtet werden, wenn uns einmal die
ungarischen Hexenprozeßakten in ihrem ganzen Umfange zugänglich gemacht worden sind.

*   *   *

Über den Teufel (ördög) als Demiurgen haben wir so manches aus dem ungarischen Volksglauben im IV. Abschnitt mitgeteilt. Das Wort ördög ist nach Ipolyi (S. 36 ff) aus ör
(Wache) und dög (Cadaver) zusammengesetzt. Nachdem die alten
Sprachdenkmäler urdung, erordewgh, eordeog, erdewg
schreiben, so bringt Ipolyi dög mit sanskrit: dev in Verbin·
dung und meint, daß die alten heidnischen Ungarn ein „böses
Wesen" unter diesem oder ähnlichen Namen gekannt haben
müssen, denn wir haben bestimmte Nachrichten, daß sie mit
dreimaligem Ruf: deus, deus, deus! die Orte besetzten, wo sie

feste Lagerplätze gründeten. Dies deus sei von den Chronisten
aus der oder einem ähnlich lautenden Worte absichtlich oder
unabsichtlich verschrieben worden. Die Stadt Dees hat ihren
Namen der Sage nach auch diesem Rufe zu verdanken. Ferner
führt Ipolyi (S. 43) aus der sog. Szekler-Chronik (herausg. 1818
u. d. T.: „A nemes Székely nemzet constitutiói és privilegiumai")
an, daß es bei den Szeklern Brauch gewesen sei, beim Kauf vor
dem „Kauftrank" áldomás (victima emtionis, merci potus) drei
Mal: deus! zu rufen. Ipolyi glaubt nun (wohl ganz richtig), daß
die alten Szekler kaum das Wort deus gebraucht haben und
wenn sie auch, so lag dahinter eine dem Volksbewußtsein ent-
schwundene Bedeutung, die sich auf ein böses Wesen des heidnischen Altertums bezog, das man durch Rufen seines Namens
vom gekauften Gegenstande fern halten, vertreiben wollte, so wie
man z. B. heute noch gekaufte Gegenstände zu bekreuzen, oder
anzuspeien pflegt, um dieselben vom „Bösen" zu reinigen.
 Für den Teufel gelten noch die umschriebenen Benennungen:
a rosz (der Schlechte), a gonosz (der Böse), a rosz lélek (die
schlechte Seele), a gonosz lélek (die böse Seele). Die Hexen
müssen deshalb den Passus im Vaterunser: „und befrei uns vom
Bösen" (és szabadits meg a gonosztól) auslassen. Er heißt auch
ähnlich dem deutschen Gottseibeiuns: isten-bocsáss (Gott-
vergib), isten-ne-adj (Gottnichtgib), isten-örizz (Gottbewahr).
Dann heißt er auch: hepcziher, hopcziher, kopcziher, Benennungen, die auch in alten Schriftdenkmälern (z. B. im 104.
Psalm) vorkommen. Ipolyi bringt sie mit den Dialektworten:
hepcziás und hepcziaskodó (Raufbold, Streitsüchtiger), ferner
mit czihor = grob in Verbindung. Auch franya wird er genannt, welche Benennung Czuczor (in der Ztschr. „Uj Muzeum"
I, 363) aus ördög zu erklären versucht hat. Im heutigen Volksglauben sowohl, als auch in alten Volksbüchern (besonders in
denen über „Brunsvik und Stielfried") und Hexenproceßacten
wird der Teufel auch drumó oder dronió genannt. In einem
Märchen bei Ipolyi (S. 573) wird der Held vom obersten Teufel,
dem Drumó, in ein Wagenrad verwandelt (vgl. oben die Hexe als
Rad). Bei den Tungusen heißt der Teufel Doroki oder Do-
rokdi; Ipolyi bringt diese Benennung mit dörög (= rasselt) in
Verbindung und verweist dabei auf Müller: „Beiträge z. Gesch.
des Hexenglaubens in Siebenbürgen" (S. 56), wo eine Hexe

„Donnerschlag" genannt, welche Benennung Müller auf Donar zurückführt.

Für die Bedeutung des Teufels sind auch die zahlreichen ungarischen Redensarten, die auf ihn Bezug nehmen, von einigem Wert. Das Böse nennt man: ördög hozta, ö. adta, ö. szedte, (der T. hat es gebracht, gegeben, geklaubt). Eine mißlungene Sache ist „des Teufels" (ördögé) oder der T. ist ihr auf's Genick gestiegen (az ö. nyakára hágott). Mit dem bösen Menschen ist der Teufel (ö. van vele), der T. sitzt ihm im Herzen (ö. ül a szivében). Das Sprichwort sagt: „Gott im Munde, den T. im Herzen" (szája isten, szive ördög), oder: „Schön das Auge, aber T. das Herz" (szép a szeme, de ö. a szive) und „auf der Gasse ein Engel, zu Hause ein T." (utczán angyal, otthon ö.). Ein böses Weib heißt „Teufelsrippe" (ö. borda), das ausgelassene Kind aber „Teufelsgefäß" (ö. edénye). „Teufelsei" (ö. tojás) = inventum diaboli, „auch der T. legt sein Ei auf den Hügel" (az ö. is a dombra tojik" d. h. der Unfall trifft gerne Hochgestellte. Ein mageres Essen heißt „Teufelsmahl" (ö. ebéd). Wer sich mit einer Arbeit vergeblich abmüht, von dem heißt es: „Er war dem T. einen Gang, eine Fahrt schuldig" (az ördögnek egy uttal, fuvarral tartozott). „Er malt den T. an die Wand" (ördögöt fest a falra), „der Teufel schläft nicht" (nem alszik az ö.) u. a. Redensarten kommen im Ungarischen vor.

Was die Gestalt und das Aussehen des Teufels anbelangt, so steht er auch im magyarischen Volksglauben mit Gott, dem Wesen der Helle" (világossag lénye), im Gegensatz. Er heißt die „schwarze Seele" (fekete lélek). Oft nimmt er Tiergestalt an, und erscheint als Rabe, als schwarzer Hahn, als schwarzer oder roter Hund, als Wolf und als schwarzes Roß. In seiner dem Menschen ähnlichen Teufelsgestalt ist sein Leib mit schwarzen Haaren dicht besetzt, er hat lange, herabhängende Ohren, einen Pferde- oder Ziegenfuß und Hörner. Der oberste Teufel hinkt und ist in der Hölle an einen Tischfuß angebunden (Ipolyi S. 49). In den Märchen und Sagen wird dem Teufel auch ein langer, feuersprühender Bart verliehen; besonders dem obersten Teufel, der in der Hölle mit schweren eisernen Fesseln von seinen untergebenen Teufeln gebunden wurde und nur selten die Erde durchstreifen darf. Seine Kameraden müssen ihn gefangen halten, sonst vernichtet er die ganze Welt.

Die Teufelswohnung ist die Hölle, wo nicht nur die Seelen der Sünder in großen Kesseln mit Schwefel und Pech gekocht, sondern auch diejenigen Teufel, die infolge eines begangenen Fehlers vom obersten Teufel mit dem Tode bestraft worden sind. Hat ein Teufel in sieben Tagen nicht 77 Seelen „gefangen", so muß er seine Nachlässigkeit mit dem Leben büßen, und wird von seinen Genossen auf Befehl des obersten Teufels in Schwefel und Pech gekocht und dann mit riesigen Hämmern zu Staub zermalmt. Menschen, die zur Strafe für ihre Sünden nach dem Tode in Pferde verwandelt worden sind, müssen den Teufeln dienen und werden von ihnen mit Schindelnägeln gefüttert.

Neben diesem neueren, christlich gefärbten Aufenthaltsort kennt der Volksglaube auch noch andere Wohnungen der Teufel, die gewöhnlich in irgend eine Wildnis verlegt werden, wo in Palästen oder auch nur in verfallenen Hütten je ein Teufel mit seiner Familie wohnt. Verfallene Burgen, Höhlen und selbst Kirchenruinen gelten für Wohnungen der Teufel, die im Innern oft mit fabelhafter Pracht eingerichtet sind, wo in einem geheimen Schranke eine Eule oder eine schwarze Henne sitzt, die ein Ei im Leibe hat, welches das Leben und die Kraft des betreffenden Teufels enthält. Wer dies Ei vernichtet, raubt dem Teufel das Leben, der in dem Augenblick, wo das Ei zerschlagen wird, als feurige Garbe durch die Luft fliegt und dann als schwarzer Stein auf die Erde fällt (Meteor?) Wer solchen Stein findet, dem können weder die Hexen noch die Teufel ein Leid zufügen. Im Jahre 1880 fiel bei Klausenburg in der Nähe der Ortschaft Szamosfalva ein zentnerschwerer Meteor herab, aus dessen Abfällen die Bewohner der genannten Gemeinde unzählige Amulete verfertigten und in der Umgegend einen sehr einträglichen Handel mit diesen „Teufelssteinen" (ördögkö) trieben. Es hieß eben, daß dieser Stein der Überrest eines Teufels sei. Oft verirrt sich ein „frecher" Teufel, heißt es im Volksglauben, besonders wenn er „betrunken" ist, was bei Teufeln kein seltener Fall ist, in den Himmel hinauf, und wird dann vom heil. Michael auf die Erde herabgeworfen, wohin er als Stein herabgelangt.

Auch über das Familienleben erzählen nicht nur Sagen, sondern auch der Volksglaube. Als Verführer von Jungfrauen spielen die Teufel eine große Rolle. In der Johannis- und An-

dreasnacht reiben sich in manchen Gegenden die Maide den Unterleib mit Knoblauch ein, damit ihnen im Schlaf der Teufel
keine Gewalt antun könne. Eine Sage erzählt: In Bikal (Kalotaszeg) lebte vor vielen Jahren eine schöne Maid, die man Ördög
Erzsi (Teufels-Lieschen) nannte. Sie hatte unzählige Freier, aber
sie wies jeden ab. Da sprach einmal eine alte Frau zu ihr:
„Wahrlich, du wartest auf den Teufel, daß er komme und dich
freie!" Die Maid versetzle: „Wenn er ein fescher Bursche ist,
so komme er nur; ich will ihn gerne empfangen!" Da gab ihr
die Alte einen kleinen Finger von einem totgeborenen Kinde und
sprach: „Morgen ist Johannistag. In der Nacht zünde dies Kerz-
chen an, speie dreimal darauf und sprich: An Gott glaub' ich
nicht, an Christus glaub' ich nicht, an den heiligen Geist glaube
ich nicht! dann gehe von der Türe aus rückwärts in deine
Stube, blicke aber nicht hinter dich, bis du nicht fühlst, daß
dich jemand umarmt hat." Die Maid machte es also und als
sie sich von Armen umschlungen fühlte, da kehrte sie sich um
und erblickte einen schönen Jüngling vor sich. Nun, sie brachten die Nacht mit einander zu. Als die Hähne krähten, da
sprach der Bursche: „Nun, ich bin der Teufel und will dich heiraten!" Da erschrak aber doch die Maid, besonders als der
Bursche sich in einen Teufel verwandelte und sie gleich mit sich
in seine Wohnung führen wollte. Die Maid sprach: „Warte, ich
will dir nur einen Schnaps noch geben:" Sie ging in die andere
Stube hinein, wo ihre Mutter in einem Näpfchen Weihwasser
hielt. Sie nahm dies, steckte den brennenden Totenfinger hinein
und gab so die Flüssigkeit dem Teufel zu trinken. Kaum kostete
er davon, so krachte das ganze Haus, der Teufel flog von dannen und ließ hinter sich einen so argen Schwefelgeruch, daß man
im ganzen Dorfe einige Tage lang vor Gestank nicht aushalten
konnte. Seit dieser Zeit war Erzsi von Verstand, sie war teufels-
besessen (ördönges) . . . Weiber, die mit dem Teufel geschlechtlichen Umgang gepflogen, ohne daß sie es wissen, werden „besessen" und nach ihrem Tode rechtmäßige Gattinnen (hites feleség)
des betreffenden Teufels, wenn man sie nicht im Leben irgendwie heilt oder wenn dies nicht gelingt, ihnen, bevor man sie beerdigt, nicht einen kreuzförmigen Einschnitt auf die Zunge macht.
Oft aber wird ein solches Weib nicht besessen, sondern findet
neben ihrem Lager am nächsten Morgen ein Ei oder einen Apfel,

indem sich ein Würmchen befindet, durch welches das betreffende
Weib zu großem Reichtum gelangt, denn alles, was es mit diesem Wurm berührt, wird zu lauterem Golde. Oft aber wächst
dieser Wurm zu einem Drachen heran, der seiner Besitzerin Gold
legt, sie aber bis zu ihrem Tode gefangen hält. Von einer Frau,
die plötzlich reich wird, sagt man im Szeklerland (Osten-Sieben-
bürgens): „Der Teufel hat ihr gewürmt" = einen Wurm gegeben
(hernyózott neki az ördög). Von den zahlreichen Sagen, die
solche Würmer und Drachen erwähnen, teile ich hier nur eine
mit, die schon deshalb mehr Bedeutung hat, weil ihr ganzer Inhalt sich — mutatis mutandis — in der nordischen Ragnar
Lodbroksage, im Schach Nameh und im Zigeunerischen wieder-
findet (s. meinen Aufsatz in der „Germania" 1887 S. 362). Die
Sage lautet in genauer Übersetzung also:

Es war einmal ein altes Ehepaar, das keine Kinder hatte,
und im Alter arm und verlassen leben mußte. Da traf es sich
einmal, daß die alte Frau einen wunderbaren Traum hatte, in
dem ihr verheißen ward, daß sie einem Mädchen das Leben
schenken werde. Und so geschah es auch. Die alte Frau kam
nieder und gebar ein Mädchen. Als nun die alten Leute ihr
Töchterlein taufen wollten, da wußten sie nicht, wen sie zum
Pathen rufen sollten. Sie saßen denn einmal abends am Herdfeuer und berieten sich, ob sie den Nachbarn zur Linken, oder
den Nachbarn zur Rechten ersuchen sollten, ihrem Töchterlein
Pathe zu sein. Da öffnete sich die Türe und herein trat eine
schöne Frau, die mitten in der Stube stehen blieb und zu den
Eltern also sprach: „Ich weiß, worüber ihr eure alten Köpfe zer-
brecht! Ich will eurem Kinde Taufmutter sein und werde ihm
ein Geschenk geben, daß es reich und glücklich machen wird!
Morgen zeitig in der Frühe ruft den Pfarrer her in euer Haus,
damit er hier eure Tochter taufe; dann werde ich auch erscheinen, denn ich gehe in keine Kirche!" Darauf entfernte sich die
fremde Frau und die alten Leute dachten nun nach, was sie
eigentlich tun sollten? Endlich beschlossen sie — was immer
geschehe — den Wunsch der fremden Frau zu erfüllen.

Am nächsten Morgen also zeitig in der Frühe riefen sie den
Pfarrer zu sich und ließen ihr Töchterlein taufen. Die fremde
Frau war auch erschienen und ließ ihrem Taufkinde den Namen
Biri (Bärbchen) geben. Als sich der Pfarrer mit den Gästen

entfernte, sagte die fremde Frau zu den Eltern ihres Taufkindes:
„Hier gebe ich euch einen Apfel, den sollt ihr gut aufbewahren,
und wenn eure Tochter ins sechszehnte Lebensjahr tritt, dann
gebt ihr denselben zu essen. Sie wird einen Wurm im Apfel
finden, den soll sie gut besorgen, denn nur so kann sie glücklich und reich werden !" Darauf gab sie den Eltern einen schönen Apfel und entfernte sich.

Ein Tag verging nach dem andern, ein Jahr folgte dem andern, und so wurde Biri eines schönen Morgens sechzehn Jahre
alt. Da nahmen ihre Eltern den schönen Apfel aus dem Schranke,
worin sie ihn sechzehn Jahre lang aufbewahrt hatten, und gaben
ihn ihrer Tochter, damit sie ihn verzehre. Der Apfel war noch
so schön und frisch, als hätte man ihn soeben vom Baume gepflückt. Biri aß den Apfel und fand zwischen den Kernen einen
kleinen Wurm, den sie in eine kleine Schachtel legte und ihm
zu fressen gab. Am nächsten Tage, als sie dem Wurm wieder
Speisen brachte, da war er schon so herangewachsen, daß er
die Hälfte der Schachtel einnahm. Die andere Hälfte aber war
mit lauterem Golde angefüllt. Das war nun eine Freude für Biri
und ihre alten Eltern! Sie machten nun dem Goldwurm sogleich
ein größeres Gehäuse und siehe da! am nächsten Morgen war
der Wurm schon so groß, daß er die Hälfte des Gehäuses einnahm, die andere aber war mit lauterem Golde angefüllt. Sie
machten ihm nun Tag für Tag ein größeres Gehäuse, aber der
Wurm wuchs jedesmal über Nacht so sehr heran, daß er die
Hälfte des neuen Gehäuses einnahm, die andere Hälfte aber war
mit Gold angefüllt. Das war den Eltern und dem Mädchen eben
recht, denn sie hatten nun Geld in Hülle und Fülle und lebten
von nun an in Wohlstand, indessen der Wurm bald so groß
wurde, daß er die ganze Stube einnahm. Nun ließ Biri ein so
großes Haus erbauen, das wohl das größte im Lande war. Aber
auch dies Gebäude wurde dem Wurm zu klein und er kroch
einmal ins Freie hinaus, wo er sich um einen hohen Berg la-
gerte, auf dem sich eben Biri befand. Als nun die Maid vom
Berge herabstieg, konnte sie nicht mehr nach Hause zu ihren
Eltern gehen, denn der Wurm ließ nicht zu, daß sie sich vom
Orte entferne. Da begann für Biri ein gar trauriges Leben. Niemand durfte sich dem Berge nähern, denn der böse Wurm spie
feuriges Gift, das jeden Menschen verbrannte, der in seine Nähe

kam. Außerdem hatte der Wurm eine so feste Haut, daß kein Schwert, keine Kugel ihn verletzen konnte. Nur Biri's Vater durfte sich dem Berge nähern und täglich das Gold wegführen; nur er durfte dem Wurm und Biri Speise und Trank bringen. Ein Jahr verging nach dem andern und Biri war schon zwanzig Jahre alt und mußte noch immer allein und freudlos oben am Berge hausen. Viele junge Bursche hatten schon ihr Glück versucht und mit dem riesigen Wurm gekämpft, aber alle waren im Kampfe umgekommen. Da traf es sich einmal, daß ein schöner Königssohn durch das Land zog und von Biri's Schönheit und dem unüberwindlichen Wurm hörte. Er beschloß also den Kampf zu wagen und ließ sich einen Anzug aus Lammfell verfertigen, denselben zog er an und sprang dann ins Wasser. Als er aus dem Wasser stieg, war sein Anzug mit Eis überzogen. Dann nahm er viel Blei, schmolz es in einem Kessel und als der Wurm seinen Rachen öffnete, goß er das heiße Blei in den Schlund. Der Wurm brüllte nun so stark, daß die Erde zitterte, und krepierte endlich. Biri wurde auf diese Weise frei und als sie später der schöne Königssohn heiratete, da wußten ihre Eltern, daß ihre Taufmutter eine gute Fee gewesen . . ."

Im Volksglauben heißt es, daß auch die Feen solche Äpfel und Eier durch Umgang mit dem Teufel erhalten, die sie dann den von ihnen Begünstigten schenken. In einer Variante der mitgeteilten Sage speit der Wurm bei Annäherung eines Fremden auch eine Menge Fliegen, die über den Eindringling herfallen und ihn zu Tode stechen. Die berüchtigten Kolumbáczer Fliegen stammen dem Volksglauben gemäß auch aus dem Rachen eines Drachen, der in der Kolumbácser Höhle verborgen liegt: die Fliegen am Margarethentage (s. Absch. IV. S. 94) stammen aus dem Schlunde des Drachens, den die hl. Margaretha besiegt hat (Ipolyi S. 227). Woher der Teufel erfolglos abziehen muß, dort läßt er eine Unmasse von Fliegen zurück.

Was nun weiter das Familienleben der Teufel anbelangt, so führen dieselben ein rechtes Haremsleben; oft leben mehrere Teufelsgeschwister mit ihrer Mutter zusammen, der sie unbedingten Gehorsam leisten. Scheint die Sonne und regnet es dabei, so heißt es auch in der ungarischen Redensart: „Der Teufel schlägt seine Frau" (ördög veri felesegét) und fährt der Wirbelwind einher, so heißt es: „Der Teufel hält Hochzeit" (ö. tartja

lakadalmát). Über die Gelage und Orgien der Teufel berichten
zahlreiche ungarische Märchen und Sagen.

Wer den Teufel zu Hilfe ruft, dem hilft er; aber auch un-
gerufen erscheint er und bietet seine Dienste an. Im Volksglauben heißt es: Wer den Teufel um Hilfe ansprechen will, der
schreibe mit Judenblut seinen Namen auf ein Papier und werfe
diesen Zettel ins Feuer, worauf der Teufel erscheinen wird, dem
er einen Vertrag, mit Judenblut geschrieben, mit seinem eigenen
Blute unterfertigen muß (s. Ipolyi S. 53). Im Contract muß er
dem Teufel entweder seine Seele oder sein Liebstes (Kind, Weib
u. dgl. verschreiben, worauf ihm der Teufel in allen Sachen bei-
steht, ihm zu großem Wohlstand u. dgl. verhilft. Wer in der
Georgsnacht mit einem glimmenden Besen einen Kreuzweg kehrt,
dem erscheint auch der Teufel. Opfer muß ihm derjenige bringen, der mit ihm in einem Bündnisse steht, und zwar am Jo-
hanis-, Oster-, Michaelis- und Sylvestertag, und zwar einen
schwarzen Hahn oder einen Ziegenbock, indem er diese Tiere
erwürgt und in die Erde verscharrt (vgl. Ipolyi S. 54). Oft ge-
nügt es auch, wenn er an jedem Donnerstag Federn oder Haare
der genannten Tiere ins Herdfeuer wirft. Im Nográder Comitat
— berichtet Ipolyi (S. 54) — geschah circa 1856 auch bei einem
gerichtlichen Verhöre die Erwähnung dieses Hahnopfers. Der
Geklagte war der Quacksalberei und Zauberei wegen vor Gericht
gestellt worden. Die Redensart: „Dem Teufel ein Licht an-
stecken“ (az ördögnek is kell gyertyát gyújtani = auch dem T.
muß man ein Licht anzünden), kennt auch das magyarische
Volk. Will man am Donnerstag Abend spinnen, so werfe die
Frau der Spinnstube etwas Werg an diesem Tage ins Herdfeuer,
denn in einer alten Spinnregel heißt es:

> Csütörtökön ilyen magyarázat vagyon:
> Hogyha este fonnak ördög örül azon;
> Ott sok üres orsót hány be az ablakon,
> ʼ Rettenetes zörgést támaszt a padláson!

Am Donnerstag ist die Erklärung (der Brauch):
Daß, wenn man abends spinnt, daroh der Teufel sich freut;
Dann viel leere Spindeln wirft er zum Fenster herein,
Schrecklichen Lärm erhebt er auf dem Aufboden (s. Ipolyi 54).

Vgl. den ähnlichen deutschen Brauch, demgemäß man am
Donnerstag Abend der [Frau Holle spinnt, die mit den

Worten: „Spinnt auch diese voll!" leere Spindeln zum Fenster hereinwirft.

Die mit dem Teufel einen Bund schließen, die erlangen dadurch auch übernatürliche Kräfte, sie erhalten eine lange Lebensdauer, oft auch Zauberdinge, durch welche sie dahin gelangen können, wohin sie eben Lust haben zu gehen. Das sind lauter Züge, die sich auch im Glauben anderer Völker vorfinden.

Eine große Rolle spielt in den ungarischen Märchen und Sagen der betrogene Teufel. Wer diese Märchen und Sagen wenigstens in ihren Hauptzügen zusammenstellen würde, der könnte dadurch der vergleichenden Volks- und Märchenkunde einen gar wichtigen Dienst leisten.

Schlagworte.

Darstellungen aus dem Gebiete der nichtchristlichen
Religionsgeschichte. (VIII. Band.)

Volksglaube

und

religiöser Brauch der Magyaren.

Dargestellt

von

Dr. Heinrich von Wlislocki.

Münster i. W. 1893.

Die im Verlage der **Aschendorff**schen Buchhandlung in Münster i. W. erscheinende Sammlung von

Darstellungen aus dem Gebiete der nicht-christlichen Religionsgeschichte

stellt sich zur Aufgabe, die Ergebnisse der religionsgeschichtlichen Forschung unserer Tage den wissenschaftlich Gebildeten zugänglich zu machen und den Studirenden zum Weiterstudium auf dem betreffenden Gebiete das nötige Material an die Hand zu geben.

Dem Zusammenhang zwischen Religion, Geschichte und Cultur wird sie besondere Beachtung schenken und auch diejenigen Punkte, worin die nichtchristlichen Glaubens- und Cultusformen Analogien zu Judentum und Christentum darbieten, gebührend hervortreten lassen, jedoch willkürliche Deutungen und waghalsige Combinationen grundsätzlich vermeiden.

Jede einzelne der in Aussicht genommenen Darstellungen wird ein selbständiges Ganze für sich bilden.

Die Reihenfolge ihres Erscheinens richtet sich nicht nach chronologischen oder ähnlichen Gesichtspunkten.

Jeder Band der Sammlung wird einzeln abgegeben.

Für die Sammlung sind folgende Darstellungen in Aussicht genommen:
die Religionen Indiens (Vedisch-brahmanische Religionsformen
— Buddhismus — Neuindische Secten),
die Religionen Irans,
die Religionen von Hellas und Rom,
die Religionen der Kelten, Germanen und Slaven,
die Religionen Babylons und Assyriens,
der Islâm und die Religionen Arabiens,
die Religion der Ägypter,
die Religionen Chinas und Japans,
die Religionen der Mexikaner und Peruaner,
die Religionen der Südseeinsulaner,
die Religionen der Negervölker Afrikas,
die Religionen der Finnen und Mongolen.

☞ Verzeichniss der erschienenen Bände befindet sich auf der dritten Seite des Umschlages.

Darstellungen aus dem Gebiete der nichtchristlichen Religionsgeschichte.

Darstellungen aus dem Gebiete der nichtchristlichen Religionsgeschichte.

In Bearbeitung sind folgende Bände:

Kultus und Glaube der alten Germanen. Von Dr E. Mo.. Privatdozent an der Universität Leipzig

Mohammed. II. Teil Von Dr H Grimme. Professor a. d. Universität Freiburg i d Schw.

Die Religion der Südseevölker. Von Dr. W. Schneider in Paderborn.

Die Religion der Römer. Von Dr. Emil Aust in Frankfurt a M.

Die Religion der Griechen. Von Dr Paul Wetzel. Gymnasial-Oberlehrer in Breslau.

Chinas Religionen: I Teil. **Confucius und seine Lehre.** II. Teil. **Lao-tse und der Taoismus.** Von Dr. Rudo. Dvořak, Professor a d. k. k. böhm. Univers Prag

Die Religion des Avesta von Dr. W. Bang. Professor a d Univers. Löwen.

Die Religion der Babylonier und Assyrer. Von S Arr Strong, M A. in Cambridge.